LILLIAN SCHACHERL

Mähren

LILLIAN SCHACHERL

Mähren

Land

der friedlichen

Widersprüche

Prestel-Verlag München

© Prestel-Verlag München 1968
2. durchgesehene Auflage 1975
Passavia Druckerei AG Passau
ISBN 3 7913 0239 6

INHALT

Mähren – Land der friedlichen Widersprüche

Mähren – altes Einkehrhaus.
Schenke ›Zum Grünen Baum‹.
Trommeln, Hörnerklang, Geraun,
die fahrenden Ritter kehren heim.

Vom Ast flattert ein trocknendes Hemd,
der Impressionist mischt weiche Farben,
im Schatten erblühten Apfelbaums
sitzt schweigend der Schäfer – Mähren.

Wer Mähren kennt, wird dieses Gedicht Vítězslav Nezvals lieben. Er wird hinter den Bildern der Verse eine Landschaft voll scheuem Zauber auftauchen sehen: Ebenen, grün und goldgelb, in der Ferne fein gesäumt von langhin ziehenden Hügelketten, Hügel, weich modelliert, wie sie sich schwerelos fortsetzen, in stiller und großer Bewegung fortsetzen bis in den Himmel hinein, Landstriche, die mit Wiesen, Wäldchen, Buschwerk, Gestein, Teichen wie elegische Parks zuseiten der Kirschbaumalleen liegen, einsame dunkelgestimmte Wälder und verwilderte enge Täler mit tiefen Schluchten und gewundenen Bächen, auch breit gestaffelte kräftige Gebirge – immer aber Himmel und Erde im Gleichgewicht: ein leichter Himmel über einer milden Erde. Nicht von ungefähr hat Auguste Rodin den mährischen Gebreiten antike Züge zugesprochen. Und in den Film der Landschaft werden sich Bilder der Architekturen schieben: Arkadenhöfe von kühler Noblesse, Herrenhäuser, die mit großer Geste Besitz von der Landschaft ergreifen, stämmige Laubenhäuser und Gasthöfe mit breitmäuligen Toreinfahrten auf geräumigen Marktplätzen, barockes Kirchengekuppel, exzentrische Rathausturmhauben,

und in jedem Dorf das weiße Figurengetürm einer Dreifaltigkeitssäule.

Die Dörfer liegen weit auseinander und die Felder dehnen
sich schier endlos. Städte, Residenzen, Marktflecken sind
locker dazwischen eingebettet. Auch über sie breitet sich der
friedvolle Atem des Ländlichen. Denn Mährens Lebens-
element war das Bäuerliche, und daran hatte durchaus der
Städter wie der Adelige sein Teil. Das Jahr wurde gemessen
nach Saat und Ernte, nach Kirchweih und Wallfahrt: ein Maß,
so gebieterisch, daß es den Lebensrhythmus der Bürgerstube
und des Salons mitbestimmte. Man lese in Rudolf Kassners
Autobiographien oder in den Erinnerungen und Erzählungen
der Marie von Ebner-Eschenbach, um zu spüren, wie sou-
verän und wie seren dieses Element hier waltete. Es prägte
Lebensart und Mentalität der Menschen, es tritt allenthalben
in der Bauweise hervor, in der des Bürgerhauses ebenso wie
des Herrenhauses, es ist als Atmosphäre auch heute noch in
den Städten zu empfinden. Dieses große gemeinsame Vielfache fing all die verwirrenden Verschiedenheiten auf, die
sich – wovon noch zu reden sein wird – in diesem Land zu-
sammenfanden.

Kein Wunder, daß Mähren bei den Reisenden früherer
Zeiten den Eindruck lebenspraller Harmonie hinterließ. *Es
lebt sich sehr gut in diesem reichen, wohlfeilen, schönen Land, unter
diesen guthmütigen, geselligen Menschen,* wurde der Freiherr vom
Stein in diesen und anderen Worten nicht müde zu betonen,
und Varnhagen von Ense rief begeistert aus: *Wie anders wurde
es, als wir in Mähren weiterkamen, in dieses überschwenglich gesegnete Land voll herrlicher Gefilde! Eine Gegend habe ich gesehen
wie noch keine, doch that das mehrste die Beleuchtung! Wald in
größter Tüchtigkeit und Fülle grünen Gedränges. Schöne, reinliche
Städte, anmuthig, sogar prächtig wie Olmütz, und alle sehr belebt,
als wenn Jahrmarkt wäre. Ein kräftiges braunes Volk mit tiefen
Augen, wohlhabend, tapfer, kaiserlich!* Der Globetrotter Johann

Gottfried Seume räsonierte zwar über enge Herbergen und »christgläubige, aber barbarische Dreifaltigkeitsstücke«, doch nannte er Plätze und Straßen und Bauten »trefflich« und apostrophierte: *In Mähren scheint mir durchaus mehr Liberalität und Bonhomie zu herrschen als in Böhmen!*

Leider kam es bei den meisten der ›klassischen‹ Reisenden nur zu einer flüchtigen Berührung mit dem Land. Lediglich aus der Perspektive der großen Reisewege lernten sie es kennen. Sie wechselten die Pferde in Znaim und Iglau, wenn sie mit der Kutsche von Wien nach Prag holperten, sie rasteten in Olmütz, wenn ihr Weg sie von Breslau nach Wien führte – wem aber, den nicht Geschäfte dazu drängten, fiel es schon ein, in Ungarisch-Hradisch, Prerau oder Mährisch-Ostrau auszusteigen, wenn er mit dem Zug von Wien nach Krakau fuhr? Und Gast auf den verwöhnten Schlössern zu sein, tagtäglich in herrschaftlichen Parks zu spazieren, tagtäglich einen Cranach, einen Tizian, einen Veronese vor Augen, das freilich war nur wenigen Auserwählten gegönnt: Beethoven, Grillparzer, Liszt, Karl Kraus, Ferdinand von Saar und natürlich den hochmögenden Schlachtenherren, die sich selbst dahin einluden: Napoleon, Fridericus Rex, Bismarck, Moltke. Aber mehr als Randbemerkungen in den Briefen an die Lieben, mehr als Notizen in Tagebüchern sind von diesen Aufenthalten nicht zurückgeblieben. So fiel für Mähren kaum ein Quentchen jenes literarischen Ruhms ab, den Goethe, den Brentano, Arnim, Körner, Kleist, Liliencron, Wagner bis hin zu Gide und Claudel Böhmen sangen, das mit Prag und den berühmten Bädern Reisende zuhauf lockte.

Mähren wird gewöhnlich mit Böhmen zu einem Zwillingsbegriff verbunden. Aber die beiden Länder sind Geschwister von ungleicher, ja konträrer Artung in der Physiognomie wie im Geist. Tritt uns Böhmen als blockhaft geschlossenes, auf seine Mitte hin konzentriertes Städteland entgegen, so zeigt sich uns Mähren als naturgegeben offenes, vielgliedriges Gebilde von ausgeprägt ländlichem Charakter. Und indes sich in der Historie des in sich gekehrten Böhmen immer wieder ein trotziger, von fast selbstzerstörerischen Spannungen erfüllter Geist kundtut, sehen wir in der Geschichte des aufgeschlossenen Mähren stets den Sinn der Mäßigung und Friedfertigkeit am Werk, der alle Konflikte mildert und alle Widersprüche ausgleicht.

Denn an Widersprüchlichkeiten mangelt es diesem Grenzland im Herzen Europas keineswegs. *Im wundersamen Land der Mährer, wo alle irdischen Dinge auf verkehrten Plätzen liegen, so herrlich ausgetauscht und verwunschen und gesegnet durcheinandergerüttelt . . ., kreuzen sich die Himmelsrichtungen Mitteleuropas,* hat der Schriftsteller August Scholtis gesagt. In Mähren und dem dazugehörigen früher sogenannten Österreichisch-Schlesien begegnete sich das Österreichische mit dem Preußischen, mischte sich das Tschechische mit dem Deutschen, dem Slowakischen, dem Polnischen und Ungarischen. Da wechselten – nach der glanzvollen Eigenstaatlichkeit des ›Großmährischen Reiches‹ in fernster Vergangenheit – přemyslidische, piastische, luxemburgische, habsburgische Oberherrschaften, dazu kamen im schlesischen Teil die hohenzollernschen Interessen. In frühester Zeit hatte Mähren mit den Herzogssitzen Brünn, Olmütz und Znaim gar drei, später jahrhundertelang mit Brünn und Olmütz zwei Hauptstädte. Ein Dutzend Adelsgeschlechter, fortbestehend oder einander ablösend, teilte sich im Besitz des Landes, und jedes machte seine Hauptresidenz zu einem einflußreichen Mittelpunkt der Domäne. Andere bedeutende Zentren des Landes waren die alten Klöster und Stifte wie Raigern und Trebitsch der Benediktiner, Tischnowitz, Saar und Welehrad der Zisterzienser oder Hradisch und Klosterbruck der Prämonstratenser. Hand in Hand mit dieser Dezentralisation ging eine diffuse Siedlungsstruktur mit merkwürdigen Inselbildungen deutscher, slowakischer, auch kroatischer Volksgruppen, und daraus wiederum ergaben sich vielfache Brechungen der Sprach- und Rechtsgrenzen. So formte sich eine uneinheitliche und differenzierte Kultur und Wirtschaft mit zerstreuten und wechselnden Schwerpunkten. Die regellose Entwicklung machte es möglich, daß hier in vielen Gegenden noch ein geradezu mittelalterlicher Feudalismus herrschte, indes andere bereits hochindustrialisiert waren.

Dieses Grenzland ohne natürliche Grenzen – mußte es nicht notwendig allen Einflüssen preisgegeben sein? Nach Süden zu bildet Mähren eine offene Ebene, die über Niederösterreich und die südwestliche Slowakei mit dem Karpatenbecken zusammenhängt. Auch gegen den Westen nicht und nicht gegen den Nordosten ist das Land scharf abgegrenzt: Über die niedrigen Böhmisch-Mährischen Höhen gleitet es kontinuierlich nach Böhmen hinüber, und in die schlesischpolnische Tiefebene öffnet es sich mit dem ›Völkertor‹ der Mährischen Pforte. Nur im Zug der Karpaten im Südosten, der ihm mit der Slowakei gemeinsam ist, sowie im Altvatergebirge im Norden steigt es zu höherem und hohem Relief auf; aber diese wegedurchzogenen Gebirge boten weder Schutz vor Feinden noch bedeuteten sie den Freunden ein Hindernis. So vermittelte Mähren Kulturzusammenhänge zwischen dem mittleren sowie unteren Donaugebiet und einerseits Böhmen, andererseits dem Oder-Weichsel-Bereich.

Auf seine geographischen Gegebenheiten ist es zurückzuführen, daß Mähren schon in Zeiten, die nach Jahrtausenden gemessen werden, ein Siedlungs- und Durchzugsland war. Prähistorische Funde weisen in der Älteren Steinzeit (500 000 bis 8000) Neandertaler und Mammutjäger, in der Jüngeren Steinzeit (3000–1800) verschiedene Keramik-Kulturen vor allem im Lößgebiet des Südens nach. In der Bronzezeit (1800 bis 700) erweiterten Völkergruppen der Aunjetitzer-, der Hügelgräber- und der Urnenfelder-Kultur den Siedlungsraum, von dem dann in der Latène-Periode der Eisenzeit

(450 bis zur Zeitenwende) die Kelten Besitz nahmen. Diese wichen im 1. Jahrhundert n. Chr. langsam dem Druck der Germanen. Während damals die Markomannen in Böhmen einwanderten, zogen die Quaden aus ihrem südwesteuropäischen Siedlungsgebiet an die March und in die südwestliche Slowakei. Ausgrabungen römischer Stützpunkte in Südmähren bezeugen, daß sie zeitweise in einem Klientelverhältnis zu dem bis an die Donau reichenden Römischen Reich standen. Im Zuge der Bewegungen in der Zeit der Völkerwanderung (400–550) – die natürlich nur als Wanderungen kleiner mobiler Gruppen anzusehen sind – zogen sich die Quaden vor den Hunnen zurück und ließen sich andere germanischstämmige Einwanderer hier nieder. In der zweiten Hälfte des 6. Jahrhunderts und bis ins 8. Jahrhundert hineinreichend erfolgte dann die Landnahme der aus den Gebieten östlich und nördlich des Karpatenbogens kommenden Slawen. Bodenfunde sowie Berg- und Flußnamen weisen darauf hin, daß sie mit den Germanen längere Zeiten friedlich zusammenlebten.

Mit den Slawen aber schoben sich auch die mongolischen Reiternomaden der Awaren nach Mähren und Böhmen vor. Und nun tritt zum erstenmal eine wenn auch nur vage konturierte, so doch namentlich genannte Persönlichkeit auf den Plan: der Edelmann Samo, ein Händler oder Unterhändler aus dem Frankenreich, der sich zum Befreier der böhmischen und mährischen Slawen aufwarf, in siegreichen Feldzügen, um 623, die Macht der Awaren brach – freilich noch nicht auf die Dauer – und seine Herrschaft nach Norden und Westen ausdehnte. Nach Samos Tod (um 660) fällt für einen Zeitraum von anderthalb Jahrhunderten Dunkelheit auf die Geschichte Mährens.

Um so glänzender die Epoche, mit der sie im 9. Jahrhundert wieder ins Licht tritt: das Großmährische Reich. Sein Aufstieg stand in unmittelbarem Zusammenhang mit dem endgülti-

gen Niedergang der Awaren und der aus Bayern wie aus
Byzanz einsetzenden Missionierung. Karl der Große hatte am
Ende des 8. Jahrhunderts in drei aufeinanderfolgenden Kriegs-
zügen die Awaren geschlagen und gleichzeitig ein großes, von
Salzburg und Passau ausgehendes Missionswerk unter den
Slawen in die Wege geleitet. Im Jahre 822 entsandten die
›Moravani‹ Delegierte zum Frankfurter Reichstag, denn nun
war Mähren wie auch Böhmen dem Frankenreich tribut-
pflichtig. Hier taucht zum ersten Mal der Name ›Moravani‹
auf: sein Pate ist der das Land von Nord nach Süd teilende
Hauptfluß Morava (March), in dessen fruchtbaren, trocken-
warmen Ebenen die slawischen Stämme bevorzugt siedelten.
Fern dem fränkischen Machtzentrum bahnte sich jetzt in
Mähren eine selbständige Entwicklung an, die bald ihre Auswirkungen zeitigte. Als erster Vertreter des aufsteigenden
mährischen Fürstengeschlechts wird der ›Dux Moravani‹
Mojmir genannt, der um 836 auszog, sein Reich zu vergrößern,
sich das Fürstentum Neutra in der Slowakei aneignete und
dessen Herrscher Pribina verjagte. Sodann machte er Miene,
gegen die Abhängigkeit vom Karolingerreich aufzubegehren.
König Ludwig der Deutsche erhob deshalb Mojmirs Neffen
Rostislav zum Herzog (846). Der aber erwies sich als nicht
minder widerspenstig. Er konspirierte zeitweilig gegen
Ludwig, besiegte da und dort dessen Heere und unterwarf
sich weitere Provinzen. Durch einen geschickten Schachzug
gelang es ihm, seine politische Freiheit noch mit der kirchlichen Unabhängigkeit von Westrom zu untermauern: er bat
Byzanz, ihm Missionare zu entsenden, die der slawischen
Sprache mächtig seien.

So kamen im Jahre 864 die beiden aus Thessalonike stammenden, in kirchlicher sowie weltlich-diplomatischer Mission
bereits wohlerfahrenen und hochbewährten Brüder Konstantin und Method nach Mähren und entfalteten in dem bisher nur von lateinischen Mönchen christianisierten Land

eine ungemein erfolgreiche Tätigkeit. Sie führten ein von ihnen entwickeltes slawisches Alphabet, die sogenannte ›Glagolica‹, ein, brachten das Slawische als Liturgiesprache und – wie die Forscher annehmen – darüber hinaus auch als Verwaltungssprache zur Geltung, übersetzten liturgische Texte und Evangelien in die kirchenslawische Gemeinsprache und verfaßten ein Rechtsbuch, das Grundsätze des öffentlichen Rechts und der kirchlichen Disziplin festlegte. Mit Neid sahen die westlichen Missionare, wie Konstantin und Method Anhänger über Anhänger gewannen. Die Beschuldigung der Häresie war schnell ausgesprochen. Daraufhin machten sich die beiden geistlichen Brüder auf den Weg nach Rom, um sich dort zu rechtfertigen. Papst Hadrian II., klug genug, die Bedeutung einer mit dem Stuhl Petri verbundenen slawischen Kirchenprovinz nicht zu unterschätzen, anerkannte die slawische Liturgie förmlich und feierlich, mehr noch: er ernannte Method zum päpstlichen Legaten für die slawischen Länder und weihte ihn zum Erzbischof der neu eingerichteten mährisch-pannonischen Kirchenprovinz (868). Doch Method mußte allein nach Mähren zurückkehren. Konstantin, auf den Tod krank, war in Rom in ein Kloster eingetreten und starb dort 869. Im Kloster hatte er den Namen Cyrill angenommen, unter dem er in die Kirchengeschichte eingegangen ist.

Die Rückwanderung Methods fand in Bayern eine unerwartete Unterbrechung. Er geriet in die Hände bayerischer Bischöfe, die ihm vorwarfen, auf ihrem Gebiet geistliche Jurisdiktion ausgeübt zu haben, und wurde in einem unbekannt gebliebenen Kloster gefangen gesetzt. Erst 873 kam er auf Anordnung Papst Johanns VIII. frei. Bald nach seiner Rückkehr nach Mähren wurde er neuerlich der Verbreitung von Irrlehren geziehen, abermals nach Rom zitiert, wiederum von dort in Gnaden entlassen. Papst Johann sandte aus diesem Anlaß Herzog Svatopluk die berühmt gewordene Bulle ›Industriae tuae‹ (880), in der er ihm befahl, »daß Ihr Unseren

ehrwürdigen Erzbischof als Eueren Hirten mit der gebühren-
den Ehre und Achtung und freudigen Herzens aufnehmt«.
Dies geschah – und Method beendete nun die Übersetzungen
der Heiligen Schrift und verschiedener Schriften der Kirchen-
väter und starb zu Ostern des Jahres 885. Gleich nach seinem
Tode aber verwies Herzog Svatopluk seine Schüler des Landes,
wozu ihn ein Gegner Methods, der fränkische Bischof von
Neutra, Wiching, veranlaßt hatte. Im Sinne ihres Lehrers
haben die slawischen Geistlichen dann in Kroatien und Bulga-
rien weitergewirkt und dort die Voraussetzungen für das ost-
römisch orientierte Christentum des Balkans und Rußlands
geschaffen.

Wenn der Papst Svatopluk in einer Urkunde von 885 ›König
der Slawen‹ titulierte, so entsprach diese Bezeichnung durchaus der damaligen Machtfülle des Mährerfürsten. Ein Neffe
Rostislavs, war es ihm durch Geschick, List und Verrat gelungen, die Herrschaft an sich zu reißen. Auch er spielte den
Karolingern zuerst Willfährigkeit vor, stellte sich dann aber
gegen sie und jagte ihnen weite Gebiete ihrer östlichen Provinzen ab. Unter ihm umfaßte das ›Große Mähren‹ – so genannt von Kaiser Konstantin Porphyrogennetos – Mähren,
Böhmen, weite Landstriche an Oder und Weichsel und große
Gebiete des Donauraums mit ganz Pannonien. Sein Tod im
Jahre 894 aber setzte diesem machtvollen Anfang ein schnelles
Ende. Denn daß seine Söhne mit dem Frankenreich Frieden
schlossen, half nichts mehr. Durch innere Wirren zerhöhlt,
wurde das Fürstentum eine leichte Beute für die 907 ein-
brechenden magyarischen Reiterscharen, die sein recht weit
entwickeltes Kultur- und Wirtschaftsleben so gründlich zerstörten, daß ein späteres Wiederanknüpfen an dessen Tradition nicht mehr möglich war.

Erst im 11. Jahrhundert beginnt ein neues Kapitel der
Geschichte Mährens, und zwar im Zusammenhang mit der
Böhmens. In Böhmen herrschten – historisch faßbar seit dem

späten 9. Jahrhundert – die Přemysliden. Mit dem später
heiliggesprochenen Herzog Wenzel (921–929), der dem Deutschen Reich und dem Christentum treu verbunden war, hatte
diese Dynastie ihren ersten Höhepunkt erreicht. Wenzels
Bruder und Mörder Boleslaw I. (929–967), nach wiederholten
Fehden mit dem Reich von Kaiser Otto I. zur Botmäßigkeit
gezwungen, kämpfte in der Schlacht am Lechfeld als Ver-
bündeter Ottos gegen die Magyaren, vertrieb diese aus Mähren, eroberte Krakau und Kleinpolen und nahm zu Großpolen
um Gnesen und Posen freundschaftliche Beziehungen auf.
Doch unter seinen Nachfolgern kam es zu Auseinandersetzungen mit Polen, wobei Mähren zeitweise unter polnische Herrschaft geriet. Herzog Břetislaw I. (1037–1055) vereinte Mähren wieder mit Böhmen – damit gelangte Mähren
mittelbar unter den Einfluß des Deutschen Reiches – und
richtete nach 1040 in Olmütz, Brünn und Znaim Teilherzogtümer ein, die er seinen drei jüngeren Söhnen übertrug,
während der älteste Sohn Böhmen und das Recht der Ober-
hoheit über ganz Mähren erhielt. Natürlich führte diese
Herrschaftsregelung in der Folgezeit zu Konflikten. Denn die
›Teilfürsten‹ betrieben eine selbständige Politik, die sie oft
genug zu offenen Gegnern der Böhmenherzöge machte und
auch untereinander entzweite. Eine Konsolidierung dieser
verworrenen Zustände trat erst ein, als Kaiser Friedrich I. 1182
Mähren zur reichsunmittelbaren Markgrafschaft erhob und
wenig später die Přemyslidenbrüder Přemysl Ottokar I. und
Wladislaw Heinrich die Erbfolge dahingehend regelten, daß
der Ältere, Ottokar, König von Böhmen wurde, während der
Jüngere, Wladislaw Heinrich, die Markgrafschaft Mähren erhielt, und zwar alle drei Teilherzogtümer. Diese Herrschafts-
ordnung bewährte sich und blieb bis in nachpřemyslidische
Zeiten wirksam.

Übrigens galt bis ins späte 13. Jahrhundert das böhmische
Wappen, der doppelt geschwänzte Löwe, gleichzeitig auch

für Mähren. Erst an Urkunden des vorletzten Přemysliden, Wenzel II., wird ein eigenes mährisches Wappen sichtbar, das fürderhin immer erscheint: ein gekrönter, nach rechts schauender, weiß und rot geschachteter Adler im blauen Feld. Auf Wunsch der Stände und mit Genehmigung des Kaisers wurde im 17. Jahrhundert die weiß-rote in eine gold-rote Schachtung umgewandelt.

Přemysl Ottokar II. (1253–1278), zugleich Markgraf von Mähren, führte die Herrschaft der Přemysliden zu höchster Macht. Er erweiterte sein Reich im Süden bis nach Oberitalien, im Norden bis nach Preußen, und er trieb die wirtschaftliche Entwicklung Böhmens und Mährens durch deutsche Koloni-sation, Förderung des Städte- und Bergwesens und Erschlie-ßung des flachen Landes vehement an. Schon seine Vorgänger hatten deutsche Kolonisatoren ins Land gerufen. In einem Zeitraum von rund einem Jahrhundert hatten die Neusiedler vor allem die leeren Randgebiete beider Länder nach und nach bevölkert und zusammen mit den in den Ebenen und Kesseln ansässigen tschechischen Altsiedlern eine Kultur eigener Prägung ausgebildet. In Mähren waren die deutschen Einwanderer im 12. Jahrhundert im südlichen Landesteil heimisch geworden. Von da aus drangen sie im Laufe des 13. Jahrhunderts über eine Reihe von Sprachinseln in den Nordosten und Nordwesten des Landes und nach Sudeten-schlesien vor, auch hinunter ins ungarisch-mährische Grenz-gebiet, in das von Süden her gleichzeitig die Slowaken ein-wanderten. Viele Siedlungen und Handels- sowie Handwerks-zentren erlangten hier auffallend früh, schon anfangs des 13. Jahrhunderts, das Stadtrecht, so Mährisch-Neustadt, Freu-denthal, Troppau, Jamnitz, Göding, Iglau und andere.

Das Stadtrecht – dieses Problem kann hier nur angedeutet werden – war einerseits von norddeutschem, das heißt Magdeburger, andererseits von süddeutschem, das heißt Nürnberger oder Wiener Vorbild abgeleitet. Während sich in

Böhmen eine Linie quer durchs Land ausbildete, welche die nach Magdeburger Stadtrecht lebenden Gemeinwesen im Norden von den nach Nürnberger Stadtrecht lebenden im Süden deutlich trennte, kam eine solche Grenze in Mähren nur in Ansätzen zustande, und die Ausnahme war hier recht eigentlich die Regel. Ungeregelter als in Böhmen vollzog sich hier die Kolonisation; sie blieb mehr der Kirche und dem Adel überlassen als den Königen, die ja weit waren, oder den Markgrafen, die durchaus nicht immer hier residierten; sie gruppierte sich nicht auf ein Zentrum hin, das es ja nicht gab, sondern um die verschiedenen Schwerpunkte klerikaler und adeliger Einflußbereiche; sie fügte sich naturgemäß den Bedingungen der Landschaft, deren offener Charakter das Hin- und Herfluten begünstigte. Aber eine überragende Kolonisatorengestalt gab es auch hier: es war der Kanzler Ottokars II. und Bischof von Olmütz, Bruno von Schaumburg – ein allmächtiger Mann, der im Norden und Osten Mährens einen planvollen Landesausbau betrieb.

Die Herausbildung des Ständestaates, in dem der alte und wohlorganisierte Adel des Landes in immer steigendem Maße Macht gewann, kennzeichnet auch in Mähren die Epoche der auf die Přemysliden folgenden Luxemburger. Karl IV. (1346–1378) versuchte die königliche Zentralgewalt gegenüber dem Hochadel auf alle mögliche Weise zu stärken; nicht zuletzt diesem Ziel diente auch die Maßnahme, daß er Mähren und Schlesien förmlich zu Ländern der ›Krone Böhmens‹ erhob und sie damit nur mehr mittelbar vom Reiche abhängig machte. (Von der historischen Entwicklung in Schlesien, dessen zwölf Herzöge aus der Piastendynastie sich schon vor Karl IV. freiwillig in ein Lehensverhältnis zu Böhmen begeben hatten, werden wir an Ort und Stelle noch hören.) Im übrigen belehnte Kaiser Karl 1346 seinen jüngeren Bruder Johann Heinrich mit der Markgrafschaft Mähren, der mit drei Söhnen eine mährische Linie der Luxemburger fortführte.

Unter des großen Kaisers wankelmütigem Sohn Wenzel IV. (1378–1419) steigerte sich die Machtostentation des Hochadels zu offener Opposition und brach sich die auf vielerlei religions- und ideengeschichtlichen Voraussetzungen gründende, von sozialen und nationalen Spannungen genährte und mit politischen Motiven verquickte Reformbewegung des Hussitismus Bahn. In Mähren zeitigte der Hussitismus weitaus schwächere explosive Auswirkungen als in Böhmen.

Das mährische Hussitentum blieb auf Lokalentwicklungen beschränkt – die alten Mächte erwiesen sich hier am stärksten, Hochadel, hoher Klerus und Patriziat bestimmten die politische Richtung. Trotz Ansätzen zu hussitischen Volksaufständen war hier der Utraquismus einer Reihe hochadeliger Familien am Ende das wichtigste Revolutionsergebnis, während die Städte, deutsch und katholisch, zu royalistischen Stützpunkten wurden, die Diözese Olmütz weiter bestand und das Land seit 1422 als Lehen Albrechts von Habsburg den Anschluß an das revolutionäre Böhmen verlor. (Ferdinand Seibt)

In friedlicher und fruchtbarer Weise führte die Gemeinschaft der Böhmisch-Mährischen Brüderunität später die Traditionen des Hussitismus weiter. Von ihrem Wirken in Mähren werden wir an entsprechender Stelle berichten.

Die Stabilität der mährischen Herrschaftsverhältnisse bewirkte, daß in den folgenden Zeiten des häufigen Kronwechsels und der dauernden Kronstreitigkeiten das Land weit weniger von Krisen heimgesucht war als Böhmen. Wiewohl die vier deutsch verwalteten Hauptstädte Brünn, Olmütz, Iglau und Znaim den tschechischen Utraquisten-König Georg von Poděbrad (1458–1471) nur widerstrebend anerkannt hatten, verhielten sie sich, als er 1466 mit dem Kirchenbann belegt wurde, zunächst neutral, sahen sich aber dann aus konfessionellen Gründen gezwungen, ihm die Loyalität aufzukündigen. Zwei Jahre später zog Matthias Corvinus von Ungarn im Namen des katholischen Glaubens gegen Georg, besetzte Mähren und brachte es zustande, bei einer Friedenskonferenz in Olmütz (1469) zum böhmischen König ausgerufen zu werden. Zwar machte ihm der Jagellone Wladislaw II., den Georg von Poděbrad auf dem Totenbett als Nachfolger nominiert hatte, diese Würde wieder streitig, doch sprach Wladislaw ihm 1479 Mähren und Schlesien zu. Als Matthias Corvinus 1490 starb, wurde Wladislaw zusätzlich König von Ungarn und gelangte damit wieder in den Besitz von Mähren und Schlesien. Er residierte von da an nahezu ausschließlich in Ofen (Budapest). Nach dem Tod des Königs (1516) übernahm sein Sohn Ludwig II. die Regierung. Mit dessen Tod in der Schlacht bei Mohács gegen die Türken (1526) endete die kurze Jagellonenphase. Obzwar die Periode, da Mähren mit Ungarn vereint war, nicht lange währte, hat sie sich doch auf die Kunst des Landes eingreifend ausgewirkt. Sie hat die Entwicklung einer Sonderrenaissance eingeleitet, in der sich Selbstbewußtsein und Weltbewußtsein des Landesadels dartut – wie wir bei unseren Reisen sehen werden.

Die Vorherrschaft des Adels vermochten zunächst auch die Habsburger nicht zu brechen, die 1526 ihre lange, bis zum Ende des Ersten Weltkriegs dauernde Regentschaft antraten. Dieser Adel war weitgehend protestantisch, und inzwischen bekannte sich auch der größere Volksteil zum neuen Glauben. Dennoch stieß das langsame Vordringen der katholischen Restauration hier nicht auf einen vergleichbar starren Widerstand wie in Böhmen. Und es war nicht nur ein besonderer Glücksfall, sondern durchaus charakteristisch für den Geist Mährens, daß hier ein kompromißbereiter Diplomat wie der Landeshauptmann Karl von Zierotin eine ganz selbständige Friedenspolitik betrieb, während es gleichzeitig in Böhmen zu jenen Katastrophen kam, die zum Prager Fenstersturz, zum Ausbruch des Dreißigjährigen Krieges und zum Sieg des Katholizismus in der Schlacht am Weißen Berg am 8. November 1620 führten.

Dieser Sieg brachte freilich auch für Mähren den Wendepunkt. Nicht anders als in Böhmen hatte er auch hier eine völlige Umschichtung zur Folge. Wer von seinem Glauben nicht abließ, mußte den Weg ins Exil antreten. Die alteingesessenen protestantischen Adelsfamilien, vom Kaiser ihres Besitzes enteignet, traten ab. Österreichische Geschlechter, Edelleute deutscher, spanischer, italienischer Herkunft erwarben deren Güter. Das fürstliche Haus Liechtenstein, das schon seit dem 13. Jahrhundert Herrschaften in Südmähren besaß, vereinigte in jener Zeit weite Gebiete des Landes in seiner Hand. Neben der umfassenden Neuordnung der Besitzverhältnisse ging eine intensive Bautätigkeit einher. Der Barock trat seinen Triumphzug an. Mährens Bindungen an Habsburg gingen nach und nach in ein mit Überzeugung dargetanes Treueverhältnis über. Die Zentralisierung der Staatsgewalt unter Maria Theresia und Joseph II., der die Verlegung der ›Böhmischen Kanzlei‹ von Prag nach Wien, die große Verwaltungsreform, die Einführung des Deutschen als Staats- und Verwaltungssprache, die Volksschulreform und viele andere Maßnahmen dienten, konnte sich unter diesen Umständen hier ohne Schwierigkeiten vollziehen – während sie in Böhmen gegen den zähen Widerstand der Stände durchgesetzt werden mußte.

Wirtschaftliche Veränderungen von erheblichem Ausmaß bewirkten in der josephinischen Zeit die Aufhebung der Leibeigenschaft, die Säkularisation, vor allem aber die Industrialisierung, die, fast ausschließlich vom einheimischen Adel in die Wege geleitet, später auch von ausländischen Bankiers und Großindustriellen gefördert wurde. Erste Industriezentren wurden Brünn, Mährisch-Schönberg und Sternberg mit Baumwollfabrikation, oder Blansko und Mährisch-Ostrau mit Schwerindustrie. Die Eröffnung der Eisenbahnlinien Wien–Lundenburg–Brünn, Prag–Olmütz und Lundenburg–Oderberg zwischen 1838 und 1847 gab der Industrialisierung weiteren Auftrieb. Das Anwachsen der Bevölkerung im Zuge dieser Entwicklung verlief zugunsten des tschechischen Elements, das schon seit dem gleichgewichtsstörenden Ausscheiden Schlesiens aus der Monarchie (1742) stetig an Gewicht gewonnen hatte. Damit wurde die nationale Problematik akut.

Der am Ende des 18. Jahrhunderts einsetzende Prozeß der geistigen Wiedergeburt des tschechischen Volkes hat in vielen Persönlichkeiten aus Mähren, Historikern, Altertumsforschern, Literaturforschern, Liedersammlern und Schriftstellern, bedeutende Wegweiser gefunden. In seinen Anfängen stand dieser Prozeß noch im Zeichen jenes liberalen, übernationalen, das heißt Deutsche wie Tschechen umfassenden Heimatbewußtseins, das unter dem Begriff böhmischer, beziehungsweise mährischer ›Landespatriotismus‹ bekannt geworden ist. Adel und Klerus waren im Verein mit Gelehrten und Schriftstellern die Protagonisten dieser ›Bewegung‹ – wie man sie wohl nennen muß–, die, von Ideen der Aufklärung und Romantik ausgehend, ein patriotisches Geschichtsbewußtsein im Volk zu erwecken bestrebt war. Sie wurde eine wichtige Triebkraft für die Entfaltung von Wissenschaft und Kunstpflege, bedeutsamer noch: sie vermochte für einige Jahrzehnte Deutsche und Tschechen im Geist und Gefühl der Gemeinsamkeit zu einen. Es lag nahe, daß der Wiener Zentralismus vor allem im Vormärz sich den Landespatriotismus zunutze zu machen suchte und dies zunächst auch vermochte. Als aber in zunehmendem Maße national-politische und soziale Motive hervortraten, obsiegten die progressiven Kräfte dieser Bewegung. Wiederum ist hervorhebenswert, daß der Geist des Landespatriotismus in Mähren auch noch während des Revolutionsjahres 1848 die Atmosphäre bestimmte, als in Böhmen das Experiment der Gemeinsamkeit bereits gescheitert war und heftige Nationalitätenkämpfe überhand nahmen.

Politisch hatte dies zur Folge, daß der mährische Landtag am längsten von allen Länderparlamenten Österreichs, nämlich bis Ende Januar 1849, funktionsfähig blieb und die Kontrolle über den Gang der Entwicklung behielt. Sehr typisch ist die ausgleichende Rolle, die Mährer wie Alois Pražák und Kajetan Mayer im späteren Reichstag spielten. Soziologisch hing diese relativ stabile Situation vor allem mit der Tatsache zusammen, daß die sozial arrivierten Schichten Mährens entweder noch deutsch oder zumindest germanisiert waren, sich also nicht wie in Böhmen ein nationalbewußtes, slawisches Bürgertum auf eigener ökonomischer Basis gebildet hatte. Die historische Einheit Mährens wurde von keinem der beiden Volksteile angetastet. Den Forderungen der Zeit kam der Landtag durch eine Erweiterung nach konstitutionellen Prinzipien, wenn auch unter teilweiser Wahrung älterer ständischer Privilegien, nach, und so konnte Ende Mai 1848 der neue Landtag gewählt und feierlich eröffnet werden. Wie die Landtagsverhandlungen zeigen, war vor allem die Grundentlastung für Mähren ein dringendes Problem. Die Entwicklung in Österreichisch-Schlesien weist ähnliche Züge auf. Auch hier war die Oberschicht durchwegs deutsch oder deutsch assimiliert, doch war im Gegensatz zu Mähren das Deutschtum auch zahlenmäßig die stärkste Gruppe, nämlich fast die Hälfte der Bevölkerung. Die nationale Differenzierung war auch in Schlesien erst in ihren Anfängen, doch entsprang der Widerstand gegen das tschechische Staatsrechtsprogramm weniger einem ausgeprägten Provinzialpatriotismus, wie dies in Mähren der Fall war, sondern die grundsätzliche Abneigung der deutschen Bevölkerungsmehrheit gegen die Prager Ansprüche gab den Ausschlag. Wichtiger als die nationale Frage war auch in Schlesien Grundentlastung und Robot, die besonders im Fürstentum Troppau und Jägerndorf noch eine bedeutende Rolle spielten und Anlaß zu bäuerlichem Widerstand gaben, der dort nicht zuletzt von der Familie Kudlich organisiert worden ist. Nur in Böhmen hatten also die nationalen Probleme die sozialen Spannungen entscheidend überlagert und teilweise in eine andere Richtung gelenkt, während in Mähren wie auch in Schlesien

die Bauernfrage im Vordergrund stand und eine Lösung erforderte.
(Friedrich Prinz)

Auf die Dauer mußte sich die Verschärfung der deutsch-
tschechischen Gegensätze in Böhmen natürlich auch auf
Mähren auswirken. Indes aber dort die wiederholten Ver-
suche, einen modus vivendi zu finden, völlig scheiterten, kam
es hier im Jahre 1905 zum sogenannten ›Mährischen Ausgleich‹, der eine neue Landesordnung und Landtagswahl-
ordnung einführte, sich einer Neuorganisation der Schul-
behörden annahm und den Gebrauch beider Landessprachen
bei den autonomen Behörden regelte, wobei er den Interessen
beider Gruppen gerecht wurde. Jüngste Forschungen betonen
mit Recht, daß dieser ›Mährische Ausgleich‹ für eine gerechte
Lösung der Nationalitätenprobleme in Ostmitteleuropa ein
bedeutender Ausgangspunkt hätte werden können. Aber die
politische Entwicklung ging über ihn hinweg. In ihrem
weiteren Verlauf wurde Mähren Bestandteil der 1918 gegründeten Tschechoslowakischen Republik und verlor damit
seine Selbständigkeit.

Mehr als von der unmittelbaren Gegenwart wird in diesem
Buch von der Vergangenheit die Rede sein. Was war, hat das
Gesicht des Landes geprägt – was ist, scheint noch zu sehr ein
›schwebendes Verfahren‹, als daß es gestattet sein dürfte, mehr
als Impressionen darüber mitzuteilen. Auch die einstigen
Gegensätze zwischen Tschechen und Deutschen werden nur
da und dort berührt werden. Nicht allein deshalb, weil sie –
wie dargetan – hier zurücktraten, sondern vor allem, weil es
an der Zeit ist, das Gemeinsame wieder so selbstverständlich
zu nehmen, wie es über lange Epochen hinweg war.

Wer heute nach Mähren fährt, möge ein wichtiges Vade-
mecum nicht vergessen: Vorurteilslosigkeit. Kehrt er als
Reisender in seine frühere Heimat zurück, sollte er mögliche
Ressentiments durch Bereitwilligkeit zum Verständnis er-

setzen; will er als Fremder das Land für sich entdecken, sollte
er das gewohnte Bedürfnis nach touristischem Perfektionis-
mus mit der Freude an der Improvisation vertauschen. Die
gesellschaftlichen und wirtschaftlichen Umwälzungen haben
natürlich auch hier vieles verändert. Der Anblick des schwei-
genden Schäfers unterm blühenden Apfelbaum ist selten
geworden. Ein anderes Bild hat diese pastorale Szene verdrängt: Noch in den abgelegensten Dörfern warten tagtäglich
in aller Herrgottsfrühe Grüppchen fahl gewandeter Arbeiter
und Arbeiterinnen auf den Omnibus, der sie in den nächsten
Fabrikort bringen soll. Der Industrialisierung und Verein-
heitlichung ist manches von der hartnäckigen Eigenwilligkeit
und der strotzenden Behaglichkeit dieses Landes zum Opfer
gefallen. Nicht aber das zutrauliche Entgegenkommen und
die herzoffene Gastlichkeit seiner Menschen – ein Faktor, mit
dem der Reisende getrost fest rechnen darf. Ist er des Tschechischen nicht mächtig, kann er sich nahezu überall deutsch
verständigen, oft genug wird er von vornherein deutsch an-
gesprochen, wenn er durch irgendeine ratlose Geste merken
läßt, daß er Auskünfte braucht. Im Restaurant, auf der Straße,
in der Eisenbahn – überall ergeben sich Gespräche, die nicht
den Charakter höflicher Konversation, sondern den eines
spontanen und mühelosen Austausches haben. Findet er zu
einem Schloß keinen Zutritt – der Montag ist für alle Museen
und Galerien ein Feiertag –, wird ihm auf dringliche Bitten
hin in den meisten Fällen die Besichtigung dennoch irgend-
wie ermöglicht. Und sucht er in kleineren Orten vergeblich
ein Hotel, mag er sich zumindest darauf verlassen, daß sich
eine Schar von Passanten redlich mühen wird, ihm nützliche
Hinweise zu geben. Da die Unterkunftsmöglichkeiten in
nicht zentral gelegenen Orten sehr beschränkt sind, ist es rat-
sam, sich in größeren Städten niederzulassen und von da aus
Abstecher in die Umgebung zu machen, was bei den geringen
Entfernungen ein leichtes ist. Der Autofahrer findet auch

abseits der Hauptstraßen durchweg gute Wege vor. Wer ohne Auto reist, dem steht ein sehr dichtes Netz von Autobus-Verbindungen zur Verfügung, die – zumindest auf Neben-strecken! – den Eisenbahnverbindungen vorzuziehen sind.

Wir werden bei unseren Fahrten die beiden Hauptstädte zu Mittelpunkten machen: Brünn, um im westlichen Teil, Olmütz, um im östlichen Teil Mährens Umschau zu halten. Bei unserem Streifzug durch das südwestliche Grenzgebiet soll uns der Lauf der Thaya die Richtung weisen; unsere Route entlang der nachbarlichen Slowakei wird der Zug der Kar-paten bestimmen. Der Landstrich zwischen Beskiden und Altvater, im wesentlichen mit dem ehemaligen Österreichisch-Schlesien identisch, soll am Ende unserer Betrachtung stehen und den Kreis unserer Reisen schließen.

Brünn

Alte Fürstenresidenz und neue Hauptstadt

Die Dame, die in Wien mit mir in den Autobus nach Brünn stieg und mich unverzüglich über ihre Brünner Verwandten orientierte, die sie häufig übers Wochenende besuche, diese lebhafte, schon über die mittleren Jahre hinausgekommene Dame brachte es mit ihrem Geplauder zuwege, mir einen Augenblick lang die Vorstellung vorzugaukeln, daß Brünn auch heute noch, wie einst, schon in Wien begänne. Die Fahrten ins Mährische schienen ihr, ungeachtet der stachligen Grenze, eine Selbstverständlichkeit, und was sie erzählte über Onkel und Tante, die früher Schneidersleut gewesen waren und einen heftigen Pendelverkehr zur Wiener Kundschaft und zur Wiener Oper aufrechterhalten hatten, oder über ihre eigenen Brünner Jugendjahre, deren Sehnsüchte natürlich auf die nahe Donaumetropole zielten – das alles klang in ihrem Munde gegenwärtig und unvergänglich. Und unweigerlich ließ es an Leo Slezaks vielzitierten Ausspruch denken: *Alle echten Wiener sind aus Brünn!*

Indessen: das Wort des großen Sängers wird sehr bald nur noch in der Vergangenheitsform gültig sein, und auch meine Reisebegleiterin lebt schon im Imperfekt. Brünn heißt heute ausschließlich ›Brno‹ und ist weit entfernt von den Tagen, da es tschechische wie deutsche Bewohner zwar keineswegs einmütig, aber doch mit dem gleichen böhmakelnden Zungenschlag ›Brien‹ nannten und bei allem Lokalpatriotismus mit einem gewissen Stolz als Dependance von Wien betrachteten. Die hundertzwanzig Kilometer nach Wien sind nur noch geographisch ein Katzensprung, im Bewußtsein der Brünner dehnen sie sich ins Unerreichbare. Der Blick der mährischen

Hauptstadt ist heute nach Prag gerichtet, das man in sieben
Schnellzugstunden erreicht, aber diese Entfernung steht auch
heute noch einer innigen Korrespondenz der beiden Städte arg
im Weg, abgesehen von der Rivalität, die schon immer
zwischen der Landes- und der Provinzhauptstadt herrschte
und die auch durch den Amalgamierungsprozeß innerhalb
der Tschechoslowakei noch nicht ausgeräumt werden konnte.

Im übrigen kann sich die zweitgrößte Stadt der Tschechoslowakei auf ihre Selbständigkeit als Industrie- und Messe-
metropole berufen. Die Industrie floriert hier schon seit der
josephinischen Zeit. Textilien waren einst das Haupterzeugnis
und trugen Brünn den Beinamen ›österreichisches Manchester‹
ein. Daneben entwickelte sich, als in der Umgebung Steinkohle entdeckt wurde, im 19. Jahrhundert Hütten- und
Maschinenbauindustrie. Heute haben die Maschinen den
Tuchen den Rang abgelaufen: Brünn ist eine Hochburg des
Maschinenbaus geworden und seine alljährlich im Herbst
stattfindenden Maschinenbau-Messen sind ein Treffpunkt
der Käufer und Aussteller aus Ost und West.

Den Messebesuchern präsentiert sich Brünn von moderner
Seite: das weitläufige, vom Flußlauf der Schwarza begrenzte
Ausstellungsgelände mit älteren und neuen Hallen ist eine
der besten Anlagen dieser Art. Einige Pavillons am Ausstel-
lungsgelände sowie Großbauten in der Stadt entwarf in den
dreißiger Jahren der renommierte Prager Architekt Bohuslav
Fuchs; zu jener Zeit baute auch Mies van der Rohe im Stadtteil
Schwarze Felder (Černá Pole) das imponierende Tugendhat-
Haus. Im Stadtinneren findet der Messegast ein Hochhaus-
Hotel, das mit seinem Komfort modischen Stils und seiner
nach allen guten altmodischen Regeln der Gastronomie dar-
gebotenen einheimischen Küche auch Ansprüche verwöhnter
Nabobs aus dem fernen Westen befriedigen kann. Und sucht
er musische Abwechslung, so setzt er sich in ein funkelnagel-
neues Theater, das den alten Bau von Fellner und Helmer

Der älteste Grund

Der *Petersberg (Petrov)* ist der älteste Grund der Stadt. Die *Peter- und Paulskirche* auf ihm wird urkundlich erstmals im Jahre 1131 erwähnt, doch reicht ihre Entstehung weiter zurück. Wahrscheinlich hat sie der Brünner Herzog Konrad zwischen 1070 und 1080 erbauen lassen; Konrad war einer der Söhne des Přemyslidenfürsten Břetislaw I., der ja – wie wir im geschichtlichen Abriß schon darlegten – in Brünn, Olmütz und Znaim Teilherzogtümer errichtete, die er seinen jüngeren Söhnen als Apanage gab. Möglich auch, daß die Kirche – wie neuerdings vermutet wird – aus der Kapelle einer ersten, wenig bewohnten, dann von dem ›castrum‹ am Spielberg abgelösten Fürstenburg hervorgegangen ist. Ursprünglich eine romanische Basilika, durchlief sie bei den Umbauten in den folgenden Jahrhunderten alle Stilstufen der Gotik, wurde dann barockisiert, endlich wieder regotisiert. Indes ihre doppeltürmige Außengestalt hauptsächlich von der Regotisierung bestimmt ist, dokumentiert der Innenraum in seiner Uneinheitlichkeit die Wandlungen: dem eleganten, teils noch aus dem 14. Jahrhundert stammenden, teils gotisch erneuerten Presbyterium mit dem neogotischen Altaraufbau des Wiener Holzschnitzers Josef Leimer schließt sich ein etwas ungefüger einschiffiger Barockraum an. Kanzel sowie Figuren und Schmuck der Seitenaltäre im Schiff stammen von dem Brünner Barockplastiker Andreas Schweigel, einem ausgezeichneten und vielbeschäftigten Künstler, der in Mähren, wie wir sehen werden, geradezu allerorten vertreten ist. Hervorhebenswert sind die Altarblätter in den Altären Johannes des Täufers und der heiligen Barbara: ihr Meister ist der liebenswürdige ›Kremser-Schmidt‹, der Barockmaler Martin Johann Schmidt aus Krems an der Donau, dessen Werken ›wachauische Süße‹ nachgerühmt wird. Die aus dem Expressionismus entwickelten Kreuzwegstationen schuf der Brünner Marek.

Nahe des nördlichen Seiteneingangs stoßen wir auf eine steinerne Außenkanzel, die ihrer historischen Bedeutung wegen bei der Restauration der Kirche originalgetreu kopiert wurde. Auf dieser Kanzel predigte im Jahre 1451 der ›Apostel Europas‹, Johannes von Capestrano. Dieser Aquileianer nordischen Geblüts war als Richter von Perugia in die Fehden der italienischen Fürsten verwickelt und in den Kerker geworfen worden; die Visionen seiner Gefängniseinsamkeit hatten ihn dazu bewogen, nach seiner Freilassung den Talar mit der Kutte zu vertauschen, in der er fortan predigend durch die Lande zog. Im Jahre 1451 war er auf Wunsch Friedrichs III. nach Wien gekommen und hatte sich von da sogleich ins ›Ketzerland‹ begeben, um wortmächtig wider den Hussitismus ins Feld zu ziehen. Seine Predigten bewirkten zahllose Konversionen. In Brünn, das sich dem Hussitismus jahrzehntelang nicht ohne Erfolg widersetzte, gewann der franziskanische Rattenfänger fanatische Anhänger, die ihn gar auf seinem späteren Kreuzzug gegen die Türken begleiteten. Wiewohl er in lateinischer Sprache predigte und sich also nur durch einen Dolmetscher verständlich machen konnte, soll er ungeheuren Zulauf gehabt haben. Übrigens war der Wirkungsbereich der beiden Brünner Hauptkirchen, St. Peter und St. Jakob, schon im Mittelalter nach sprachlichen Gesichtspunkten festgelegt: St. Peter war die Kirche der slawischen Bevölkerung, St. Jakob die der deutschen.

Heute ist es auf dem Petershügel friedhofstill. An einem der Häuser, die sich um den düsteren Bau drängen, steht auf einem alten Schild das Wort ›biskupství‹. Es erinnert daran, daß Brünn ein Bistum und die Kirche der Bischofsdom ist. Jahrhundertelang war Olmütz das einzige mährische Bistum gewesen. 1777 wurde es in den Rang eines Erzbistums erhoben und in Brünn ein zweiter Bischofssitz eingerichtet. Er war nach dem Zweiten Weltkrieg lange Jahre verwaist. Erst seit Juni 1968 übt der Brünner Bischof sein Amt wieder aus.

Auf dem Spielberg

Gegen die sehnsüchtig spitzen Türme der Peterskirche setzt
am gegenüberliegenden *Spielberg* die Festung ihre auftrumpfenden Vertikalen. Es gibt mächtigere und trotzigere Burgen,
die mit weitaus größerer Ostentation ihren Herrschaftsan-
spruch dokumentieren. Diese blickt sogar recht friedfertig
über grüne Parkwege hernieder. Wie kommt es, daß man sich
trotzdem eines Unbehagens nicht erwehren kann? Es liegt
wohl am Nimbus des Schrecklichen, der den Namen ›Spielberg‹ seit Zeiten umgibt. Bevor die 1197 zum erstenmal als
›castrum brunense‹, 1277 als ›Spilmberg‹ beurkundete Burg
zur Festung und Zitadelle wurde und als solche den Ruhm
heldenhafter Verteidigung ebenso wie die Schmach erbar-
mungsloser Strafvollzüge auf ihren Namen lud, war sie Residenz der Markgrafen von Mähren. Nach den Přemysliden
hielten die Luxemburger hier Hof, so Kaiser Karls IV. jüngerer
Bruder Johann Heinrich und dessen Sohn Jodok, der kurz vor
seinem Tod (1411) zum deutschen Kaiser gewählt wurde.
Stände und Stadt, die dann im Besitz der Burg abwechselten,
bauten die mittelalterliche Veste zu einem eckturmbewehr-
ten Renaissanceschloß um und in Verbindung mit den Stadtmauern weitgehend fortifikatorisch aus, und als der Kaiser
sie nach der Schlacht am Weißen Berg 1620 konfiszierte, war
sie eine Bastion von höchstem strategischem Wert. Die Schweden, die sie 1645 belagerten, bissen sich denn auch sechzehn
Wochen lang vergeblich die Zähne an ihr aus. Kurz vor der
Belagerung hatte der Kommandant, Obrist Raduit de Souche,
einen unterirdischen Gang zwischen Festung und Stadt
herstellen lassen, der unter dem Namen ›strada coperta‹ ebenso volkstümlich wurde wie sein Inaugurator, dessen Umsicht
und Tapferkeit Brünn seine damalige Rettung dankt. In den
in die Felsen gehauenen Kasematten schmachteten damals
über tausend ›Schwedische‹, von denen ungezählte starben.

Schmachten und Sterben auf dem Spielberg wurde von da an ein gefürchteter Begriff. Edelleute und Mörder, Patrioten und Goldmacher, Ketzer, Fälscher, hohe Militärs, leichte Mädchen, Abenteurer und Beamte erlebten die modrige Hölle dieses bösesten der habsburgischen Staatsgefängnisse. Der Dichter Graf Silvio Pellico, acht Jahre lang hier eingekerkert, weil er dem für Italiens Freiheit kämpfenden Geheimbund der ›Carbonari‹ angehört hatte, schilderte in seinem Buch ›Le mie prigioni‹, 1832, seine Haftzeit.

Der Ausdruck ›schwere Haft‹ hat zu bedeuten, daß man zur Arbeit verpflichtet ist, eine Kette an den Füßen tragen, auf bloßen Brettern schlafen und die ärmlichste Kost essen muß, die sich nur denken läßt. Die zu ›sehr schwerer Haft‹ Verurteilten sind noch furchtbarer gefesselt, mit einem eisernen Gurt um die Hüften, die Kette ist in der Mauer befestigt, so daß man kaum bis an die Pritsche gelangen kann, welche als Bett dient: die Kost ist dieselbe, obschon das Gesetz Wasser und Brot vorschreibt. Wir Staatsgefangenen waren zu schwerem Kerker verurteilt.

Mein Anzug bestand aus einem Paar Hosen von grobem Tuche, auf der rechten Seite von grauer Farbe, auf der linken kapuzinerbraun, ferner aus Weste und Jacke von derselben Farbe. Die Strümpfe waren aus grober Wolle, das Hemd aus Sackleinwand voller stachliger Hecheln, im wahren Sinne des Wortes ein härenes Gewand. Die Schuhe waren von ungefärbtem Leder und zum Zuschnüren. Diese Uniform war durch ein Eisen an den Füßen vervollständigt, eine Kette ging von einem Bein zum anderen, die Enden derselben wurden durch Nägel aneinandergehalten, die man auf dem Amboß festnietete. Der Schmied, der dies Geschäft an mir vornahm, sagte in der Meinung, ich verstünde kein Deutsch, zu einem der Wachen: »So krank wie der ist, da hätte man mir den Spaß auch ersparen sollen, nicht zwei Monate vergehen, so wird der Todesengel kommen und ihn befreien.«

Die Reihe der politischen Häftlinge riß nicht ab. Vor den ›Carbonari‹ atmeten die sogenannten ›ungarischen Jakobiner‹

die dumpfe Zitadellenluft, sie hatten bald nach der Französischen Revolution auch für Ungarn eine republikanische Verfassung gefordert. Nach dem mißglückten Krakauer Aufstand von 1839 waren die polnischen Malkontenten hier in Bann. 1855 wurde zwar das Staatsgefängnis aufgehoben, aber im Ersten Weltkrieg schlossen sich die Eisentore wiederum hinter den tschechischen Kriegsdienstverweigerern. Am Beginn des Zweiten Weltkriegs schleuste man KZ-Verurteilte durch die Kasematten. Nach 1945 hielt man deutsche Zivilisten hier fest.

Wiewohl an den Qualen dieser Menschen gemessen seine dreijährige Gefangenschaft nichts wiegt, ist bis heute der Pandurenoberst Trenck der prominenteste der Spielberg-Häftlinge geblieben. Er büßte die Greueltaten seiner Soldateska und andere ihm zur Last gelegte Delikte unter recht komfortablen Bedingungen ab. Man gewährte ihm Diener und Besuche, er durfte schreiben, beim Kommandanten speisen, die Messe besuchen. Seine Fluchtversuche, um die sich schwindelerregende Mären ranken, mißlangen. 1749 starb er an der Wassersucht und wurde in der Kapuzinergruft unten in der Stadt beigesetzt, wo man seinem Andenken nicht weniger Ehre antut als hier oben.

Als der alte Haudegen seine gar mit Fenster ausgestattete Zelle im oberen Geschoß der Festung bewohnte, waren für die Schwerverbrecher noch die Kerker unter der Erde in Gebrauch. Mehr als vier Monate hielten es die Sträflinge hier nicht aus. Immerwährende Kälte und monoton tropfende Feuchtigkeit folterten sie zu Tode. Wissend, daß die Einbildungskraft niemals ausreichen kann, um Schreckliches nachzuerleben, ließ sich Kaiser Joseph II. bei seinem Besuch der Festung im Jahre 1783 eine Stunde lang zum Kettensträfling machen – und befahl daraufhin, diesen mörderischen Trakt unverzüglich zu schließen.

Auch beim heutigen Besucher der Festung vermag die Einbildungskraft wenig auszurichten. Das Schauderhafte ist zum

Schauobjekt domestiziert. Unter Glas die aufs Papier gestammelten Seufzer, Klagen und Bittgesuche. Unter Glas Porträts und Biographien der ›Parade‹-Häftlinge. Unter Glas die mit haarsträubender Treuherzigkeit bildhaft dargestellten Unterweisungen für den Gebrauch der Folterinstrumente aus der 1769 erschienenen ›Constitutio Criminalis Theresiana‹. Blitzblank hergerichtet und mit erklärenden Tafeln versehen die Einzelzellen, die Folterstätten, die Hungerkammern. Man liest es wie eine Kulturgeschichte. Erst in der Schloßkapelle, und dort unweigerlich, überfällt den Besucher eine Gänsehaut. Da erhebt sich vor ihm gleich einem Fetisch aus vorgeschichtlicher Barbarei ein klotziger Altar mit dem Hakenkreuz-Emblem in der Mitte. Die diese Blasphemie Stein werden ließen, haben jene von Joseph II. aufgehobenen Verliese im Rahmen einer umfassenden Umgestaltung der ganzen Anlage neuerdings ausgebaut, um dort Massengefängnisse einzurichten – was aber durch das Ende des Krieges verhindert wurde.

Die martialische Vergangenheit des Spielbergs ist einer idyllischen Gegenwart gewichen. Seitdem Napoleon 1809 in weiser Voraussicht einen Teil der Befestigungsmauern sprengen ließ, und überdies die alten Brünner Stadtmauern fielen, hat er seine Bedeutung als Beschützer der Stadt verloren. Heute ist er ein dekoratives Element innerhalb des über ihn hinausgewachsenen Stadtkörpers. Man spaziert dort erholsam und speist gut, und genießt den weiten Blick auf das harmonische Bild der locker hingebreiteten Stadt.

Fischer von Erlachs Brunnen

Die alte Stadtanlage, die wir auf frühen Kupfern von einer Mauer mit vielen Türmen und Toren umgrenzt sehen, reichte vom Dom bis zum St. Thomas-Kloster, das einst schon knapp außerhalb der Stadtmauer lag. Diese Achse, in deren Mitte der Große Platz liegt, wollen wir bei unserem Stadtbummel

zur Richtlinie nehmen. Plätze und Straßen haben vor dem
wechselnden Hintergrund der Geschichte chamäleonartig
ihre Namen verändert. Der Hauptverkehrsader zwischen
Bahnhof und Großem Platz standen nacheinander Kaiser
Ferdinand, Masaryk und Hermann Göring Pate, ob Stalin sich
nachher kurzfristig hinzugesellte, wissen wir nicht, jetzt jedenfalls heißt sie Siegesstraße, und dieser Begriff ist immerhin ab-
strakt genug, um zu überdauern. Wir wollen uns hier im allgemeinen an die klassischen Bezeichnungen halten, die mehr
von der Geschichte der Stadt verraten als die künstlich geschaffenen neuen, die wir aber der Orientierung halber hin-
zufügen.

Der schildförmige, abschüssige Krautmarkt unterhalb des
Doms ist der älteste Platz Brünns. Schon im 13. Jahrhundert
riefen hier die Händler Brot und Fleisch, Wolle und Eisen-
waren aus. Auch heute werden an dieser Stelle allvormittäg-
lich Gemüse, Obst und Blumen angeboten, aber seitdem der
Markt ›Platz des 25. Februar‹ (Nám. 25. unora) heißt und die
meisten Händler Staatseigentum verkaufen – es gibt nur
einige wenige private –, ist das Markttreiben recht lustlos, und
man erschrickt ein wenig, wenn die auf den Tischen ausgebreiteten, verlockend bunt leuchtenden Blumen sich bei
näherem Hinsehen als – Papiergebilde entpuppen. Ein mächtiger und merkwürdiger *Grotten-Brunnen* beherrscht das Bild
des Platzes, er heißt im Volksmund ›Parnaß‹ und ist ein Wahrzeichen der Stadt. Erst in den zwanziger Jahren dieses Jahrhunderts entdeckte man durch Briefe im Stadtarchiv, daß er
auf einen Entwurf des großen Johann Bernhard Fischer von
Erlach zurückgeht, der ihn zwischen 1690 und 1696 schuf, als
er in Frain mit dem Bau des Schlosses beschäftigt war. Die
Ausführung überließ er dem Steinmetzen Tobias Kracker.
Über dem Wasserbecken türmt sich ein Felsenbogen auf, in
dessen Höhle ein überlebensgroßer Herkules mit dem Höllen-
hund Zerberus steht. Den Gipfel der Grotte krönt die Figur

Europas als Symbol des Heiligen Römischen Reiches, ihre
Außenwände schmücken neben vielen Tierplastiken drei
weitere Frauengestalten, die die drei großen Reiche des Alter-
tums, Babylon, Griechenland und Persien, personifizieren.
Hans Sedlmayr interpretiert:

*Der Brunnen auf dem Krautmarkt ist vielleicht eine Abbreviatur
jenes riesigen von einem Statuenvolk belebten Brunnenbergs, den
Bernini vor der Ostfassade des Louvre zu errichten plante. Sicherlich
aber ist seine konkrete Gestalt entwickelt aus dem gespaltenen Felsen-
sockel von Berninis Vierströmebrunnen auf der Piazza Navona.
Auch sein ikonologisches Programm ist ähnlich: den vier Weltteilen
dort entsprechen die vier Weltmonarchien, deren Herrschaft auf
Erden jener archetypische Herkules begründet, dessen Kraft im
Schlund des Hades die höllische Macht des Zerberus bändigt.*

In dem Renaissancepalais, dessen schmucklose Front auf den
Markt herabblickt, residierte einst der Kardinal Fürst Franz
von Dietrichstein, Gubernator Mährens, der nach der Schlacht
am Weißen Berg 1620 mit Nachdruck die Restauration im
Land einleitete. Seit 1818 beherbergt das Palais das von dem
Altgrafen Hugo von Salm und den Grafen Josef von Auers-
perg und Anton von Mittrowsky gegründete *Landesmuseum*.
Hier werden die reichen und seltenen Schätze aus vor- und
frühgeschichtlicher Zeit aufbewahrt und gezeigt, die der
Boden rund um Brünn und in Südmähren hergab und immer
noch hergibt, darunter jene berühmte ›Venus von Unter-
Wisternitz‹, die 1925 in den Pollauer Bergen in einer im Löß
entdeckten Mammutjägerstation ausgegraben wurde: eine
aus Asche und Lehm geformte, elf Zentimeter hohe weibliche
Kultfigur mit stark stilisierten Gesichtszügen, übergroßen
ziegeneuterförmigen Brüsten und drastisch gewölbtem Hin-
terteil. Sie ist mindestens dreißigtausend Jahre alt. Das Original der kostbaren Statuette befindet sich natürlich im Safe;
was man im Schaukasten sieht, ist eine Kopie.

Auch die *Landesgalerie* ist hier untergebracht. Ihr Herzstück sind zwei Kabinette mit Werken der Gotik von mährischen Meistern, Altartafeln und Plastiken aus der zweiten Hälfte des 14. und ersten Hälfte des 15. Jahrhunderts, die hauptsächlich aus der Brünner St. Jakobskirche und aus dem Benediktinerkloster Raigern bei Brünn stammen. Wer außerdem die in allen Reiseführern apostrophierten Werke von Rubens, Cranach, Maulbertsch, Teniers und anderen Berühmten besichtigen will, wird sich allerdings enttäuscht sehen: sie befinden sich für unbestimmte Zeit im Depot. Reich und instruktiv belegt ist die tschechische Moderne vom Impressionismus bis zum Surrealismus.

Die Katakomben der Kapuziner

Die düstere barocke *Kapuzinerkirche* auf dem vom Krautmarkt nur wenige Schritte entfernten Kapuzinerplätzchen bietet kuriositätenbegierigen Touristen eine in kleinerem Maßstab ähnliche Attraktion wie die schaurigen Katakomben von Palermo. In ihrer Krypta ruhen die Leichen reicher Brünner Bürger und armer Ordensleute, jene in offenen Särgen, diese auf dem bloßen Boden, mumifiziert durch nichts als einen bestimmten Trockenheitsgrad der durch sechzig Luken in die Krypta geleiteten Luft. Kaiser Joseph II. hatte für dieses ausgeklügelte Bestattungssystem ebensowenig übrig wie für das ausgeklügelte Folterungssystem am Spielberg und machte ihm 1784 kurzerhand ein Ende. Später hat man die Gruft als Mumien-Museum eingerichtet, geziert mit gekreuzten Gebeinen an den Wänden und archimboldesken Lüstern aus Knochen und Totenschädeln. Die makabren Geschichten, die sich um zwei der hier zur Schau gestellten Leichen ranken, tun ein übriges, den Besucher das Gruseln zu lehren. Die eine hat mit dem Kopf des Pandurenobersten Trenck zu tun, dessen Sarg das Privileg genießt, in einem eigenen Raum zu stehen, umgeben von einer reichlich fahlen Glorie von Gedenktafeln und Gemälden. Der Abenteurer, der dem nicht gerade tiefschürfenden Wahlspruch ›Durch Gewitter zum Hafen‹ folgte, hatte nicht einmal im Hafen des Todes seine Ruhe; wenige Tage nach dem Begräbnis war nämlich der Kopf der Leiche verschwunden und ist bis heute nicht wieder zum Vorschein gekommen. Als Ersatz ward der Totenschädel eines Mönches in den Sarg gelegt. Die andere Geschichte betrifft den Tod der Komtesse Isabella von Zinzendorf und ist an der Haltung der Leiche ablesbar. Gekrümmt und verkrampft liegt sie in ihrem Sarg, nicht erlöst vom Tode, sondern zu Tode gequält. Man nimmt an, daß sie nur scheintot war und irrtümlich begraben wurde. Neben ihr ruht ihr Vater, der Festungskommandant Johann Wilhelm Graf von Zinzendorf, unweit davon der Barockbaumeister Mauritz Grimm (1669–1757), der aus Bayern nach Mähren wanderte, sich in Brünn niederließ und hier bald eine konkurrenzlose Stellung errang.

Pilgrams Portal und Porträt

In der auf den Krautmarkt mündenden Rathausgasse betrieben im Mittelalter die Sporer ihr Handwerk, und lange Zeit war die Gasse auch nach ihnen benannt. Von dem damals mächtig ummauerten *Rathaus* hat sich nur noch der im 15. Jahrhundert entstandene Turmbau erhalten, dessen originelle Bedachung mit ihren Helmhauben und Ecktürmchen über einer gedeckten Auslug-Galerie an Karel Čapeks Feststellung erinnert, Türme seien eine Spezialität dieses Landes. Was aber diesen Rathausturm vor allem auszeichnet, ist sein *Portal*. Es ist eines der schönsten Werke der Spätgotik in Mähren. Über dem Eselsrücken des Torgewändes steigen, einander zur Mitte hin überhöhend, fünf Fialenaufbauten empor, deren jede ihren Baldachin schützend über eine Steinfigur hält. An den Außenseiten wachen zwei geharnischte Stadtsöldner mit Panier und Schild, in der Mittelgruppe flankieren zwei Ratsherren die triumphierend aufsteigende Gestalt einer barocken Justitia. Vor der Reformation stand an ihrer Stelle eine spätgotische ›Gerechtigkeit‹. Die tänzerische Grazie, mit der diese Barockgöttin Schwert und Waage hochhält, unterstreicht die strenge und ernste Geschlossenheit ihrer vier spätmittelalterlichen Begleiter. Daß die eine der Seitenfialen sich in quälender Drehung emporwindet, die Mittelfiale gar in sich zusammenknickt, ist keineswegs Zufall oder Baufälligkeit. Die Spätgotik liebte es, mit derartigen Bizarrerien eine Asymmetrie herzustellen, die den Eindruck hervorruft, als »sei die Bauform animalisch lebendig und toll geworden«. (Karl Oettinger)

Man nimmt heute als nahezu sicher an, daß das Portal von Anton Pilgram stammt und in jenem Jahr, 1511, vollendet wurde, als der große Sohn Brünns das ehrenvolle Dombaumeisteramt von St. Stephan in Wien antrat. Er war damals zwischen fünfzig und sechzig Jahre alt, man kennt sein Geburtsdatum nicht, weiß nur, daß er einer in Brünn ansässigen Steinmetzfamilie entstammte, deren Vorfahren in Iglau nachgewiesen sind und ihren Namen möglicherweise von dem Ort Pilgram (Pelhřimov) bei Iglau herleiteten. Seine Meisterschaft hatte er im deutschen Südwesten errungen, wo er zwei Jahrzehnte lang gewirkt hat. 1502 kehrte er nach Brünn zurück und baute das Nordschiff von St. Jakob, das Judentor, das Rathausportal. Mit seinen Spätwerken im Wiener Stephansdom – vor allem den Selbstporträts an Kanzel und Orgelfuß sowie den vier Kirchenvätergestalten der Kanzel – ging er dann als einer der Großen der altdeutschen Plastik in die Kunstgeschichte ein.

Auf diese Meisterschaft des Selbstporträts weisen schon die Masken des Brünner Judentores hin. Das Tor ist längst abgetragen. Die sieben *Konsolenmasken*, die es schmückten, befinden sich heute mit anderen Lapidarien in einem zwar schwer zugänglichen Raum im Komplex des ›Alten Landhauses‹, doch dem Beharrlichen wird der Zugang nicht versagt. In diesen Masken haben sich Pilgram und seine Gehilfen dem ›gedächtnus‹ der Nachwelt verewigt – ein Motiv, das mit dem sozialen Aufstieg des Werkmeisters zum Künstler im späten Mittelalter Bedeutung gewann. Aber es sind keine schönen Bildnisse, die uns hier entgegensehen. Es sind Groteskköpfe, aus denen der Drang nach rücksichtsloser Darstellung des eigenen Ich spricht. Pilgrams Selbstbildnis mit Kapuze zeigt ein derbes, grobknochiges, unselig verzehrtes Antlitz. Auch die Maske mit feistem Gesicht und bizarrem Haar soll von seiner Hand stammen. Karl Oettingers Bemerkung über Pilgrams Sonderart ist in diesem Zusammenhang interessant:

Obwohl erst in Schwaben zum Bildhauer geworden und später in Heilbronn speziell an Seyfer sich schulend, obwohl durch zwanzig Jahre an der Neckarlinie, zwischen Gregor Erhart in Ulm und Riemenschneider in Würzburg zu Hause, bleibt er doch gänzlich unschwäbisch, bleibt ostdeutsch, slawenranddeutsch. Das Harte, Düster-Bedrohliche, der Drang zur Charakterisierung bis zum Häßlichen, bis zur Grimasse und Karikatur auf Kosten der Tradition und Formkonvention, auch die Bevorzugung einer im weitesten Sinne östlich berührten Typenwelt – dies teilt er nur mit einem Zeitgenossen: mit Veit Stoß, obwohl er durch eine halbe Generation und durch völlig andere Schulung von ihm getrennt ist.

Der kleine malerische Hof, in den das Pilgram-Tor sich öffnet, gibt sich mit Loggien-Einbau und Erker überraschend südlich – überraschend freilich nur für den Reisenden, der erst am Anfang seiner Mähren-Fahrt steht, denn in deren weiterem Verlauf wird er den aus Oberitalien über die Ostalpenländer nach Mähren eingedrungenen und von dort nach Schlesien und bis ins Baltikum weitergewanderten Baugewohnheiten der Renaissance in den vielfältigsten und eigenartigsten Ausprägungen begegnen.

Ein Lindwurm und ein Wagenrad, in einem Durchgangsgewölbe aufgehängt, ziehen hier die Aufmerksamkeit auf sich. Es sind zwei vielberufene Sagen-Requisiten. Der Lindwurm, so heißt es, sei von einem schlauen Ritter mit List erlegt worden: er habe dem Untier ungelöschten Kalk in einem Kalbfell zum Fraße vorgeworfen, daran sei es, als es seinen Hunger gestillt hatte und nun noch am Bache seinen Durst löschen wollte, elend innerlich verbrannt. Durch diese Tat habe der wegen eines Kavalier-Mordes zum Tode verurteilte Ritter das Land von dem Terror des Ungeheuers befreit und sei zum Lohn begnadigt worden. Mit Recht würde sich der Unliebenswürdigkeit schuldig machen, wer da prosaisch behaupten wollte, der Lindwurm käme ihm eher wie ein ausgestopftes Krokodil vor, das irgendein welscher Kaufmann wahrscheinlich auf dem Jahrmarkt zur Schau gestellt habe und das dann auf unberechenbaren Umwegen zur Sagengestalt avanciert sei.

Auch das Wagenrad hat, dem Volksmund zufolge, eine Rettung bewirkt. Ein unschuldig verurteilter Wagnergeselle wollte ein Gottesurteil beschwören, um seine Schuldlosigkeit zu beweisen: er erklärte, er werde bei Morgengrauen von Brünn nach Eisgrub wandern, dort einen Baum fällen, daraus ein Wagenrad fertigen, es mit der Hand nach Brünn rollen und noch vor Sonnenuntergang hier den Ratsherren übergeben. Er vollbrachte die übermenschliche Leistung und war frei, noch ehe die Dämmerung sich über die Stadt senkte.

Zeremonien im Alten Landhaus

Der holprige Dominikanerplatz, wo im Mittelalter die Fischweiber feilschten, heißt heute anspruchsvoll ›Platz der Völkerfreundschaften‹ (Nám. Družby národů). Aber sind die alten Steinheiligen, die die *Dominikanerkirche St. Michael* gestikulierend umstehen, nicht durchaus imstande, auch diesen neuen Namen zu symbolisieren, da sie doch, Dominikus und Wenzel,

Florian und Vinzenz, Cyrill und Method und Thomas von Aquin, ein so buntes Völkergemisch repräsentieren? Sie wurden geschaffen, als die seit 1230 hier ansässigen Dominikaner im letzten Drittel des 17. Jahrhunderts ihr neues Gotteshaus bauten und angesehene einheimische Barockkünstler damit betrauten, den hohen Innenraum, die imponierende Doppelturmfassade und die Terrasse vor der Kirche zu schmücken. Zur Zunft der einheimischen Künstler gehörten viele Zugvögel, die von weit her kamen und, wie Mauritz Grimm, hier seßhaft geworden waren. So stammen die Statuen der Dominikaner- und Landesheiligen von den Bildhauern Joseph Winterhalter d. Ä., der aus dem Schwarzwald zugewandert war, Anton Riga, einem gebürtigen Ostpreußen, und Andreas Zahner (auch Zohner oder Zonner genannt), der in Wien ausgebildet worden war und hauptsächlich in Olmütz wirkte. Winterhalter hat sich bei dieser Kirche vor allem durch die Engelsturz-Darstellung der Kanzel (1743) ausgezeichnet.

Schon der Gedanke, das gesprochene Wort Gottes mit dem Engelsturz zu verbinden, ist genial. Hier, unterhalb der Kanzel, drängen und stoßen sich und fallen in höllischer Angst die sündigen Leiber und – welche Kühnheit – tragen doch zugleich die Kanzel, als wären sie für immer verdammt, den Fluch, der über sie ergangen, bis in alle Ewigkeit hören zu müssen. (Julius Leisching)

Als eine Szenerie von wahrhaft höfischer Eleganz präsentiert sich der Hochaltar, auf dem eine majestätische Rosenkranzkönigin die Huldigung des heiligen Dominikus und der heiligen Rosa empfängt, indes zu ihren Häupten die Erzengel Michael, Gabriel und Raphael und ein um Gottvater gescharter Engelsreigen lebhaft bewegt agieren. Es ist ein Werk des Dominikanerbildhauers Dominik Kirchner nach einem Entwurf des Jesuitenarchitekten Ignaz Pozzo. Aber übersehen wir inmitten des barocken Gepränges nicht die innige Pieta am linken Pfeiler vor dem Hochaltar, eine Arbeit aus dem ersten Viertel des 15. Jahrhunderts.

Schon im Mittelalter hatten die Dominikaner einen Teil ihres Klosters dem Landtag für seine Sitzungen abgetreten. Dieser Kern wurde im Laufe der Jahrhunderte zu den verschiedenen Gebäuden des sogenannten ›Alten Landhauses‹ erweitert, das später, als die Stadtverwaltung hier einzog, ›Neues Rathaus‹ genannt wurde. Über dem ursprünglich romanischen, dann spätgotisch ausgebauten *Kreuzgang* wurde 1582 ein *Renaissancetrakt* errichtet, auf dessen schöner Freitreppe heutzutag die Jungvermählten nach der Trauung im alten Rittersaal für die Photographen – und die gemeinsamen Nachkommen – posieren. Im 17. Jahrhundert kam der sogenannte *Sonnenuhrtrakt* hinzu, und im ersten Drittel des folgenden Jahrhunderts schuf Mauritz Grimm im Stil geläuterten Barocks den Haupttrakt mit seiner dem Platz zugekehrten Schauseite.

Die Stände ließen sich ihr Haus etwas kosten. Sie beriefen Österreichs berühmten Freskanten Daniel Gran nach Brünn (1737–39) und vertrauten ihm die Decke des großen Ständesaales an, wo er in der Allegorie ›Herkules beschützt Künste und Wissenschaft‹ eine Apotheose auf das glückliche Regiment der Habsburger in den Kronländern schuf, die sich durch Souveränität in der Ideenkonzeption, Klarheit im Aufbau und Subtilität in den Mitteln auszeichnet – Eigenschaften, die diesem Klassizisten unter den Barockmalern die hohe Bewunderung seiner Zeitgenossen und später Goethes und Winckelmanns eintrugen. Allerdings ist das Fresko in den zwanziger Jahren so schlecht restauriert worden, daß man sich eher an die im Wiener Barockmuseum aufbewahrte Skizze halten müßte, um es zu beurteilen. Die übrigen Deckenmalereien im Alten Landhaus, die sich in ihrem starken Raumillusionismus, ihrer wuchtigen Komposition und dem kräftigen Kolorit erheblich von Grans akademischer Kühle unterscheiden, führten der Bologneser Cajetan Fanti, der Brünner Johann Georg Etgens und der Saazer Franz Ignaz Eckstein aus, Freskanten der ersten Hälfte des 18. Jahrhunderts, deren Arbeiten wir allenthalben in Mähren begegnen werden. Der böhmisch-mährische Raum hat im Spätbarock eine Fülle eigenwilliger Talente der Freskomalerei hervorgebracht, vorwiegend Künstler deutscher Abstammung, wobei sich in dieser Periode die Unabhängigkeit der süd- und ostdeutschen Schulen von den italienischen Konventionen immer stärker herauskristallisierte.

An diesem Versammlungsort der mährischen Nobilitäten fand jahrhundertelang regelmäßig ein bedeutsames und zu hohem Zeremoniell stilisiertes Rechtsgeschehen statt: die Eröffnung der Landtafeln. Die Führung der Landtafeln (tabulae terrae, desky zemské) war eine Besonderheit der Länder Böhmen, Mähren und Schlesien. Sie entwickelten sich aus dem sogenannten Landgericht, einer Recht sprechenden Versammlung des hohen und niederen Adels, der Geistlichkeit und später auch der Vertreter königlicher Städte, bei der der Kämmerer, der Landrichter und der Oberstburggraf – beziehungsweise in Mähren der Landeshauptmann – die höchsten Stellen bekleideten. Die Landtafeln als Protokolle dieser Versammlung enthielten Eintragungen über Prozeßhandlungen und liegenschaftliche Rechtsgeschäfte, hinzu kamen im 14. Jahrhundert Schuldverschreibungen.

In Böhmen existierte diese Einrichtung schon im 13. Jahrhundert, in Mähren führte sie Kaiser Karl IV. 1348 ein und bestimmte Brünn und Olmütz als ihre Sitze. Da die Landtafeln ein außerordentlich wichtiger Rechtsbehelf waren, dessen Authentizität nicht angezweifelt werden durfte, wurden sie wie ein Heiligtum behütet und behandelt. Sie ruhten in einer Truhe im Keller von St. Peter. Vor der Sitzung des Landtages wurde die Truhe von den höchsten Würdenträgern der Stadt aus dem Verlies geholt und in ebenso feierlicher wie buntscheckiger Prozession zur Landgerichtsstube gebracht. Die ganze Stadt begleitete den Wagen, auf dem der Oberstlandkämmerer, flankiert von zwei wachsamen Paladinen, den kostbaren Schatz mit Leib und Schwert schützte. In der Landgerichtsstube wurde er unter den Argusaugen der Versammelten nach einer streng festgesetzten Prozedur geöffnet, die Handschrift herausgenommen, herumgezeigt und endlich mit den neuen Eintragungen versehen. In Kriegszeiten brachte man die Truhe außer Landes in Sicherheit. So blieben die Brünner Landtafeln vollständig erhalten, mehrere hundert Bände aus dem Zeitraum von 1348 bis 1848, die heute das Landesarchiv aufbewahrt. Unter Kaiser Leopold (1657–1705) wurden die beiden mährischen Landtafeln in Brünn vereinigt und auch die Landtagsverhandlungen fanden fortan nur noch hier statt. Damit war das ewige Problem der Hauptstadt-Rivalität zwischen Olmütz und Brünn zugunsten Brünns praktisch entschieden. Die bereits erwähnte Einrichtung des Bistums sowie die Gründung der Universität im Jahre 1778 taten ein übriges, Brünns Vorrangstellung zu befestigen, die dann 1805 durch eine Neuordnung der Kreisämter besiegelt wurde.

Der Kunstinteressierte wird sich nicht entgehen lassen, das hinter dem Alten Landhaus gegenüber dem Aufgang zum Spielberg liegende *Kunstgewerbemuseum* zu besuchen, dessen Sammlungen einheimischen Kunsthandwerks von höchster Qualität sind. Eine moderne Galerie internationalen Zuschnitts findet er in der Dominikanergasse in der sogenannten ›Residenz der Herren zu Kunstadt‹, einem aus dem Mittelalter stammenden Palais, das neuerdings umfassend restauriert wurde.

Der Große Platz

Brünns Zentripetalkraft ist der Große Platz. Er zieht die gradlinigen Hauptstraßen und die gebogenen Gäßchen in sich hinein – und von früh bis spät einen Strom von Passanten, die automatisch in einen schlendernden Schritt verfallen, sobald

sie ihn betreten. Aber es sind nicht die wenig charaktervollen
Gründerzeit- und Neuzeitfassaden, sondern es ist allein die
wohltuende, überschaubare Geräumigkeit des unregelmäßigen Dreiecks, die dazu einlädt, sich hier zu ergehen. Aus der
Mitte gerückter Blickpunkt des Platzes ist die lichte *Mariensäule*, von den Bürgern zur Abwendung der Pest im Jahre 1679
gestiftet und von dem Innsbrucker Ferdinand Pfaundler, dem
Königsberger Balthasar Fröbel und dem Norddeutschen
Christian Pröbstl gefertigt. Von ihrem Sockel blicken die Pest-
heiligen Sebastian, Rochus, Karl Borromäus und Franz Xaver
herunter auf das Denkmal einer modernen Pest, das da regelmäßig von der Polizei aufgestellt wird, nämlich auf ein grau-
sam zugerichtetes Autowrack, an dem eine Tafel lakonisch
verkündet: »So endeten ihre Ferien!«

Im Mittelalter, als der Große Platz, der heute Freiheitsplatz
(Nám. Svobody) genannt wird, noch Unterer Markt hieß,
stand in seiner Mitte eine Kirche, in der italienisch und franzö-
sisch für die zahlreichen hier wohnenden › Welschen‹ gepredigt
wurde, übrigens ein parlerisch beeinflußter Bau, der daran
erinnerte, daß Heinrich Parler, der Bruder Peters, am Hofe des
Markgrafen Jodok tätig war. Damals gab es hier noble Ab-
steigequartiere, in denen Fürstenhochzeiten und Fürstenbe-
ratungen stattfanden. Jene Zeiten des Adelsprunks überliefert
heute nur noch das ehemalige *Stadtpalais der Berka von Dub und
Lipa*, das später der Verteidiger Brünns, Raduit de Souche,
bewohnte. Der auffallende Renaissancebau hält uns eine
friesgeschmückte Vorderfront mit zwei liebenswürdigen
Runderkern und einem von männlichen und weiblichen Her-
men flankierten Giebelportal entgegen, indes sein Hof von
einer edlen zweigeschossigen Laubenanlage eingeschlossen
ist. Das Herrenhaus baute zwischen 1589 und 1596 der italie-
nischblütige, aber in Mähren geborene Architekt und Bildhauer Georg Gialdi; es gilt als wichtiges Werk der sogenannten
›Mährischen Renaissance‹, deren kennzeichnende Elemente

1   *Brünn, Rathausturm und Dreifaltigkeitssäule*
←

2   *Über den Dächern von Brünn*

3
Das
Pilgram-Po[
des Brünne[
Rathauses

4 *Konsolenmasken vom ehemaligen Brünner Judentor heute im Alten Landhaus*

5   *Klosterkirche von Trebitsch*

Die Entführung Europas –
Stuckdekoration im Kaisersaal von Schloß Butschowitz

9   Der Arkadenhof von Schloß Butschowitz

11   *Ehrenhof des Schlosses Austerlitz*

13   *Wallfahrtskirche von Saar*

Wallfahrtskirche von Kiritein   14
Zwei Werke des Barockbaumeisters Giovanni Santin-Aichel

Iglau, Stadtbild mit Jakobskirche   15
→

die mehrgeschossigen dreiseitigen Säulenarkaturen, die verzierten Erker und die reichgeschmückten Portale sind, in den
schönsten Varianten besonders bei den Landschlössern vertreten, wo wir auf ihre kunsthistorische Bedeutung noch näher
eingehen werden.

St. Jakob

In der kühlen, hoheitsvollen *Stadtkirche St.Jakob* – unweit des
Großen Platzes – hat sich die ausklingende Gotik zum letzten
Mal auf Brünner Boden manifestiert. Starke ruhige graue
Mauern umschließen eine von schlanken Säulen gegliederte
und vielfigurigen Netzgewölben überzogene dreischiffige
Halle: ein Raum von heilig-nüchterner Schönheit. Aus einer
Kapelle für die deutsche Bevölkerung hervorgegangen, die in
diesem Stadtteil seit alters her dominierte, reicht die Ent-
stehungszeit der Kirche über Jahrhunderte. Der in Achteck-
form gebildete Chor mit Umgang wird in der zweiten Hälfte
des 14.Jahrhunderts begonnen, aber erst hundert Jahre später
vollendet, wahrscheinlich von dem aus dem mährischen Proßnitz stammenden Erbauer des Prager Pulverturms Matthias
Rejsek. Mitte des 15.Jahrhunderts ist hier eine Bauhütte am
Werk, die sich mit hundertvierundzwanzig Meisterzeichen
ausweist, darunter solchen der Prager Parlerhütte; das Nordschiff trägt Pilgrams Meisterzeichen mit der Jahreszahl 1502.
Archivdokumente zeigen, daß das Langhaus um 1550 fertig
gewesen sein muß; am Ende des 16.Jahrhunderts setzt der
Stadtzimmerer Simon Tauch den Turm auf. Die zweiund-
neunzig Meter hohe Nadelspitze des Helms stammt erst aus
dem Jahre 1844.

Von den Plastiken der gotischen Zeit sind nur mehr eine
Kreuzigung (1519) und eine Pieta (1518) geblieben; die älteren
Werke befinden sich im Landesmuseum. Im Chorumgang
hinter dem Hauptaltar steht das barocke Grabdenkmal des

adorierten Stadthelden Raduit de Souche. Der eingebürgerte
Hugenotte hatte in selbstbewußter Einschätzung seiner Verdienste verfügt, man solle ihm »eine Begräbnus-Stätte noch
bei lebenszeithen errichten«. Saumseligerweise tat man das
aber erst vierzig Jahre nach seinem Tode und also konnte der
Feldherr sein von Christian Pröbstl entworfenes und Sigismund Kerker gegossenes Erzbild nicht mehr begutachten,
doch wäre er gewiß hochzufrieden damit gewesen, stellt es
ihn doch in einer Pose dar, die ebensowenig an heldischem
Pathos wie an ostentativer Demut zu wünschen übrig läßt,
wie denn auch die mächtige Inschrift-Kartusche auf dem
Sarkophag in gehöriger epischer Breite seine Taten verherr-
licht.

Barocker Dreiklang

Plötzlich, in die Stille hinein, beginnt die Orgel zu präludieren,
der Küster eilt aus der Sakristei und rollt schnell einen abge-
tretenen roten Läufer aus, und schon wenige Sekunden später
steht das Brautpaar vor dem Hochaltar unter dem Thomas-
bild des großen Franz Anton Maulbertsch. Der Bräutigam
trägt einen Straßenanzug, die Braut ein rührendes weißes
Fähnchen; die Trauzeugen und drei, vier Hochzeitsgäste, in
Alltagskleidung, nehmen unter Anzeichen der Verlegenheit
hinter ihnen ›Aufstellung‹, einer gar steckt befangen minuten-
lang die eine Hand in die Hosentasche. Keine Neugierigen
drängen vom sonnenhellen ›Platz der Roten Armee‹ in die
Kirche; die drei alten Frauen, die schon vorher in den Bänken
knieten, beten mit regungslosen Augäpfeln weiter. Und tun
es noch, als die dürftige und schnelle Zeremonie wieder vorbei und tiefe Lautlosigkeit in den Raum zurückgekehrt ist.

Es gibt Augenblicke, da man die selige Pracht des Barock, die
im 17. und 18. Jahrhundert auch die Kirchen Brünns überfiel,
wie eine Last empfinden muß, als einen allzu üppigen Rahmen

für die Kargheit und Scheu des gegenwärtigen kirchlichen
Lebens.

Die *Augustinerkirche St. Thomas*, die *Jesuiten*- und die *Mino-
riten-Kirche St. Johannes* – alle drei in ovalem Bogen um die
Stadtpfarre gelegen – gehören zu den Bauten, deren gotische
Formen das Barocke bis zur Unkenntlichkeit unter seinem
bauschenden Mantel verbarg.

Die Augustiner bauten Kirche und Kloster nah, doch schon
außerhalb der Stadtumgrenzung. Sie genossen die Protektion
der Markgrafen Johann Heinrich und Jodok; beide liegen
hier begraben und ihre Standbilder flankieren das Portal.
Kaiser Karl IV. war bei der Weihe der Kirche höchstpersönlich
anwesend. Die dreischiffige gotische Anlage wurde im 18. Jahrhundert umfassend außen wie innen barockisiert, wobei neben
anderen wertvollen Werken auch das Altarblatt von Maulbertsch hier seinen Platz fand. Eine ergreifend, mehr noch,
erschütternd ausdrucksvolle Arbeit aus der Zeit um 1385 aber
ist geblieben, und allein schon um ihretwillen sollte man an
St. Thomas nicht vorbeigehen: es ist die Pieta am südlichen
Seitenaltar. Der Schmerz, der in den Zügen dieser Muttergottes qualvoll bitter hervortritt, erstarrt ihre Haltung zu
einer einzigen Gebärde: sie preßt betend ihre Hände über der
Brust zusammen; sie umfängt nicht, hält nicht, berührt nicht
den Leichnam, der quer über ihrem Schoß liegt und, fern
ihrem fassungslos fragenden Blick, das Antlitz mit den halb-
geöffneten, blicklosen Augen dem Betrachter zuwendet. Die
Kunstgeschichte kennt kaum eine andere Pieta-Darstellung
aus derselben Zeit, die von einer derartigen Tiefe der Ver-
zweiflung geprägt ist und bei der die beiden Gestalten einander so entrückt erscheinen wie hier. Die Polychromie ist
ursprünglich. Das der Kirche angeschlossene Kloster, dem
Mauritz Grimm die gediegene Barockgestalt gab, wurde nach
der Säkularisation am Ende des 18. Jahrhunderts Sitz der
Statthalterei und dient heute Verwaltungszwecken.

Früher noch als die Augustiner, schon im 13. Jahrhundert, hatten sich die ›Herburger Nonnen‹ in Brünn niedergelassen, deren Kloster die Jesuiten später übernahmen. Kardinal Dietrichstein – dessen Gruft vor dem Hochaltar liegt – ließ die Kirche in der Zeit der Gegenreformation aus altem Bestand in die jetzige Form überführen. Der Wiener Bildhauer Johann Georg Schauberger begrub dann 1734 endgültig alles Frühere unter Gesimsen, Bekrönungen, Emporen, Wolken und Stuck.

Die Kanzel wurde unter seinen Händen zu richtiger Barockplastik. Wohl auch noch architektonisch gebändigt, ist sie doch bereits von Knaben getragen und umschwebt bis hinauf zum baldachinartigen Schalldeckel. Sie posaunen und singen, indes über ihnen Christus in ernster Gebärde die Hand zum Himmel hebt. Die schwierige Aufgabe, alle vier Evangelisten in ganzer Gestalt rings um die Kanzelbrüstung zu gruppieren, ist meisterlich gelungen. Mit dem dahinter sich öffnenden Blick auf die leicht beschwingten Umrisse der Emporen des Presbyteriums bietet Schaubergers Leistung einen Höhepunkt dieser Kunst. (Julius Leisching)

Auch das Portal der St. Johannes-Kirche in der engen Minoritengasse (Minoritská), das von zwei prächtigen Engelatlanten bewacht wird, stammt von Schauberger. Wieder war es Mauritz Grimm, der die uralte Minoritenkirche umfassend barockisierte. Ihm assistierten als Stukkateur Christian Pröbstl und als Freskant Johann Georg Etgens. Neben der Kirche baute Grimm die kuppelüberwölbte Loretokapelle mit der Heiligen Stiege. Vorbild dieser wirkungsvollen Treppen-Szenerie, die ein beliebtes Architekturmotiv des Barock war, ist die Scala Santa des Lateranpalastes, die ihrerseits auf jene Treppe im Palast des Pilatus in Jerusalem zurückgeht, über die der Herr zu den Hohenpriestern geführt wurde. Im Minoritenkloster finden wir eine bezaubernde Madonna des ›Schönen Stils‹ vom Ende des 14. Jahrhunderts.

Debüts von Wolter bis Janáček

Die Johannesgasse (Jánská), die die Minoritengasse quert, führt geradenwegs zum alten *Stadttheater* an der Bastei. Brünns ›festes‹ Theaterleben begann 1734 mit einem Opernbau auf dem Krautmarkt, der unzählige Male abbrannte und unverdrossen immer wieder aufgebaut wurde. Denn die Bürger dieses Landes, in dem jedes Städtchen sein eigenes Stadttheater, jeder Marktflecken seine Sommerbühne, jedes Dorf seine ›Schmiere‹ hatte, waren bekanntlich vom Theaterfuror besessen – und sind es wohl auch heute noch. Das Krautmarkt-Theater war deutschsprachig, aber es brachte regelmäßig auch Vorstellungen für die tschechische Bevölkerung. Auf seinen Brettern tat das Kölner Proletariermädchen Charlotte Wolter die ersten Schreie, die sie später zur gefeierten Tragödin der ›Burg‹ machen sollten, vor seinen Kulissen probierte die Freudenthaler Kürschnermeisterstochter Therese Krones noch zaghaft die Wirkung ihrer Grazie und ihres Übermuts aus, ehe sie sich bald ganz Wien untertan machte.

Damals schon galt Brünn als Sprungbrett für Wien. Als dann 1882 das von den nicht nur in den Ländern der Donaumonarchie geradezu mit einem Monopol für Theaterbauten ausgestatteten Architekten Hermann Helmer und Ferdinand Fellner im Neurenaissance-Stil erbaute Stadttheater an der Bastei eröffnet wurde, ging ein rechter Sternenhimmel über Brünns Theaterleben auf – übrigens ein elektrisch beleuchteter, was damals eine Novität in Europa und also eine Sensation war. Leo Slezak, Julius Patzak, Attila Hörbiger, Adrienne Gessner, Fritz Imhoff, Willi Forst und viele andere mehr sprangen von hier nach Wien oder Berlin und sind als Stars immer wieder gastspielweise hier eingekehrt. Leo Slezak hat sich seiner Brünner Zeit in seinen Büchern liebevoll erinnert. Hier eine Anekdote, die dem Landesfremden zugleich eine kleine Ahnung vom ›Böhmakeln‹ vermittelt:

Als ganz junger Anfänger in Brünn hatte ich einen lieben alten Regisseur, der viele Jahre als Baßbuffo wirkte und nebenbei Regie führte. Er hatte beim Singen, und naturgemäß auch beim Reden, einen sehr starken Anklang von böhmischem Dialekt. Mit einem Wort: er böhmakelte. Er sang zum Beispiel als Heerrufer in Lohengrin: »Härt Grafen, Fraie, Ädle von Brabant, Känig Heindrich kam zu Stadt etz.« Als ich Brünn verlassen sollte, um nach Berlin an die Königliche Oper zu gehen, debütierte ein junger Tenor aus Prag auf Anstellung. Er sang den Lohengrin als Antrittsrolle. Wir saßen in unserem Stammlokal, und als der Regisseur nach der Vorstellung kam, wurde er um seine Meinung über den Debütanten gefragt. »Also die Stimme is ja schän, er schaut gut aus, hat ein angenähmes Aißeres, hibsche Figur, nur der Dialekt is ein wänig stärend – er böhmakelt!«

Dirigenten vom Range Carl Mucks oder Clemens Krauss' haben die Brünner Oper geleitet. Nicht in diesem Theater, das heute seinen Namen trägt, sondern im früheren ›Tschechischen Theater‹ sind die komplizierten Partituren des großen tschechischen Komponisten Leoš Janáček zum ersten Mal gespielt worden. Das Leben dieses aus dem ostmährischen Dorf Hukvaldy (Hochwald) stammenden Mannes spielte sich innerhalb Brünns in einem Bezirk ab, den allein schon ein Steinwurf hätte ausmessen können: zwischen der Orgelschule, an der er seine eigenwilligen neuen Musiktheorien lehrte, und dem bescheidenen Parterrehäuschen im Garten hinter der Schule, wo er seine Opern, Lieder, Chöre komponierte. Das Häuschen hinter der heutigen Lenin-Straße ist jetzt als Janáček-Museum eingerichtet. Der Meister war bereits zweiundsechzig Jahre alt, als ihm der Durchbruch über Brünn hinaus gelang. Max Brod hat davon erzählt:

Im Jahre 1916 tauchte plötzlich seine Oper ›Ihre Ziehtochter‹ (Jenufa) auf dem Prager Nationaltheater auf. Sie erlebte einen in der Geschichte der tschechischen Opernliteratur beispiellosen Erfolg. Völlig originell, wie aus dem Nichts emporgeschossen – so stand plötz-

lich die Welt ostmährischen Volkstums vor den Pragern. Man berauschte sich an diesen neuen Melodien. Und die Kenner standen betäubt vor einer abseitigen und doch so natürlichen Art der Harmonik, Rhythmik, der Wortdeklamation, der Orchesterbehandlung, kurz, vor der Totalität eines Musikphänomens. Immer und immer wieder wurde die Oper gespielt. Sie hat sich heute schon ins Volksbewußtsein geprägt wie Smetanas ›Verkaufte Braut‹.

Nun aber kommt das Seltsame, das Beschämende, das Skurrile: diese Standardoper war gar keine Neuheit, sie war am Tage ihrer Prager Erstaufführung bereits zwölf Jahre alt gewesen. Und nicht nur das: sie war im Jahre 1904 in Brünn uraufgeführt worden, hatte sich dort all die zwölf Jahre hindurch ständiger Wiederholungen, großer Beliebtheit erfreut! Und dennoch, dennoch: die Prager Herren hatten es nicht für nötig befunden, diesen ›Provinzialismus‹ näher in Augenschein zu nehmen.

Janáček erzählt mir, wie es dann doch zur Prager Aufführung gekommen ist: Ein Zufall, ein lächerlicher Zufall! Eine Dame singt im Kurörtchen Bohdanec immer wieder Arien aus ›Jenufa‹. Ein Schriftsteller spaziert vorbei, erkundigt sich, gerät in Erstaunen. Er telegraphiert um den Prager Theaterdirektor, der seinen Urlaub in der Nähe verbringt. Die Dame erklärt sich bereit, den beiden die ganze Oper vorzusingen. Tut es. Begeisterung. Die Partitur geht nach Prag, Kapellmeisterkollegium. Resultat: die Oper wird abgelehnt, wie in den Jahren zuvor. Doch jetzt läßt der Schriftsteller nicht mehr locker. Annahme. Schon bei den Proben Enthusiasmus der Darsteller. Ungeheurer Premierenjubel. Nach dem ersten Akt gesteht ein zweiter Kapellmeister dem Komponisten in furchtbarer Erregung, daß er es war, der immer wieder das ablehnende Gutachten abgegeben, daß er aber in die Partitur nur flüchtig hineingeschaut habe …

Auch Prokofjeffs ›Romeo und Julia‹-Ballett wurde 1938 hier uraufgeführt; kein Zufall also, daß Brünns Ballett-Compagnie dieses Werk mit Vorliebe immer wieder tanzt – heute nicht mehr in der Janáček-Oper, sondern im schon erwähnten neuen Haus unweit davon –, und die jungen Tänzerinnen und Tänzer sind mit Begabung und Elan bei der Sache, wie sich denn überhaupt das heutige Theaterleben in Brünn jung und vielseitig gibt.

Diese Stadt, die mit Vorliebe als Hochburg der Technik apostrophiert wird, an deren Technischer Hochschule beispielsweise der Ingenieur Kaplan das nach ihm benannte Turbinenmodell entwickelte oder aus der der Brückenbauer Gustav Lindenthal stammte, diese Stadt hat zugleich eine stattliche Zahl bedeutender Künstler hervorgebracht. Nennen wir nur eine Handvoll Namen: den Architekten Adolf Loos, der in Wien wider den Ornamentalismus revoltierte, den Bildhauer Anton Hanak, dessen Ideen über seinen Schüler Fritz Wotruba noch heute in der Plastik wirken, den Maler Emil Pirchan, der die Bühnenbilder zu den unvergeßlichen Inszenierungen der goldenen Wiener und Berliner zwanziger Jahre schuf, den in Paris in der Emigration durch Selbstmord gestorbenen Arzt und Romancier Ernst Weiß, den feinnervigen, melancholischen Spätzeit-Lyriker Richard Schaukal, schließlich den in der stalinistischen Zeit als ›Formalist‹ verschrieenen Poeten František Halas, dem visionäre Kraft und einfache Zartheit der Sprache gegeben waren.

Die rettende Schwarze Muttergottes

Indes Kloster und Kirche der einst kolonisatorisch und missionarisch bedeutend wirkenden Prämonstratenserniederlassung im heutigen Fabriksviertel Obrowitz (Zábrdovice) ebenso wie die ehemalige Kartause in der nördlichen Vorstadt Königsfeld (Královo Pole) weitgehend barockisiert wurden, blieb die *Klosterkirche Maria Saal* im Stadtteil Altbrünn (Staré Brno) in ihrer ursprünglichen gotischen Gestalt rein und schön erhalten. Elisabeth von Polen, die Gemahlin Wenzels II. und später des nur wenige Monate regierenden Rudolf I., und die Mutter des in Olmütz ermordeten letzten Přemysliden

Wenzel III., hat das Kloster 1322 den Zisterziensern gestiftet, und als sie 1335 nach siebenundzwanzigjähriger Witwenschaft hier starb, wurde sie in der Krypta vor dem Hochaltar der Kirche beigesetzt. Es muß wohl auf ihren Wunsch zurückzuführen sein, daß die Kirche ein Backsteinbau ist, wie sie im steinarmen Nordosten Europas, also in der Heimat der Fürstin, damals üblich waren. Denn auf dem an prächtigen Sandsteinen so reichen mährischen Boden wurde dieser Baustoff damals zum ersten Mal verwendet. Die herbe Einfachheit des auf dem Grundriß eines Kreuzes errichteten Bauwerks, dessen kleeblattartigem Chor ebenfalls nordöstliche Herkunft zugeschrieben wird, entspricht dem Einheitsstil der Zisterzienser. Ein bescheidener Dachreiter über der Kreuzung von Langhaus und Querschiff ersetzt den Turm. Fenstermaßwerk und Portalschmuck sind von sparsamer Schönheit. Trotz barocker Kanzel und Altäre dominiert auch im Inneren der gotische Charakter. Der Hochaltar mit der mächtigen Säulenarchitektur und den Statuengruppen ist ein unverkennbares Werk Andreas Schweigels. Ein Silbertabernakel davor trägt das Kleinod der Kirche: das Bild der Schwarzen Muttergottes. Es ist eine italo-byzantinische Ikone, vermutlich aus dem 8. oder 9. Jahrhundert stammend, die bei der Zerstörung Mailands der Überlieferung nach in die Hände Kaiser Friedrich I. Barbarossas gefallen ist, der sie dem Přemysliden König Wladislaw II. geschenkt haben soll. So kam sie nach Böhmen und in den Besitz Kaiser Karls IV., der sie seinem Bruder Johann Heinrich überließ. Dieser wiederum schenkte sie dem Augustinerkloster St. Thomas. Als 1783 die Augustiner von St. Thomas nach Altbrünn übersiedelten, nahmen sie die inzwischen von der Legende zum Gnadenbild verklärte Holztafel mit. Bei der Schwedenbelagerung nämlich, als die Brände bereits von Haus zu Haus übergriffen, soll die Schwarze Muttergottes ein Wunder bewirkt haben. Sie hüllte, aus dem Bild tretend, die Stadt in die Dunkelheit ihres weiten Mantels, indes jäh ein gewaltiges Gewitter niederging und das Feuer löschte. Ihr dunkles Antlitz erschien strahlend hell über der Stadt. Seither genießt sie als Retterin Brünns hohe Verehrung.

In dem weltverlorenen Gärtlein im Hof des ehemaligen Klosters stand vor hundert Jahren alltäglich vor Sonnenaufgang ein Klostergeistlicher und übertrug Blütenstaub von einer Pflanze auf die andere. Er experimentierte mit Erbsen, Lichtnelken, Disteln, Habichtskräutern. Später wurde er zum Abt des Klosters gewählt und fand keine Zeit mehr für seine einsamen Forschungen. Viele Jahre nach seinem Tode, etwa um die Zeit, als Leoš Janáček regelmäßig auf der Orgel der Altbrünner Kirche spielte, wurde der Name des Augustinermönches plötzlich zu einem Losungswort in Biologenkreisen, und heute kennt ihn jedes Schulkind als den Namen des Entdeckers der Vererbungsgesetze: Gregor Mendel. Sein Denkmal steht auf dem nach ihm benannten Platz gegenüber dem Kloster.

Bei den Einheimischen heißt die Stifterin der Altbrünner Kirche zärtlich Eliška, was etwa mit Elschen zu übersetzen wäre. Der Koch des in einem Gewölbe des Klosterkomplexes eingerichteten Weinkellers hat ihr gar eines seiner Schnitzel gewidmet, von dessen Raffinesse sich die hohe Namensgeberin gewiß nichts hätte träumen lassen können. Und der Gourmet wird sich im Genuß des würzigen Wohlgeschmacks der reichverpackten Fleischspeise schwerlich den Kopf über die Profanierung des königlichen Nimbus zerbrechen. Indessen mag er sich, wenn er landesfremd ist, leise wundern über die Exklusivität, die in diesem Lokal aufrechterhalten wird, wundern, weil man sie in einem sozialistischen Staat nicht gerade erwartet. Denn nur mit Erlaubnis eines ebenso höflichen wie undurchdringlichen Türhüters gelangt der Gast in das langgestreckte, kerzenumflackerte und bei weitem nicht vollbesetzte Gewölbe, und unenträtselbar bleibt ihm das Prinzip, wonach der kafkaeske Augur die scharfe Siebung der

Einlaßbegehrenden vornimmt. Doch mit dem sanften einheimischen Roten auf der Zunge und liebenswürdig altmodischer Schrammelmusik im Ohr läßt er's bei den Rätseln bewenden, die schließlich die beiläufigste Auswirkung einer Situation sind, in der das Einst und das Jetzt nicht auseinander- und nicht zusammenfinden können.

Sternfahrten um Brünn

Napoleon und kein Ende

Austerlitz (Slavkov) verdankt der Zugkraft seines Namens, daß es eines der meistbesuchten Ausflugsziele vor den Toren Brünns ist. Dabei ist es gänzlich unverdient zu Schulbuchberühmtheit gelangt. Denn mit der Dreikaiserschlacht, die ihm dazu verhalf, hatte es nicht mehr zu tun, als daß es den kranken Kaiser Franz während und den Sieger Napoleon nach der blutigen Fehde in seinem Schloß beherbergte. Die Schlacht, die den dritten Koalitionskrieg zwischen den Franzosen und den verbündeten Russen und Österreichern am 2. Dezember 1805 entschied, fand auf dem Hügel Pratzen statt, der – etwas nach Süden verschoben – auf halbem Weg zwischen Brünn und Austerlitz liegt.

Napoleons Truppen hatten im November Wien eingenommen. Kaiser Franz I. war vor ihnen nach Mähren ausgewichen. Hier vereinigten sich seine Truppen mit der zur Hilfe herbeigeeilten Streitmacht Zar Alexanders I., um sich den heranrückenden Franzosen zu stellen. Auf den Tag genau ein Jahr nach Napoleons Kaiserkrönung kam es zur Entscheidung.

Es war neun Uhr. In der Tiefe verbreitete sich der Nebel wie ein wallendes Meer, aber auf der Höhe, bei dem Dorfe Schlapanitz, wo Napoleon mit seinen Marschällen stand, war es hell. Über ihm wölbte sich der klare, blaue Himmel, und die gewaltige Sonnenscheibe schwamm wie ein großer, rother Ball über dem milchweißen Dunstgetriebe. Die französischen Truppen und Napoleon selbst mit seinem Stabe standen aber nicht jenseits der Bäche und der unteren Teile der Dörfer Sokolnitz und Schlapanitz, hinter welchen wir unsere Positionen einnehmen und die Schlacht beginnen wollten, sondern dies-

seits, so nahe an unseren Reihen, daß Napoleon mit unbewaffneten
Augen den Reiter vom Fußgänger unterscheiden konnte. Napoleon
hielt an der Spitze seiner Marschälle auf einem kleinen grauen
Araber und hatte denselben grauen Mantel um, welchen er im
italienischen Feldzug getragen. Schweigend sah er über die Hügel
hin, die aus dem Nebelmeer hervorragten, beobachtete die russischen
Kolonnen, welche über diese Höhe zogen, und lauschte dem aus dem
Tale herausschallenden Gewehrfeuer. Sein Gesicht – das damals noch
hager war – zuckte mit keiner Muskel und seine glänzenden Augen
blieben unbeweglich auf einen Punkt gerichtet. Was er vermutet hatte,
war eingetroffen: die russischen Truppen hatten zum Teil das Tal
an den Teichen erreicht, und die Höhen von Pratzen, die er für den
Schlüssel der Position hielt und anzugreifen beabsichtigte, zum Teil
verlassen. Im Nebel sah er, daß die russischen Kolonnen mit glänzen-
den Bajonetten alle in das Tal hinunter zogen, das bei dem Dorfe
Pratzen von zwei Bergen gebildet wird, worauf sich eine nach der
anderen in dem Dunstmeer verlor. Aus den Berichten, welche er den
Abend zuvor erhalten, aus dem Klang der Räder und Schritte,
welche im Laufe der Nacht von den Vorposten vernommen wurden,
und aus den nachlässigen Bewegungen der russischen Truppen
schloß er mit Bestimmtheit, daß ihn die Verbündeten weit entfernt
glaubten, daß die Kolonnen, die an Pratzen vorbei marschierten, das
Centrum der russischen Armee bildeten, daß dies Centrum schwach
genug war, um mit Erfolg einen Angriff darauf zu wagen. Als die
Sonne ganz aus den Dunstmassen hervorgetreten war und Felder
und Nebel mit blendendem Glanz übergoß, streifte er den Hand-
schuh von seiner schön geformten weißen Hand (als ob er auf diesen
Augenblick gewartet hätte, um die Schlacht zu eröffnen), gab den
Marschällen einen Wink und erteilte den Befehl, die Schlacht zu be-
ginnen.

Tolstoi hat in ›Krieg und Frieden‹ diese majestätische Szene
geschildert, den Augenblick, ehe sich der Vorhang hob und
das Drama begann. Er senkte sich schon am Mittag über der
totalen Niederlage der Alliierten. Im anschließenden Preß-

burger Frieden diktierte der Korse Österreich umfangreiche
Gebietsabtretungen, aber acht Jahre später triumphierte der
Wiener Kongreß über alle seine Diktate. Doch unangefochten
von jeglicher »Sic transit gloria mundi«-Melancholie feiert
die Inschrift des Gedenksteins, den die Franzosen hundert
Jahre nach der Schlacht auf dem Feldherrnhügel errichteten,
den Ruhm Bonapartes. Anders das Denkmal auf dem Hügel
von Pratzen: es erinnert in nüchternen Worten an die Opfer
der Schlacht und mahnt zum Frieden. Der Bau des gewaltigen
Jugendstil-Monuments, dessen Kriegergestalten die Länder
Frankreich, Rußland, Österreich und Mähren personifizieren,
war durch die Kollekte eines katholischen Priesters ermöglicht
worden. Es ist ein Werk des Bildhauers Johann Fanty. 1912
wurde es im Beisein internationaler Delegationen feierlich
enthüllt. Ein kleines Museum neben dem Mahnmal wartet
mit einer aus Zinnsoldaten, Waffen, Uniformen, Medaillen,
Stichen und Napoleon-Bildern bunt zusammengewürfelten
›Milieuschilderung‹ der Schlacht auf.

Den Höhepunkt der Dreikaiserschlacht-Retrospektive aber
bietet *Schloß Austerlitz*. In seinem Museum im oberen Stockwerk ist zusammengetragen, was Napoleon-Verehrer nur
hoch und heilig halten können. Selbst das Bett, in dem der
Sieger nicht geschlafen hat, wird hier präsentiert, gewisser-
maßen als sanktionierter Konjunktiv, denn immerhin hätte
er darin schlafen können, wenn er es nicht vorgezogen hätte,
sich stets nur auf einer mitgeführten Liegestatt in seinen
Machtträumen zu wiegen. Vor Jahren machte sich ein
Napoleonomane aus Frankreich in der Original-Uniform eines
Grenadiers des Ersten Kaiserreichs auf, um auf Schusters
Rappen den Eroberungswegen seines Idols nachzupilgern. Im
Austerlitzer Schloßmuseum trieb sich der anachronistische
Sonderling tagelang umher und ward nicht müde, dem nicht
minder bonaparteverzückten Schloßführer bescheiden zu
versichern, daß er das ganze Museum aufzukaufen gedenke.

BURG PERNSTEIN IN NORDMÄHREN

Tempera von Franz Richter, 1824
Sammlung Liechtenstein, Vaduz.

Indessen: Schloß Austerlitz ist weit mehr als eine Kultstätte
für Napoleonomanen. Es ist eines der repräsentativsten und
schönsten Bauwerke Mährens. *In seiner Planungs- und Bau-
geschichte bildet sich das große Jahrhundert spätbarocker Baukunst
Süddeutschlands mit seltener Vollständigkeit ab. (Erich Hubala)*
Und es beherbergt eine der wertvollsten Kunstsammlungen
des Landes. Nicht Napoleon ist hier der spiritus loci, sondern
Wenzel Anton Fürst Kaunitz, Kanzler unter Maria Theresia,
Joseph II. und Leopold II., ein Allmächtiger, der die treibende
Kraft des Josephinismus in Österreich war und im Geist der
Aufklärung Einfluß auf die Künste übte.

Seine Familie, bis zu ihm gräflichen Standes, war seit 1531
im Besitz von Austerlitz. Unter den Vorfahren Ulrich und Leo
Wilhelm war das Schloß als gräbenumzogene Vierkantanlage
im Renaissancestil erbaut, unter Dominik Andreas barock
umgebaut worden. Dieser, ein weitgereister Diplomat, hatte
sich vom kurbayerischen Hofbaumeister Enrico Zuccalli die
Pläne für den Umbau liefern, sie aber später von seinem
Gesellschafter und Berater, dem Luccheser Baumeister
Domenico Martinelli, umarbeiten lassen. Von Martinellis
Bautätigkeit zwischen 1698 und 1705 ist der zweistöckige
Gartentrakt im Westen erhalten. Die mythologischen Decken-
gemälde in den Prunkräumen des ersten Stocks schuf damals
Andrea Lanciani, die Stuckdekorationen Santino Bussi. Unter
dem Grafen Maximilian Ulrich und dem Fürsten Wenzel
Anton erhielt der Bau dann zwischen 1730 und 1790 seine
heutige Gestalt, die Gestalt eines repräsentativen Lust-
schlosses, dessen imponierende Konzeption seit kurzem – vor
allem durch die Forschungen Erich Hubalas – auf Josef
Emanuel Fischer von Erlach, den Sohn Johann Bernhard
Fischer von Erlachs, zurückgeführt wird. Bauführer war der
aus Ungarisch-Brod stammende Wenzel Petruzzi. Martinellis
Projekt, das einen geschlossenen Binnenhof vorgesehen hatte,
fiel zugunsten einer Hufeisen-Anlage mit tiefem Ehrenhof.

Die langen Flügel mit den ebenerdigen offenen Galerien münden beiderseits in viertelkreisförmig ausgekurvten Eckpavillons. Die Pfeiler der Galerien zieren Steinfiguren von Giovanni Giuliani, als dessen bekannteste Werke die wuchtigen Atlanten im Treppenhaus des Prinz-Eugen-Palais in Wien und das Chorgestühl in Heiligenkreuz genannt seien. Der halbkreisförmig ausgebuchtete Mittelbau mit der Zeltkuppel birgt das Vestibül und darüber einen eirunden Festsaal, dessen Pracht schon von einem Hauch klassizistischer Kühle angeweht ist. Sein Deckengemälde schuf der Wiener Freskant Josef Pichler, der auch die Schloßkapelle im südöstlichen Pavillon ausmalte.

Die Vorstellung, der musikliebende Fürst, dessen bevorzugtes Protektionskind Christoph Willibald Gluck war, hätte in diesem Saal genußvolle Musik-Soireen veranstaltet, wird sogleich zunichte, wenn man die merkwürdige Akustik ausprobiert, die einen gesungenen Ton mit wahrer Fanfarenstärke vielstimmig nachklingen läßt. Der anekdotenfreudige alte Schloßführer legt dieses Phänomen als raffiniert ersonnene Methode aus, durch die Wenzel Anton vor unberufenen Ohren kaschieren wollte, was hier bei hochpolitischen Geheimsitzungen gesprochen ward. Wir aber wollen es lieber etwas nüchterner auf den Zufall zurückführen, der ja bei der Akustik vieler derartiger Räume seine Hand im Spiel hatte.

Ein Grandseigneur von feingliedriger Anmut, mit kluger und gefährlicher Skepsis im Blick, tritt uns der Fürst in den Porträts der Gemäldegalerie im ersten Stock entgegen. Den Grafen Dominik Andreas hat der Haagener Bildhauer Jan Blomendael als herrischen Barockmagnaten mit fleischgepolstertem Gesicht und genußgewohnten Lippen in Marmor gehauen. Maximilian Ulrich wiederum, Landeshauptmann von Mähren, stellt sich in Hyacinthe Rigauds Gemälde als verwöhnter Jüngling von hochmütiger Schönheit vor. Die einst berühmte Kunstsammlung der Familie ist nur noch fragmentarisch erhalten; Verlagerungen nach Wien, Kriegseinbußen und Versteigerungen dezimierten sie erheblich. Doch was blieb, lohnt des Verweilens noch immer. Neben Einzelstücken von van Dyck, Rigaud, Pozzo, Rubens ist vor allem der süddeutsche Barock und der Wiener Klassizismus reich und qualitätvoll vertreten. Mancherlei Zuschreibungen erscheinen allerdings recht improvisatorisch, darin bildet die Austerlitzer Sammlung keine Ausnahme unter den nach dem Krieg vielfach mit Bildbeständen aus anderen Schlössern ergänzten und neu gruppierten Schloßgalerien in Mähren. Sehr sorgsam hat die Denkmalpflege die Interieurs des Schlosses betreut, das nach den Fürsten von Kaunitz, das heißt nach 1848, durch viele Hände ging und vor allem durch die Truppenbesetzungen im Krieg gelitten hat.

Bemerkenswert als einer der seltenen sakralen Bauten klassizistischer Prägung in Mähren ist die *Austerlitzer Pfarrkirche*, die Wenzel Anton, seiner Vorliebe für den ›Josephinischen Stil‹ folgend, 1790 Ferdinand Hetzendorf von Hohenberg in Auftrag gab.

Schloß Butschowitz

Der kurze Autoweg von Austerlitz nach Butschowitz entspricht einer Reise von Wien nach Florenz: denn während man sich noch im Ehrenhof des Austerlitzer Schlosses nach Wien versetzt glaubte, hält man nun im Laubenhof des Palastes von Butschowitz unwillkürlich nach einem florentinischen Himmel Ausschau. Austerlitz repräsentiert das monarchisch gesinnte, habsburgtreue Mähren des 18. und 19. Jahrhunderts – Butschowitz verkörpert jenes 16. Jahrhundert, da der mährische Adel selbstbewußt und selbstherrlich seine Macht entfaltete. Als Signum dieser Macht galten ihm die Kultur- und Kunstformen der italienischen Renaissance, die zwischen 1469 und 1526, als Mähren unter Matthias Corvinus, Wladislaw II.

Jagello und Ludwig II. mit Ungarn vereint war, hierher importiert worden waren, denn die ungarische Hofkunst orientierte sich damals stark an italienischen Vorbildern. Kaum einer unter den reichen Edelleuten, der sich nicht der neuen Mode verschrieb und von einem italienischen Meister seine Burg zu einem Wohnpalast umbauen ließ. An Stelle befestigter, vielzelliger Burggehäuse traten regelmäßige symmetrische, nach außen geöffnete Schloßanlagen.

Butschowitz ist ein Paradebeispiel für die Renaissancepalast-Architektur italienischer Herkunft in Mähren. Der gelehrte Edelmann, Jan Šembera Černohorsky von Boskowitz, der es bauen ließ, war reich genug, den im Dienst des Kaiserhofes tätigen Comasken Pietro Ferrabosco di Lagno aus Wien ausborgen zu können. Der Architekt und Maler errichtete zwischen 1566 und 1582 eine mächtige rechteckige und dreigeschossige Vierkantanlage und umzog sie mit einem Wassergraben und einer Befestigungsmauer. Im Innenhof schuf er an drei Seiten dreigeschossige Arkaden, die in ihrer Eleganz diesen Hof zum wohl schönsten seiner Art in Mähren machen.

Während die reine, blockförmige ›Hausform‹ von Butschowitz selten wiederholt wurde, gehört der Arkadenhof zu den Leitformen der mährischen Schloßbaukunst von 1540 bis 1620. Die Abstammung dieser Arkadenhöfe aus der Palastarchitektur der Toskana und Oberitaliens ist offenkundig. Eine Vermittlerrolle spielten wohl die Ostalpenländer (Spittal, Graz, Klagenfurt, Wien). Von Mähren verbreitete sich die Baugewohnheit nach Schlesien, Polen, ins Baltikum, freilich in verschiedener Weise. Nirgends aber finden sie sich so häufig und auch von so reiner, schöner Bildung wie in Mähren. Erst um und nach 1600 wurde dabei die Säule häufig durch Pfeiler ersetzt. Den italienischen Vorbildern gegenüber wurden die Arkaturen in der Regel aber nur an drei der Hofseiten herumgeführt, eine Lösung, die vor allem mit der Lage des großen Saales zusammenhängen dürfte und kennzeichnend für Mähren ist. (Erich Hubala)
Ein herrlicher Brunnen hält seine schwellenden Formen

gegen die Anmut der Bögen und Säulen: über vier von ge-
fesselten Tritonen gestemmten Maskeronschalen erhebt sich
ein Muschelbecken, aus dem ein junger Bacchant mit spritzen-
dem Weinschlauch aufsteigt. Ein Werk Pietro Maternas aus
dem Jahre 1637, das auf einen Entwurf Jacob Tencalas zurückgeht. Die fünf Prunksäle im Erdgeschoß des Westtraktes, die
Besuchern zugänglich sind, stammen aus der Zeit Ferrabos-
cos, doch sind die Meister unbekannt geblieben, die hier eine
bunte Vielfalt manieristischer Ornament-Kunst ausgebreitet
haben: gemalte und stuckierte Arabesken und Grotesken an
den Wänden, filigrane Stuckplastiken mit historischen oder
mythologischen Darstellungen in den Lünetten und Nischen
– etwa Karls v. Kampf gegen die Türken, die jagende Diana
oder die Entführung der Europa – sowie allegorische und
humoristische Deckenmalereien: eine davon stellt in jener
traumhaften Verkehrung, wie der Manierismus sie liebte,
eine Jagd dar, bei der die Hasen mit den Menschen die Rollen
vertauscht haben und die Verfolgten zu Verfolgern werden.
Neuerdings wird vermutet, die Stuckdecorationen könnten
möglicherweise von einem Meister der Schule von Fontaine-
bleau stammen.

Als der Bauherr des Schlosses 1602 starb, ging der Besitz an
seine Schwiegersöhne aus der Familie der Liechtenstein über,
in deren Händen er bis 1945 verblieb. Heute beherbergt das
Schloß das Stadtmuseum und verschiedene Kanzleien. Doch
kein Lärm tastet die Stille des Hofes an, der, eine Perle in der
Muschel, hinter glatten Außenfassaden seine zarte Schönheit
verbirgt.

Wunder unter der Erde

Im Norden von Brünn liegt eine alabasterweiße und meer-
grüne Wunderwelt, wie sie weder ausschweifende Märchen-
erzähler noch Konstrukteure kühner Phantasiearchitekturen
so bizarr erfinden könnten, und die man dennoch nicht anders
als mit deren Vokabular umschreiben müßte, sollte man sie
beschreiben. Es ist das ausgedehnte labyrinthische Höhlen-
system unter der Erdoberfläche des ›Mährischen Karstes‹. So,
oder auch ›Mährische Schweiz‹, wird das Zwitta-Tal und seine
Nebentäler zwischen Adamstal und Boskowitz genannt:
eine hochromantische Landschaft mit üppig bewaldeten
Höhen, anmutigen und stillen Talkesseln, ausgetrockneten
Steinmeeren, zerklüfteten Kalksteinwänden, überraschenden
Erdstürzen und unzähligen Gewässern, die zwischen Gestein
hervorquellen und nach kurzem Lauf jäh wieder verschwinden, um den unterirdischen Welten zuzufließen.

Diese Unterwelt war für die Menschen früherer Jahrhunderte ein Grauen:

*Hier ist alles entsetzlich und grauenvoll, man sieht nichts als
ungeheuere Felsenschollen, welche den Fußboden sowohl als die
Wände und das Gewölbe recht fürchterlich machen. Als ich mich in
diesem verlassenen, tiefen, stinkenden und gräulichen Felsenlaby-
rinth recht umsah, überfiel mich ein solcher Schauer, der alle meine
Glieder erschütterte, und ich bereute von Herzen alle meine Sünden.*

So entsetzte sich der Hofarchivarius Nagel, der Mitte des
18. Jahrhunderts im Auftrag der Regierung einen Bericht über
die Merkwürdigkeiten des Karstes abfaßte, wobei ihm, nicht
anders als seinen Zeitgenossen, der Schrecken vor dem Unbekannten den Blick für dessen Schönheiten trübte. Erheblich
anders klingt, was ein Erforscher der Höhlen, Dr. Heinrich
Wankel, 1882 über einen der Tropfsteinpaläste schrieb:

Vor unseren Augen entfaltet sich ein prachtvolles Bild. Wir blicken in einen nach allen Seiten ausgebuchteten Dom von sechzig Metern Länge, fünfzig Metern Breite und fünfzehn bis fünfundzwanzig Metern Höhe; auf allen Seiten erheben sich in verschiedenen Größen freistehende Säulen; Stalagmit türmt sich auf Stalagmit in kaskaden-artigen Absätzen, bald klein und zierlich, bald riesengroß, bald sich wieder mit den von oben ihnen entgegenwachsenden Stalaktiten zu freistehenden Säulen vereinend. Von der Decke hängen gleich Draperien Tausende von Stalaktiten in den verschiedensten Formen und bizarrsten Gestalten herab; entweder sind es mehrere Meter lange spitzige Zapfen oder wie Tücher mit fein durchwirkten braunroten Fäden gefaltete oder runde barocke Formen; von den Wänden ergießen sich blendend weiße Tropfsteinkaskaden, versteinerten Wasserfällen gleich, in mehreren Absätzen. Beson-ders ist eine freistehende, wie eine Fontäne gestaltete, prachtvolle Gruppe zu erwähnen, die bis an die Decke reicht und die schönste Zierde der Höhle ist. Es ist ein riesiger schneeweißer Stalagmit, der sich nach und nach in verschiedenen Absätzen bis zur Decke erhebt. Den Boden überzieht hier eine wellenförmige Travertindecke, dort winden sich mehrere Reihen aufrechtstehender Travertinbänder um kleine Wasserbassins, deren hyaline Ränder wie Spitzen mit kleinen Kristallen prangen. Überall ist Reichtum, überall sind es neue überraschende Formen, die nach der Stellung der Lichter immer wieder ihre Gestalt ändern. Bei anhaltend trockenem Wetter blitzt und glitzert alles in tausendfachem Schimmer, was die Feenhaftigkeit noch erhöht. Besonders reich und schön ist jener Teil der Höhle, wo ein Wald von Tropfsteinsäulen, die die Decke mit dem Boden ver-binden, das Auge fesselt und die milchweißen, faltigen Stalaktiten wie breite Vorhänge herabhängen und beim Anschlagen einen harmo-nischen Glockenton von sich geben, was auch die Höhlenführer be-nützen, um die Besucher mit einem unterirdischen Glockengeläute zu überraschen.

Inzwischen ist der schaurig-schöne Orkus, der einst nicht wenige Verwegene oder Ahnungslose verschlungen hat, erforscht und erschlossen worden – allerdings vermuten die Geologen, daß sie bisher nicht mehr als ein Zehntel davon entdeckt haben. In Begleitung kundiger Führer kann man die Gänge und Grotten gefahrlos durchwandern, wobei man freilich manchmal kriechen und klettern muß, oder auf Schlauchbooten und elektrisch betriebenen Kähnen die kristallklaren Seen und Wasserstraßen befahren.

Der günstigste Ausgangspunkt der Wanderungen ist die nahe bei Blansko gelegene Gastwirtschaft Felsenmühle (Skalní Mlýn), wo sich die beiden reizvollsten Täler dieses Gebietes, das Dürre Tal (Suchý Žleb) und das Punkwa-Tal, vereinen. Das Dürre Tal beginnt als karstzerklüftete, ausgetrocknete, staubgraue Ödnis, um nach und nach in eine romantische Felsen- und Waldlandschaft überzugehen, die mit den seltsamsten Steinmonstren überrascht, so etwa einem naturgebildeten Felsentor, das der Volksmund ›Teufelsbrücke‹ (Čertův Most) nennt. Unter den vielen Höhlen, die es birgt, ist die Katharinenhöhle (Kateřinská jeskyně) die ausgedehnteste. Ihre Hauptgrotte, der ›Alte Dom‹, zu dem man über einen kleinen unterirdischen See gelangt, umfaßt einen Hohlraum von hundertzehn Metern Länge, vierzig Metern Breite und zwanzig Metern Höhe. Dahinter verstecken und öffnen sich, über Treppen zugänglich, andere Räume, deren Tropfsteingestalten Traumlandschaften aus Pagoden, Minaretten, Kalvarienbergen und eine chimärische Welt von Gnomen, Wasserspeiern, Hexen und Untieren beschwören. Das Mädchen Katharina, das sich vor Zeiten hier verirrt haben soll – wie die Sage erzählt –, muß wohl nicht allein eines jämmerlichen Hungertodes, sondern auch eines alptraumhaften Angsttodes gestorben sein.

Wilder noch als das Dürre Tal bietet sich das vielgepriesene Punkwa-Tal mit seinen prachtvollen Szenerien senkrecht aufgetürmter Felsenwände, uralter Baumriesen und feuchtüppiger Vegetation dar. Gegenüber der Ruine der Burg

Blansecke, dort, wo aus dem Gewölbe am Fuß einer achtzig
Meter hohen Felswand das glasklare Wasser der Punkwa
zutage tritt, in der sich drei unterirdisch fließende Gewässer
des Karsts vereinigen, stehen wir am Eingang des Höhlen-
labyrinths der Macocha, dessen Geheimnisse erst in den
zwanziger Jahren entdeckt wurden. Eine Stiege führt in die
Unterwelt, in eine Flucht von Grottengängen, die in uralten
Zeiten ein Bett der inzwischen längst andere Wege fließenden
Punkwa-Gewässer waren. Durch die trockenen, tropfstein-
geschmückten Tunnels erreicht man die Sohle des Macocha-
Abgrundes, jenes hundertachtunddreißig Meter tiefen Erd-
sturzes, der das Herz dieser verzauberten Landschaft ist.
Verschiedene Aussichtswarten, von hier aus über eine Treppe,
oder auch über Steige vom Tal aus erreichbar, ermöglichen
einen Blick aus halber Höhe oder vom oberen, von Wäldern
eingefaßten Felsenrand in den tiefen Trichter nackter Kalk-
steinwände, aus dem dunkle Höhlen gähnen und von dessen
Grund das Rauschen der Wasser herauftönt. *Großartigeres
dieser Art habe ich nie gesehen!* rief Alexander von Humboldt
angesichts des überraschenden Bildes aus – und der Weit-
gereiste war wahrlich verwöhnt mit extravaganten Natur-
eindrücken.

Die Sage klärt uns darüber auf, wie der Abgrund zu dem
merkwürdigen Namen Macocha – das heißt Stiefmutter –
kam. Ein verwitweter Bauer aus einem nahegelegenen Dorf
heiratete, um seinem Söhnchen Wenzel eine neue Mutter zu
geben, eine junge Witwe des Nachbarortes, die gleichfalls einen
kleinen Sohn, Jakob mit Namen, in die Ehe brachte. Mit
steigendem Neid mußte die Frau sehen, daß der Stiefsohn zu
einem weitaus schöneren und kräftigeren Knaben gedieh als
das eigene Kind. Endlich trieb der Haß sie soweit, als sie mit
beiden Kindern bei der Felsschlucht Pilze suchte, Wenzel in
den Abgrund zu stoßen. Doch Jakob verriet dem Stiefvater
die schändliche Tat seiner Mutter. Der eilte mit den Männern

des Dorfes zur Schlucht, ließ sich an einem Strick in die Tiefe herab und fand seinen Sohn – lebend. Ein Felsvorsprung hatte ihn aufgefangen und gerettet. Die böse Stiefmutter aber verfiel der Empörung der Bauern. Die Männer packten sie und warfen sie in den Abgrund. Ihr gellender Todesschrei, sagt man, töne heute noch aus den Tiefen.

Zurück vom Grund der Schlucht zum Punkwa-Ausfluß kann man auf dem Wasserweg gelangen: in Booten gleitet man unter Gewölben entlang, die in geheimnisvollem Grün glänzen und flimmern, neptunische Paläste aus Smaragden, deren Funkeln sich in den klaren Spiegeln des Wassers bricht und unendlich fortsetzt. Und wie Harfen von Sylphiden wirken die fadendünnen Stalaktiten, die zu Abertausenden in einer der Grotten von den Wänden herabhängen.

Weiter nördlich liegen die nicht minder prächtigen Höhlen von Sloup (Sloupsko sosuv jeskyně), Irrgärten, zu deren Durchwanderung man zwei volle Stunden braucht. Im Süden wiederum, im Josefstal (Josefsky důl) unweit von Kiritein, finden wir die Stierfelshöhle (Býči skála), die durch ihre interessanten, jetzt im Wiener Naturhistorischen Museum aufbewahrten archäologischen Funde berühmt geworden ist. Sie war die Begräbnisstätte eines Stammeshäuptlings in der Zeit der Hallstatt-Kultur, die etwa von 750–400 v. Chr. datiert wird. Ein schauerlich frenetischer Totenkult, der die Opferung eines Mädchengefolges befahl, hat hier seine nüchternen Zeugnisse hinterlassen. Wieder lassen wir Dr. Heinrich Wankel berichten, der maßgebend an der Erforschung des Ortes im Jahre 1872 beteiligt war:

Das wiederholte Auffinden von Kohle und Menschenknochen in der Vorhalle erweckte in mir die Vermutung, hier eine vorhistorische Begräbnisstätte mit Leichenverbrennung zu finden. An zwei Stellen befanden sich zwei große Brandplätze, wo mächtige und längere Zeit andauernde Feuer gebrannt haben. Am Rande des größeren Brandplatzes lag ein Haufe von mannigfach verbogenen Rad- und Band-

eisen, das offenbar als ein glühendes Gerüste aus der Glut gezogen wurde. Außerhalb dieses Brandplatzes wurden auf dem festgetretenen Höhlenlehm in allen möglichen Lagen über vierzig Skelette vorgefunden. Die über und nebeneinander, kreuz und der Quere liegenden Leichen mußten das Bild eines grauenvollen Leichenfeldes geboten haben, das nur mit einem Schlachtfelde zu vergleichen ist, worauf die Leichen liegen gelassen und der Verwesung überlassen blieben. Nur wenige Männer waren darunter, die Mehrzahl waren Frauen, auch der Rumpf zweier Pferde lag dabei. Zwischen den Skeletten erhoben sich hie und da kleine Häuflein verkohlten Getreides, in dem nicht selten Schmuckgegenstände eingeschlossen waren. An der südlichen, gegenüber dem Brandplatz liegenden Felsenwand breitete sich über dem Boden eine Pflasterung aus behauenen Platten aus, auf der nebst vielen zusammengeworfenen Menschenknochen das Skelett eines Mannes und eines jungen Schweines gefunden wurde. Zwischen dieser Pflasterung und dem Brandplatz stand ein kleiner Altar aus einer zugehauenen Steinplatte, auf zwei anderen, kleineren ruhend. Auf dem Altare lagen, in verkohltes Getreide gehüllt, zwei abgehauene Frauenhände, mit Bronzespangen und goldenen Fingerringen geziert, dann die rechte Hälfte eines in der Mitte gespaltenen Schädels. In der Nähe des Eingangs lagen viele ganze Tongefäße, Urnen und Schalen. Die Skelette gehörten, mit Ausnahme der fünf männlichen, Frauen an, so weit es sich aus dem vorhandenen Material bestimmen ließ, und zwar Frauen von jugendlichem Alter, bei denen der Weisheitszahn entweder noch nicht entwickelt oder erst im Durchbruche begriffen war. Die Schädel tragen die prachtvollsten Zähne, sind edel gebaut und meistens von mesochamäzephaler Form, die Hände und Füße sind zart und klein, die Gestalten mußten groß und schlank gewesen sein.

Wallfahrtsorte rund um die Höhlenwelt

In einem Dreieck umgeben die marianischen Wallfahrtsorte Kiritein, Wranau und Sloup die Höhlenwelt der Macocha. Wie im benachbarten Böhmen, ist auch in Mähren das Wallfahrtswesen im Barock zu beispielloser Blüte gelangt und hat Stätten der Andacht geschaffen, die in ihrer Pracht und Phantasie eine steingewordene Ostentation des missionarischen Eifers sind, mit dem die Gegenreformation hier auftrat.

Das blendendste Beispiel dafür ist *Kiritein (Křtiny)*. Man prallt buchstäblich zurück, wenn man, die Waldstraße verlassend, unvermittelt den Riesenbau der Kirche vor sich sieht, eine weiße Himmelsburg, neben der die ringsum verstreuten Häuser des Dorfes zu Spielzeug werden. Eine breite Treppenanlage ist der Einturmfront vorgebaut, dahinter erhebt sich ein flachkuppelüberwölbter Zentralbau mit halbkreisförmigen Anbauten. Ein Innenraum von hinreißender Raumwirkung tut sich auf. Der hochgekuppelte, fast zylindrische Mittelraum hängt durch Bogenöffnungen mit vier halbkreisförmigen, ebenfalls überkuppelten Nebenräumen zusammen. Das seitlich hereinflutende Licht unterstützt die kunstvolle Wirkung der Raum- und Gewölbeverschneidungen. Die Grundrißfigur der Kirche ist ein Kreis mit eingeschriebenem Vierpaß; ihr Symbol ist das gleicharmige Kreuz.

Der zwischen 1710 und 1735 entstandene Bau ist ein Werk des eingedeutschten Italieners Giovanni Santin-Aichel, eines bedeutenden und gewiß des interessantesten Baumeisters des Spätbarock im böhmisch-mährischen Raum, dessen Wallfahrtskirchen und Gnadenstätten Schöpfungen von ungewöhnlicher Konzeption und visionärem Charakter sind. Die illusionistische Deckenmalerei, die zu Santin-Aichels Innenräumen gehört wie der Kern zur Schale, schuf Johann Georg Etgens: in der Hauptkuppel Maria in der Gemeinschaft der Heiligen, in den vier Konchen Maria als Mutter der Liebe, der

Frucht, der Erkenntnis und der Hoffnung, in der Turmkuppel über der Orgel Maria, wie sie den himmlischen Chor dirigiert. Die Altarbilder stammen von Joseph Winterhalter, die Skulpturen von Andreas Schweigel.

Doch vergessen wir über dem prachtvollen Bau nicht das Heiligtum, dem er dient: die überlebensgroße Steinstatue der Muttergottes mit Kind auf dem Hochaltar. Die Legende berichtet, sie sei in fernen Zeiten bei einem schweren Gewitter durch einen mächtigen Blitz aus unbekannter Gegend in den Wald bei Kiritein getragen, dort in einem Baum gefunden und in der armseligen Pfarrkirche des Ortes aufgestellt worden. Als sie in der Pestzeit vielerlei Heilungen bewirkte, kamen Hilfesuchende von nah und fern, und als die Prämonstratenser ihr dann gar das schöne neue Haus bauen ließen, wuchs der

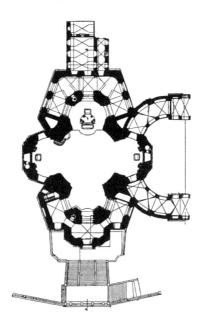

Marienkirche
in Kiritein

Strom der Wallfahrer von Jahr zu Jahr. An dem taubeglänzten Frühlungsmorgen, da wir Kiritein besuchten, war die Kirche leer – doch einige Zimmerleute hämmerten funkelnagelneue Beichtstühle zusammen. Ein Zeichen, daß nach den vielen Jahren der Stagnation das Wallfahrtswesen in diesem Land wieder einen Aufschwung nimmt.

Indes in Kiritein Mariä Namen dargestellt ist, steht der Wallfahrtsort *Wranau (Vranov u Brna)* im Zeichen Mariä Opferung. Das Wranauer Gnadenbild ist eine siebzig Zentimeter hohe Holzstatue der gekrönten, im Gebet verharrenden Maria ohne Kind. Auch ihr spricht die Legende Wunderheilungen zu, auch ihr Obdach war einst ein einfaches Holzkirchlein. An dessen Stelle ließen die Fürsten Liechtenstein, denen der Besitz gehörte, 1622 eine schlichte, frühbarocke Kirche und daneben ein Kloster errichten und übergaben es der Obhut der Paulaner. Die inmitten eines Parks liegende Anlage ist ein Werk der Brünner Brüder Andreas und Hans Erna. Als Freskant hat wiederum Johann Georg Etgens gewirkt.

In *Sloup* beten die Wallfahrer zu einer Schmerzhaften Muttergottes, die von einem Strahlenkranz umgeben und mit einem Goldmantel angetan, am Hochaltar vor einem mächtigen Kreuz aufgestellt ist. Das Holzbild hatte sich einst im Besitz des Grafen Rogendorf befunden, der es, als er auf Reisen ging, der Obhut eines Müllers in Sloup anvertraute. Die Gebetserhörungen, die es da bewirkte, sprachen sich schnell herum, und Sloup wurde zum Ziel immer größerer Pilgerscharen. Deren Bitten folgend ließ die Witwe des Grafen 1751 in der Mitte des Ortes eine Kirche errichten, die das Gnadenbild aufnahm. Der einfache zweitürmige Barockbau wird einem Wiener Baumeister zugeschrieben, dem als Freskant der aus Breslau stammende Troger-Schüler Caspar Franz Sambach zur Seite stand. Doch haben dessen schöne Malereien durch Restaurationen arg gelitten.

Der Altar der Rätsel in Adamstal

Der kleine Ort *Adamstal (Adamov)* ist in den meisten Reiseführern lediglich als ›Pforte zum Mährischen Karst‹ vermerkt. Und was sollte den Touristen in dem grauen Schwerindustrieflecken denn auch zum Verweilen locken? Das neugotische Kirchlein ist im Vorübergehen mit einem Blick abgetan. Wer könnte ahnen, daß sich darin ein Kunstwerk verbirgt, das eine eigene Reise hierher wert wäre? Es ist der Schrein eines spätgotischen Altars, der auf verqueren Wegen von seinem Stammort Zwettl in Niederösterreich in dieses verlorene Kirchlein geriet, dessen Enge er durch seine visionäre Gewalt zu sprengen scheint.

Der sechseinhalb Meter hohe Schrein aus Lindenholz, als Seitenaltar aufgehängt, stellt die Himmelfahrt Mariens dar. Zwei Eichenbäume, die aus dichtem Wurzelgeflecht emporwachsen und ihre Zweige in der Spitze vereinen, schließen das Geschehen in sich ein. In der unteren Zone des dreiteilig gegliederten Aufbaus drängen sich die Apostel um das Grab Mariens. In fassungsloser, jäher Erregung blicken sie der Entschwindenden nach oder zum leeren Sarg nieder. Staunen und Spannung verrenken ihre Haltung und Gebärden bis in die knittrigen Fingerspitzen. Der realistische Ausdruck ihrer Physiognomien ist bis an die äußerste Grenze getrieben, schlägt fast schon ins Karikaturistische um. Im Mittelfeld thront, von Engeln getragen, die Jungfrau. Um die Mondsichel mit dem stürzenden Haupt des Bösen zu ihren Füßen und den Regenbogen zu ihren Häupten winden sich Wolken in bizarrem spiralenförmigem Gekröse. Auch der Mantel Mariens bauscht sich in bewegten Wellenlinien. Aufschwebend scheint sie zugleich darin zu versinken. Ihr Antlitz, herb und fremd – ist es schön, ist es häßlich, ist es bitter, ist es selig? Und die entrückten Gesichter, die sie taumelnd umgeben, gehören sie verzückten Engelwesen oder unerlösten Geistern?

Vom rechten Rand blickt uns eine rätselhafte Maske mit orientalischen Zügen an, am linken gegenüber hält ein fetter Gnom eine Walnuß deutend in spitzen Fingern. Über dem Regenbogen harrt die Dreifaltigkeit der Ankunft der Jungfrau. Christus und der Heilige Geist halten die Krone empor, hinter der sich das Haupt Gottvaters fast ganz verbirgt. Geflügelte Putten, manche mit greisenhaften oder embryonalen Zügen, bevölkern den Himmel, der sich mit einem Flammenornament nach oben zu schließt.

Man glaubt aus einem bedrängenden Traum zu erwachen, wenn man den Blick endlich aus der spiralig-drehenden, in sich selbst verfangenen Bewegung dieses wuchernden Bildwerks löst. Die Schwere einer heidnischen Vorwelt lastet hier über dem christlichen Kosmos. *Der Meister von Zwettl hat sich ein neues, noch nicht dagewesenes Menschengeschlecht geschaffen, ein halb Titanisches, halb Rübezahlhaftes. Verzaubert, gnomenhaft, unheimlich, unselig, droht es sich vor unseren Augen in Baum und Gehecke zu verwandeln*, schreibt Karl Oettinger.

Das grandiose Werk des Donauschul-Stils, ein Ausdruck der »explosiven Stimmung der Lutherjahre«, entstand zwischen 1516 und 1525 im Auftrag des Abtes von Stift Zwettl, Erasmus von Leisser. Als sein Meister galt lange Zeit der Kunstschreiner Andreas Morgenstern aus Böhmisch-Budweis, doch neuen Forschungen zufolge hat er nur als Aufsteller des Altares gewirkt. Nach Karl Oettinger lassen verschiedene Stilmerkmale auf eine unmittelbare Verwandtschaft dieses Werkes mit dem Altar von Mauer bei Melk, mit dem Melker Ölberg und auch mit den Figuren Christi und Mariens im Bogenfeld des Portals der Wiener Salvatorkirche schließen und deuten damit auf einen Meister, der wohl in Wien ansässig gewesen sein müßte. Fast könnte man sich angesichts der exotischen Züge des Zwettler Altars zu der Annahme versteigen, eine Orientreise des unbekannten Bildhauers habe hier Spuren hinterlassen.

Wie eine alte Zeichnung zeigt, muß der ursprüngliche Altar zwanzig Meter hoch gewesen sein, wobei die Predella einen mächtigen Baumstamm darstellte, der sich im Mittelschrein teilte und wieder vereinigte, um sich als Kreuzesstamm eines Kruzifixes fortzusetzen. Dieser Baummythos symbolisiert die Gründungslegende des Stiftes Zwettl, wonach der Stifter Hadamar von Kuenring am Neujahrsmorgen des Jahres 1137 im Schnee einen blühenden Eichenbaum in Kreuzesform gefunden und dies zum Zeichen genommen habe, an der Fundstelle Kirche und Kloster bauen zu lassen. Darauf mag auch die Walnuß in der Hand des Gnoms symbolisch hindeuten: denn der in der Nuß befindliche Keimling stellt ein kreuzähnliches Gebilde dar, das im Volksmund Jesus- oder Herrgottsnagel heißt. Der maskenhafte orientalische Kopf könnte als Bildnis des Stifters ausgelegt werden. Wir beziehen uns hier auf die Deutungsversuche Karl Oettingers.

Der ursprüngliche Altar fiel 1732 einer Demolierung zum Opfer. Nur noch dieser Mittelschrein blieb unversehrt erhalten und wurde bis 1853 in der Stiftskirche von Zwettl aufbewahrt. Dann verkaufte ihn Abt Augustin Steininger an den Grafen Samuel Festetics nach Wien. Nach mehrmaligem Besitzwechsel gelangte er schließlich in die Hände des Fürsten Alois von Liechtenstein, der ihn in seiner Patronatskirche in Adamstal aufstellen ließ. Die Brünner Restauratoren Karel und Herman Kotrba haben ihn vor wenigen Jahren sorgfältig überholt. Wird man ihn, wie man es vage plant, nach Brünn holen, oder wird er bleiben, wo er ist – zugänglich nur den wenigen, die sich die Mühe nehmen, zu ihm zu kommen?

Louis-seize in Raitz

Im Schloß von Raitz (Rájec) duftet es betäubend nach Lilien. In jedem Raum wachsen ihre weißen Kelche büschelweise aus alten Vasen. Der Duft stimmt elegisch. Denn die endlosen Säle voller herrlicher Bilder und die dämmrigen Bibliotheksräume, wo kostbare Gelehrsamkeit buchstäblich hinter Holz eingesargt ist, erwecken den Eindruck, als beträte sie selten jemand. Im Schloßhof stolziert einsam ein Pfau. Für wen soll er ein Rad schlagen? Doch am Vortag hat eine Engländerin ins Gästebuch geschrieben: »That's the most lovely castle, I ever have seen!«

Die Dame beweist Geschmack am Französischen. Denn *Schloß Raitz* ist ein Stück Frankreich in Mähren: Louis-seize-Stil in schönster Ausprägung. Ein dreiflügeliger, einstöckiger Bau mit hohem rostrotem Mansardendach, davor ein quadratischer Cour d'honneur, an drei Seiten umschlossen von niedrigen Nebengebäuden. Der Baumeister des villenartigen Herrenhauses ist nicht gesichert: Josef Emanuel Fischer von Erlach und Isidor Canevale werden im Zusammenhang mit den Entwürfen genannt, als Bauführer soll in den Jahren 1763–69 Wenzel Petruzzi gewirkt haben, von dem wir schon in Austerlitz hörten.

Der Ahnensaal im Erdgeschoß führt uns die Porträts der Familie vor, der Raitz gehörte. Es ist einer der vier Zweige eines sehr alten, aus den Ardennen stammenden Geschlechts, der den recht unbequemen Wahlspruch im Wappen führt: ›Contra torrentem! – Gegen den Strom!‹ Wider die Strömung des Flußes nämlich springen jene Fische, nach denen diese Familie benannt ist und die sie, rot auf silbernem Grund, im Wappen trägt: die Altgrafen und Fürsten Salm-Reifferscheidt-Raitz. Den unikalen Titel ›Altgrafen‹ trägt die Familie seit 1628, den Fürstentitel seit 1790. Anton Salm, der Erbauer des Schlosses, war als Erzieher des jungen Kaisers Joseph II. an den Wiener Hof gekommen und hatte sich durch Heirat und Ankäufe in den Besitz der mährischen Herrschaften Raitz, Jedovnitz und Blansko gebracht. Sein Enkel, Hugo Franz Salm, förderte mit Energie und Geschick die Industrialisierung in Mähren. Er gründete 1796 mit anderen Adeligen in Brünn den ›Verein zur Anlage einer Wollen-Maschinen-Spinnerei nach englischem Muster‹, errichtete in Raitz Hochöfen, in Blansko Eisenhütten, in Doubravnik Werkzeug- und Maschinenfabriken. Eng befreundet mit einer Reihe angesehener französischer, englischer und deutscher Naturwissenschaftler und selbst ein eifriger und erfolgreicher Experimentator, protegierte er in seinen Industrien großangelegte chemisch-physikalische Experimente und entwickelte neue technische Projekte. Nicht weniger war er den Künsten und Geisteswissenschaften zugetan. Einer seiner besten Freunde, häufiger Gast auf Schloß Raitz, war der tschechische Slawist Josef Dobrovsky, den Goethe als den ›Altmeister der historisch-kritischen Forschung in Böhmen‹ verehrte. Daß Hugo Franz Salm Mitgründer des Mährischen Landesmuseums in Brünn war, haben wir schon andernorts erwähnt. Vor der Jahrhundertwende lebte der Wiener Erzähler und Lyriker Ferdinand von Saar lange Jahre abwechselnd auf Raitz und Blansko; er hat Mährens Schlösser und Landschaften häufig zum Schauplatz seiner Novellen gemacht. Raitz blieb bis 1945 in Händen der Familie Salm.

Während das Erdgeschoß des Herrensitzes mit seinem Vestibül und Gartensaal, mit den Ahnensälen, Salons, Bibliotheksräumen und Kabinetten im ursprünglichen Zustand erhalten ist, wurde im ganzen oberen Stockwerk eine Gemäldegalerie eingerichtet. Bestückt aus den Beständen dieses Schlosses sowie anderer Herrenhäuser, präsentiert sie in ausgezeichneter Zusammenstellung niederländische Malerei des 16. und 17. Jahrhunderts sowie deutsche und österreichische Malerei der Romantik.

Das alte Ghetto von Boskowitz

Das Leben der adeligen Gesellschaft im Vormärz, oder besser: die Folie, auf der dieses Leben stattfand, demonstrieren die Salons des Neuen Schlosses in Boskowitz nördlich Raitz. Die soignierte Eleganz des Empire, mit der man sich damals umgab, scheint nichts von der ungeduldigen Sehnsucht nach Umsturz zu wissen, die außerhalb der Salons allenthalben gärte. Der am bewaldeten Hang über dem Städtchen liegende frühklassizistische Bau, vermutlich nach einem Entwurf des Direktors der Architekturabteilung der Wiener Akademie, Peter de Nobile, zwischen 1819 und 1826 an Stelle eines aufgelösten Dominikanerklosters errichtet, wurde von den Fürsten Dietrichstein bewohnt, denen Boskowitz seit dem 17. Jahrhundert gehörte, und ging 1843 durch Heirat an die Grafen Mensdorff-Pouilly über.

Die Scharen von Menschen, die dem Schloßhang zustreben, wollen sich allerdings weniger an kühlen Empire-Relikten als an feurigen Wildwest-Allüren ergötzen, denn sie lassen das Schloß rechts liegen und drängen ins Freilichtkino, das unweit davon mit einer weißen Riesenbreitwand lockt. Männern aus draufgängerischem Schrot und Korn, wie sie sie da vorbeiflimmern sehen, können sie freilich auch in ihrer Stadtgeschichte begegnen. Denn die Herren von Boskowitz, die den Ort gründeten, ihn nach sich benannten und ihn von der im 13. Jahrhundert angelegten Burg oberhalb des Neuen Schlosses regierten, waren Vogelfänger und Faustkämpfer, Königsratgeber und Kämmerer, Städtegründer und Bischöfe. Dieses Geschlecht erlebte seine Glanzperiode im 15. Jahrhundert und starb am Ende des 16. aus. Danach übernahm die Familie Morkowsky von Zastřizl die Burg und baute sie zu einem Renaissanceschloß aus, wo Reformatoren und Humanisten ein und aus gingen. Die wertvollsten Teile des verfallenen Baues wurden 1950 restauriert.

Unten im Ort befand sich vom 14. bis zum 19. Jahrhundert
ein Juden-Ghetto. In den langen Reihen kleiner grauer und
brauner Häuser rund um Synagoge, Schule und Friedhof
wohnten um die Mitte des vorigen Jahrhunderts noch über
zweitausend Seelen, wiewohl schon Gesetze Josephs II. den
Juden erlaubt hatten, in andere Stadtteile zu übersiedeln.
Vorher hatte man bekanntlich der Übervölkerung der Ghet-
tos – die meist mitten in der Stadt lagen und sich also nicht aus-
dehnen konnten – durch die drakonische Maßnahme eine
Schranke gesetzt, daß jeweils nur der älteste Sohn jeder
Familie heiraten durfte. In diesem Zusammenhang mag es
interessieren, daß viele der Prager Literaten der zwanziger
Jahre Familien entstammten, die aus mährischen oder
böhmischen Provinz-Ghettos nach Prag eingewandert waren.
Willy Haas erzählt darüber:

Unsere Großväter hatten in der Provinz etwas Geld verdient, als
Bauern, als Kolonialwarenhändler, oder das, was man in Nord-
deutschland einen Krämer nennt, nämlich einen Händler mit Kaffee,
Tee, Erbsen, getrockneten Feigen und Bonbons, wie mein sehr ehren-
werter Großvater Zacharias Haas in dem Dorf Hroubowitze in
Mähren. Dorthin war um 1680 mein Ahnherr Simon Haas mit seiner
Frau Eleonore aus Holland eingewandert und hatte ein solides Haus
gekauft, das ich als Knabe noch gut kannte. Oder mein anderer Groß-
vater, Immanuel Bergmann aus Schwarz-Kosteletz, der vom Bauern
zum Getreidehändler oder – altösterreichisch gesprochen – zum
›Körndl-Juden‹ aufgestiegen war, dem die Bauern der Umgebung
ihre Ernte zum Verkauf an der Prager ›Produktenbörse‹ überließen –
offenbar, weil sie dabei gut verdienten. Von daher kamen wir alle.
Die Familien der Haas, Werfel, Kafka und Brod, der Kornfeld und
Deutsch. Einige waren mehrfache Millionäre geworden, wie die
Petscheks oder Gutmanns, die sich auf das Kohlengeschäft einge-
lassen hatten und Bergwerke besaßen. Der Vater von Franz Werfel
war ein eleganter Handschuhfabrikant geworden und hatte durch
das Geschäft mit London viel Geld verdient. Kafkas Vater war ein

>All-round-Lieferant‹ en gros, mein eigener Vater ein Rechtsanwalt, nein sogar ein Landesadvokat, wie die Advokaten damals in Prag hießen.

Im Schönhengstgau

Die größte unter den vielen über ganz Mähren verteilten deutschen Sprachinseln war der Schönhengstgau. Mit zittrig verlaufenden Grenzlinien lag er zum größeren Teil im Mährischen, zum kleineren im Böhmischen, dort mit den Hauptbezirken Mährisch-Trübau, Müglitz, Hohenstadt und Zwittau, hier mit Landskron, Leitomischl und Politschka. Von seinen vor dem Krieg gezählten 126 000 Einwohnern waren 84 Prozent deutsch. Ihre Vorfahren, hauptsächlich Ostfranken aus dem Frankenwald, daneben Bayern und Schlesier, waren von den böhmischen Königen, den Olmützer Bischöfen und mährischen wie böhmischen Grundherren um die Mitte des 13. Jahrhunderts ins Land gerufen worden. Sie hatten befestigte Städte auf kreisförmigem oder elliptischem Grundriß mit geräumigen quadratischen Marktplätzen in der Mitte, und Reihenhufendörfer mit fränkisch angelegten, um einen geschlossenen Hof gruppierten und in großzügigem Abstand voneinander entfernten Gehöften gebaut. Die Bauern betrieben Schafhaltung und Flachsbau, die Handwerker in den Städten Tuchmacherei und Weberei, später führte die Industrie diese Tradition weiter. Auch Bierbrauereien gab es in diesem Landstrich in Fülle.

Mit rassigen wilden Rossen – wie es der bestechende Name zu denken nahelegt – hatten die Schönhengster nichts zu schaffen. Diese Bezeichnung leitet sich vielmehr von dem langen Gebirgszug ab, der das Ländchen senkrecht teilt; er hieß im Mittelalter ›Sintenhengst‹, weil man die Hengste über seinen steilen, steinigen Anstieg hinüber ›schinden‹ mußte, und daraus ist dann durch Verballhornung ›Schönhengst‹ geworden. Eine neuere Deutung leitet das Wort ›Hengst‹ von

›Hang‹ ab, indem sie auf die in Österreich zahlreich vor-
kommenden ›Hengst-Berge‹ verweist.

Erste Renaissance in Mährisch-Trübau

In einem alten Burgtor innerhalb des Schloßkomplexes von
Mährisch-Trübau (Moravská Třebová) sind zwei weiße Marmor-
medaillons eingelassen: sie zeigen die Profilbildnisse eines
adeligen Ehepaares der Renaissance, ohne Zweifel floren-
tinischer Herkunft, wie die modisch elegante Gewandung, die
kurzgelockte Haartracht, bei ihm mit einem Federbarett, bei
ihr mit einem Häubchen bedeckt, die feine Modellierung
seiner scharfgeschnittenen und ihrer anmutigen Züge schließen lassen. Indessen: es handelt sich um Ladislaus Welen von
Boskowitz und seine Gemahlin Magdalena von Dub und
Lipa – und florentinisch an den beiden ist einzig und allein die
Art, wie sie sich haben verewigen lassen. Von den Wegen der
Renaissance aus Oberitalien über Ungarn nach Mähren haben
wir bereits berichtet. Hier stehen wir vor dem ältesten Beleg
für diese Wege, datiert mit der Jahreszahl 1495.

Dem porträtierten Kavalier Ladislaus Welen von Boskowitz
hatte Mährisch-Trübau seine höchste Blütezeit zu danken.
Als der vielseitige Humanist, der von seinem Onkel, dem Olmützer Bischof Prothas von Boskowitz, erzogen wurde, der in
Paris und Padua studiert und halb Europa, gar Afrika und
Asien bereist hatte, im Jahre 1486 die Güter der Familie
übernahm und Mährisch-Trübau noch hinzukaufte und zu
seinem Lieblingssitz erkor, brachte er mit einer Schar herbei-
gezogener Künstler, Gelehrter, Ärzte, Alchemisten und mit
wahren Schätzen an Kunstwerken, Büchern, Instrumenten,
Raritäten die ganze Welt in das abgelegene Tal. Er baute ein
großes Renaissanceschloß und legte nach den Verheerungen
eines Brandes im Jahre 1507 auch die Stadt einheitlich im Stil
der Renaissance neu an. Mit schweren Portalarchitekturen,

verzierten Erkern, spätgotisch gewölbten Vorhäusern und allenthalben einem Reichtum an Ornamenten aus Wappen, Ranken, Vasen und Sinnsprüchen muß der Ort, insonderheit sein großer viereckiger Hauptplatz, damals ein gar üppiges Bild geboten haben.

Zum Glück trat Ladislaus Welen von Zierotin, der nach dem Aussterben der Familie Boskowitz 1589 Mährisch-Trübau übernahm, in die Spuren seiner Vorgänger. In dem von Baumeister Giovanni Motalla umgebauten und mit einem stämmigen Arkadenhof versehenen Schloß hielt er aufwendig Hof, indem er sich mit Edelleuten, Dichtern, Theologen, Musikern, Bildhauern und Malern aus Norditalien, der Schweiz, Sachsen und Schwaben umgab. Ebenso wie die ihnen verwandte Familie Boskowitz exponierten sich die Zierotins als treue Anhänger der mährischen Brüdergemeinde für den Protestantismus. Von dem bedeutendsten Sproß aus der Reihe der Zierotins, Karl dem Älteren, werden wir in diesem Zusammenhang beim Besuch des Schlosses Rossitz noch zu berichten haben. Ladislaus Welen wurde von seinen Parteigängern 1619 zum Landeshauptmann von Mähren gewählt. Doch er hatte dieses hohe Amt nicht lange inne. Als die Gegenreformation 1620 in der Schlacht am Weißen Berg siegte, war er gezwungen, nach Deutschland zu emigrieren. Später kehrte er für einige Zeit zurück, aber dann verlieren sich seine Spuren im Unbekannten.

Die folgende Liechtenstein-Zeit brachte der Stadt und der Umgebung eine Fülle religiöser Kunst. Wohl das packendste Werk des Hochbarock ist die *Golgotha-Gruppe* auf dem Gipfel des nahen Kreuzbergs: eine monumentale Komposition von leidenschaftlich aufgewühltem Pathos. Sie läßt den Einfluß des großen Matthias Braun erkennen. Ihr Meister, Georg I. Patzak, war Brauns Mitarbeiter im böhmischen Kukus, bevor er in Leitomischl und dann in Trübau eine eigene Werkstatt hatte. Hier in Trübau arbeitete ›Girg Franz Patzak‹,

wie er genannt wurde, mit dem aus Müglitz stammenden
Maler Judas Thaddäus Supper zusammen, der viele Kirchen
im Schönhengstgau mit blühend farbigen, wirkungsvoll
bewegten und gedankenreichen Fresken geschmückt hat,
so die von Baumeister Beduzzi 1726 barock erneuerte *Trübauer
Pfarrkirche* – für die Patzak viele Statuen schuf –, so die Fried-
hofskirche am Kreuzberg oder das Gotteshaus in Tattenitz.
Beide, Patzak wie Supper, waren mit ortsansässigen Malers-
töchtern verheiratet; auch damals noch haben erstaunlich
viele Künstlersleut' in der keineswegs großen Stadt gelebt.

Eine anschauliche Chronik des an Kunst und Kunsthand-
werk so reichen Lebens des Adels, der Bürger und Bauern
bietet das schöne *Holzmaister-Museum.* Sein Prunkstück ist ein
ungewöhnlich großer Brüsseler Wandteppich aus der Zeit
um 1500:

*Der Trübauer Wandteppich geht auf eine Stichvorlage Lukas von
Leydens zurück: eine Art ›Liebeshof‹ ist darauf dargestellt. Frau
Venus, geflügelt, mit Bogen und Liebespfeilen bewaffnet, thront umgeben von fünfzehn reich gekleideten Mädchen und jungen Männern
zwischen Kandelabern. Vor ihr knien zwei vornehme Jünglinge, die
ihr Schwert und Helm und Wappen darbringen. Alttestamentliches
scheint dazu benützt: Ahasver ist von Liebe bezwungen und erhebt
Esthers Vater Mardochai, durch Helm und Schwert, zu seinem Feld-
herrn. Dies wird deutlicher durch die linke Seitendarstellung, auf
der König Ahasver die vor ihm kniende Esther empfängt. Auch durch
das rechte Seitenbild, wo die beiden bei Hochzeitsmahl, Gesang und
Lautenspiel ihre Vermählung feiern. Bibel, Renaissanceprunk,
Musik und Liebe waren als beredter Wandschmuck in jenen frohen
Tagen des 16. Jahrhunderts überall willkommene Gesellschaft.
(Julius Leisching)*

Angesichts der Ödnis, die heute in der Stadt herrscht, fällt es
freilich schwer, sich jene längstvergangenen frohen Tage,
weitaus schwerer noch, sich die jüngst vergangene, nicht
minder blühende und betriebsame Zeit vorzustellen. Der

mit etwa hundert anderen Deutschen hier verbliebene Facharbeiter, der uns den Weg weist, zehrt wehmütig von der Erinnerung daran und gibt zu, daß dies allein seit zwanzig Jahren sein Leben ausfüllt. Den im Land gebliebenen Älteren und Alten ist – hier wie andernorts – die Heimat fremd geworden.

Im Zeichen des Krummstabs

Indes Mährisch-Trübau eine grundherrliche Stadt war, die im 13. Jahrhundert wahrscheinlich von der Familie der Riesenburg gegründet worden war, gehen die im selben Jahrhundert angelegten Orte Zwittau (Svitavy) und Müglitz (Mohelnice) auf die Kolonisationstätigkeit des großen Olmützer Bischofs Bruno von Schaumburg zurück und standen auch fürderhin unter dem Patronat des Krummstabs. Kein bloßer Zufall also, daß aus der Müglitzer Bürgerschaft, die in den Hussitenkriegen standhaft zum Katholizismus hielt, zwei bedeutende Kirchenfürsten hervorgingen: Anton Brus von Müglitz und Martin Medek, die beide in der zweiten Hälfte des 16. Jahrhunderts Oberhäupter des Prager Erzbistums waren und entscheidend für die Rekatholisierung der böhmischen Länder nach einer Zeit religiöser Unsicherheit wirkten.

Das verkehrsgünstig am Schnittpunkt der Straßen Olmütz–Königgrätz–Prag und Brünn–Königgrätz–Prag liegende *Zwittau* entstand zwischen dem Zwitta-Fluß und einem Bach, darum mußte sich sein Hauptplatz der engen Lage entsprechend zu einem langen Rechteck strecken. Der Reiz dieses Platzes sind die rustikalen Laubenhäuser, in deren kühlen, dämmrigen Gängen die Tuchmacher einst ihre Waren auslegten, unter ihnen auch jene alteingesessene Familie Ottendorfer, deren jüngster Sohn Oswald an der achtundvierziger Revolution in Prag teilnahm, dann nach Amerika emigrierte und dort als Herausgeber der deutschsprachigen ›New Yorker Staatszeitung‹ zu einem der hervorragendsten Repräsentanten des amerikanischen Deutschtums im vorigen Jahrhundert wurde. Zwittau hat seinem in der Fremde so reich gewordenen Sohn vielerlei generöse Stiftungen zu danken – und die ›New Yorker Staatszeitung und Herold‹ verdankt es der Initiative und Konzeption dieses Mannes, daß sie als einzige deutschsprachige Tageszeitung in New York heute noch besteht.

NACH NORDWESTEN

Die Himmelspforte bei Tischnowitz

Das freundliche Waldtal, das die Schwarza von Brünn nach Nordwesten begleitet, ist nicht erst seit dem Bau des acht Kilometer langen Stausees an der Kninitzer Talsperre (Kninická přehrada) ein bevorzugtes Erholungsgebiet der Brünner, sondern bewährte schon in Zeiten, als noch das Wandern im Schwange war, seine Anziehungskraft. Die ehrwürdige, einst landesfürstliche Burg Eichhorn (Veveří) mitten im Wald, deren mittelalterlicher Charakter sich in massiven Gemäuern und derben Türmen bekundet, ist seit jeher ein Ziel, das neben Raubritter- und Dornröschenträumen eine weite Sicht über die gastlich aufgetane Landschaft gewährt.

Im nördlich davon gelegenen *Tischnowitz (Tišnov)* umgab sich einst eine Königin mit der Dornröschenhecke eines Klosters – doch nicht, um dahinter einem seligen Erwachen, sondern um in Witwentrauer ihrem Tod entgegenzuträumen: Constanze von Ungarn, die zweite Gemahlin Přemysl Ottokars I., der 1230 gestorben war. Dieser bedeutende Herrscher hat mit weitblickenden Maßnahmen die Kolonisierung in Böhmen und Mähren vorangetrieben, unter anderem dadurch, daß er die um die Wende vom 11. zum 12. Jahrhundert entstandenen Reform- und Bettelorden ins Land rief. Zisterzienser, Prämonstratenser, Dominikaner, Minoriten brachten aus der Heimat ihrer Mutterklöster in Deutschland, Frankreich, Italien den neuen Baustil der Spitzbögen und Kreuzrippengewölbe mit, dem die romanische Bauweise nach und nach das Feld räumte. Königin Constanze gründete *Kirche und Kloster ›Himmelspforte‹* (Porta coeli) 1233 für die Zisterzienser-nonnen, bei denen sie »als niedrige Magd des Herrn« leben und sterben wollte. Doch ihre Söhne, Böhmenkönig Wenzel I. und Markgraf Přemysl von Mähren, sorgten dafür, daß diese Nänie aus Stein zu einem höchst königlichen Asyl wurde.

Der geheiligte Bezirk liegt außerhalb des Ortes in vernutzter dörflicher Umgebung. Nichts, außer dem kargen Schild ›Předklášteři‹ (Vorkloster) deutet darauf hin, daß sich wenige Schritte von der Fahrstraße ab eine Kostbarkeit verbirgt. Der Eingang zur Klosterkirche ist fürwahr eine ›Himmelspforte‹: ein spitzbogig gewölbtes, fünffach in die Tiefe abgetrepptes Portal, überreich verziert mit Rankenwerk, Knorren, Knospen, Blatt- und Blumengewinden, aus denen zwischen den schlanken Ringsäulen der Torleibung zehn Apostel-Gestalten hervortreten. Petrus und Paulus wachen seitlich neben der Torleibung auf Säulen, die von Löwenleibern getragen werden. Im Tympanon erscheint der segnende Christus in der Mandorla, ihn umgeben die Symbole der vier Evangelisten, zu seinen Füßen knien in fast liegender Stellung die Stifter-Gestalten, Constanze und Wenzel I., flankiert von zwei aufrecht stehenden Figuren, die als die Schutzheiligen oder – nach einer anderen Version – als die Kinder der Donatoren anzusehen sind.

Französische und italienische Stilmerkmale von Portal und Kirche weisen darauf hin, daß die Bauleute in Frankreich und Italien ausgebildet worden sein könnten, wenn sie nicht gar direkt von dorther stammten. Die frühe, noch sehr scheue Gotik der Architektur steht auf romanischem Grundriß, und mancherlei rundbogige Elemente des Außenbaus lassen den Widerstreit zwischen Neuem und Altem erkennen. Aber in dem so kraftvoll wie kunstreich instrumentierten Kreuzgang, der sich mit berühmten österreichischen Vorgängern in

Heiligenkreuz, Zwettl, Lilienfeld und Klosterneuburg messen
kann, hat sich bereits der Spitzbogen ganz durchgesetzt, und
im Innenraum der Kirche ist die gotische Konstruktion schon
mit sichtbarer Erfahrung verwirklicht.

Die Königin und ihr markgräflicher Sohn erlebten die Vollendung ihrer Lieblingsstiftung nicht mehr; sie starben kurz
hintereinander – 1239 der Sohn, 1240 die Mutter – und wurden
in der Kirche begraben. Der geistlichen Siedlung blühten fürderhin nur selten friedliche Zeiten: der Adel der Umgebung
hörte nicht auf, ihr den Besitz abjagen zu wollen, die Soldateska
der Hussiten, Schweden, Preußen bereicherte sich schonungs-
los an ihren Schätzen, und nach der Säkularisation zog ein
Industriebetrieb im Kloster ein. Inzwischen diente die Klosterkirche als Pfarrkirche, und als sich um die Jahrhundertwende erneut Zisterzienserinnen hier ansiedelten, wurde der
Komplex durch Zubau einer neugotischen Klosterkirche ver-
unstaltet. Jetzt ist alles in Stille zurückgesunken. Zeitentrückt
erscheint das Insektengesumm im blühenden Paradiesgärt-
lein, der Hahnenschrei von irgendwoher und der schlurfende
Schritt des uralten Kirchenführers, dessen tschechisch-
deutsches Kauderwelsch in einem ebenso rührenden wie komischen »Grieß die Hand« kulminiert. Und aus welchen
Fernen kommt der Zauber, der im schäumenden Stein des
Portals gebannt blieb und für und für den ganzen Ort ver-
klärt?

Burg Pernstein – eine Tannhäuser-Kulisse

Die Tischnowitzer Nonnen hatten in dem weiter aufwärts der
Schwarza im Bannkreis der *Burg Pernstein (Pernštýn)* liegenden
Marktflecken *Daubrawnik (Doubravnik)* geschwisterliche Nachbarschaft. Auch hier befand sich, von der Familie Pernstein
protegiert, seit 1211 eine Zisterzienserinnen-Niederlassung.
Das Kloster ging in den Hussitenkriegen zugrunde; die Kirche
stellten die Protektoren um die Mitte des 16. Jahrhunderts so

her, wie sie im 13. und 14. erbaut worden war: als hohe dreischiffige, durch fünf Pfeilerpaare gegliederte Halle mit einem
aus einem halben Zwölfeck gebildeten Chorabschluß, überwölbt von einem weitmaschigen Netz über dem Mittelschiff
und Kreuzrippen über den Seitenschiffen.

Das Renaissanceportal des lichten Baues trägt das Wappen
der Pernstein, als deren Familiengruft die Kirche bestimmt
war: es zeigt zwei von ornamentreicher Helmzier umrahmte
Büffelschädel mit Ringen in der Nase. Ein hünenhafter Köhler,
der einen wilden Büffel gezähmt und ihn an einem aus
Weidenruten geflochtenen Ring durch das ganze Land bis
zum Königspalast geführt hat, soll der Sage nach der Ahnherr
dieses Geschlechts gewesen sein, dem vom 13. bis zum
17. Jahrhundert hier im nordwestlichen Teil Mährens, drüben
in der Hanna sowie in Ostböhmen ausgedehnte Besitzungen
gehörten und deren Mitglieder die höchsten Ämter im Land
bekleideten, als da waren: Obersthofmeister, Oberstlandkämmerer und Oberstlandmarschall. Die verwandtschaft-
lichen Bande der Pernstein reichten bis nach Italien, Spanien,
gar Chile.

Stammsitz der Familie war ein kleines wehrhaftes Genist
auf einem rings umwaldeten Felsenriff unweit dem rechten
Ufer der Schwarza. Mit der Bedeutung ihrer Besitzer wuchs
es im Laufe der Zeiten zu einer Bergveste, deren Türmchen,
Erker, Söller und Wehrgänge, niedriger gelegene Mauerringe
und Befestigungstürme sich so unglaublich malerisch aus-
nehmen, als sei der ganze Bau just einem ›Alt‹-Bayreuther
Bühnenbild des ›Tannhäuser‹ entstiegen. Unverkennbar, wie
repräsentationsbeflissener Luxus den verschlossenen Trotz
des alten Kerns mit bequemen und dekorativen Wohnbauten
umlagerte. Dieser Kern stammte aus dem 13. Jahrhundert
und bestand aus einem runden Turm, Barborka genannt, der
mit der Hochburg durch eine Hängebrücke verbunden war.
Vom frühen 15. bis zur Mitte des 16. Jahrhunderts wurde die

Wehrburg etappenweise zu einer Wohnburg-Anlage erweitert und gemäß den damaligen Erfordernissen der Kriegstechnik mit einer weitläufigen Vorburg und einem doppelten Wallsystem mit Außenwerken befestigt.

Die Neubauten gingen vor allem auf Johann I. von Pernstein, Oberstkämmerer von Mähren und Parteigänger der Hussiten zurück, der von 1422–1475 auf Pernstein herrschte, sowie auf seine beiden Söhne Wratislaw I. (1475–1481) und Wilhelm II. (1482–1521), die beide Obersthofmeister von Böhmen und damit die nach dem König mächtigsten Männer im Land waren. Sie unterhielten wahrscheinlich eine eigene Bauhütte, orientiert am Stil Benedikt Rieds, des großen Neuerers in der Übergangsepoche von Gotik zu Renaissance. So finden wir auf Pernstein auch jene Diamantengewölbe – kristallinisch-facettierte, von keinem Rippensystem überzogene Gewölbe, an deren Kanten sich Licht und Schatten scharf teilen –, die vermutlich aus Sachsen nach Böhmen gelangt sind und im Umkreis der Riedschen Bauhütte vielfach auftreten. Wratislaw II., ›der Prachtliebende‹ (1530–1582), Großkanzler und Gesandter von Böhmen und Ritter des Goldenen Vlieses, ließ den Schloßgarten anlegen und die Schloßkapelle bauen. Doch wiewohl dieser Magnat mit Kindern reich gesegnet war, verblich der Glanz des Hauses Pernstein nach ihm bald. Sein Sohn Johann mußte die Burg schuldenhalber verkaufen, und mit dessen Sohn Wratislaw, der 1631 im Gefecht bei Tangermünde als Befehlshaber Piccolominis gegen die Schweden fiel, ging der letzte männliche Sproß des Stammes dahin. Bis 1818 wechselten mehrere Adelsfamilien im Besitz der Burg ab, ohne wesentliche Veränderungen vorzunehmen – lediglich die Kapelle wurde damals in die Vorburg verlegt und von Franz Ignaz Eckstein freskiert –, dann gehörte sie bis 1948 den Grafen Mittrowsky, unter denen verschiedene Wohnteile im neugotischen Stil restauriert wurden. Heute warten Scharen von Touristen auf die stündliche Führung durch den Irrgarten der

Gelasse – doch wer sich auf ein Frösteln gefaßt macht, das ihn da vom angeblich so ungemütlichen Mittelalter her anwehen mag, der wird sich überrascht in anheimelnden Räumen umsehen, die von differenzierter Wohnkultur Zeugnis geben.

Der Stern von Saar

Am 16. Mai ist der *Grüne Berg* bei Saar bevölkert von Menschen. Süßwarenbuden sind dicht bei dicht zu seinen Füßen aufgeschlagen, Ringelspiele kreisen um und um und leiern dazu ihre blechernen Melodien, vielköpfige Familien ziehen von Stand zu Stand. Rummelplatz und Wallfahrt – das gehört seit eh und je zusammen! Auf der Anhöhe aber, wo das Heiligtum zu Ehren des *hl. Nepomuk* liegt, dessen Fest auf diesen Tag fällt, verebbt der profane Lärm. An den Gräbern zwischen der Kirche und dem Umgang machen sich alte Weiblein – ›Babken‹ muß man hier sagen – betulich zu schaffen, und das Tor zur Kirche geht unaufhörlich auf und zu.

Welch ein eigenartiger Bau, aus einer Vielheit von ausgebuchteten und eingekurvten Körpern gestaffelt! Und welch ein Rhythmus in der Geometrie der ganzen Anlage, spürbar schon beim ersten Umschauen, einsehbar, wenn man sie wieder und wieder umgeht. Der Grundriß dieser Wallfahrtsstätte, sieht man ihn aufgezeichnet, gleicht dem Entwurf eines aus Sternen gefügten Schmuckstücks. Das Zehneck des Umgangs, den fünf fünfeckige Kapellen durchstoßen, umringt in weitem Abstand den fünfzackigen Bau der Kirche, dem zwischen den Ecksporen wiederum fünf querovale halbhohe Anräume eingefügt sind.

Das Auge, das den Außenbau der Kirche abtastet, gerät zwischen Spitzungen und Schwüngen, Knickungen und Asymmetrien in Bedrängnis. Und auch im Innenraum ist des kunstvollen Spiels kein Ende. Das schneeweiße Gehäuse aus vielerlei ineinander übergehenden Raumzonen hat in Rhyth-

mus und Licht die Wirkung eines Kristalls. Nur die aufrau-
schende Himmelfahrt Nepomuks setzt ihre lustvolle Beweg-
lichkeit gegen die spitzen Sternformen – denn auch hier ist
alles dem Fünfzack untergeordnet.

Fünf Sterne umleuchteten der Legende nach das Haupt des
heiligen Nepomuk, als der Leichnam des in der Moldau Er-
tränkten wundersam aus den Fluten wiederauftauchte. Darum wurde der fünfzackige Stern dem phantasievollen Baumeister Giovanni Santin-Aichel zum Leitmotiv dieses seines
so genialen wie sonderbaren Alterswerks, das er im Auftrag
des Abtes des Zisterzienserklosters Saar kurz nach der Selig-
sprechung Johannes Nepomuks im Jahre 1719 zu bauen begann und 1722 vollendete. Das Eigentümliche an diesem Werk
ist die Vermischung von gotischen und barocken Formele-
menten. Diese ›Barockgotik‹, wie man sie nennt, ist ein spezi-
fisch böhmisches Phänomen innerhalb des mitteleuropäischen
Spätbarock, das mehr geistes- und missionsgeschichtlich als
architekturhistorisch zu deuten ist.

Nepomuk-Kirche in Saar

Die Initiative zur böhmischen Barockgotik lag nicht bei den Archi-
tekten, sondern bei den kirchlichen Bauherren. Die Missionierung
Böhmens nach der Schlacht am Weißen Berg hatte zwar die Nach-
gotik beseitigt, aber zugleich auch die Baukunst italianisiert. Indessen
waren die eingeborenen Überlieferungen nur verdrängt, aber nicht
gänzlich ausgestorben. Der Aufstieg vorromantischer Vorstellungen
nach der Jahrhundertwende brachte dann diesen Komplex verdräng-
ter Traditionen in Bewegung. Es kam zu einer Erneuerung der
älteren religiösen Überlieferungen. Nicht die Jesuiten führten diese
zweite Phase der Missionierung Böhmens an, sondern die alten
Orden, vor allen Zisterzienser und Prämonstratenser, deren Klöster
meist von den Hussiten zerstört worden waren und damals wieder-
aufgebaut wurden. Das erstaunliche ist aber nun, daß man sie nicht
in der Formenwelt des Barock erneuerte, sondern ›gotico modo‹. Ein
historisierendes Element ist in der böhmischen Barockgotik unver-
kennbar, nur ging es primär nicht um die Erneuerung des gotischen
Stils als künstlerisches Phänomen wie dann in der romantischen
Neugotik, sondern mehr um die Wiederherstellung abgerissener
klösterlicher Traditionen. Es handelt sich um subjektive freie Para-
phrasen, die im barocken Besucher die Illusion erzeugen sollen, daß
man sich in mittelalterlichen Kirchen befindet. (Erich Bachmann)

Das Nepomukheiligtum bildet den Höhepunkt der verschiedenen Anlagen, die Santin-Aichel für den Abt in Saar
schuf. Schon 1709 hatte er unterhalb des Grünen Bergs einen
Friedhof gebaut. Das Symbol der Dreifaltigkeit, das er ihm
zugrunde legte, imaginierte er architektonisch durch drei in
eine gebogene Mauer eingestellte Kapellen – die vierte Ein-
trittskapelle kam erst später hinzu. Eine schwermütig schöne,
im Rilkeschen Sinne ›schreckliche‹ Engelsgestalt mit Posaune
wacht in der Mitte der Anlage. Sie stammt von dem Meister
der genannten Nepomuk-Apotheose auf dem Berg, Gregor
Theny, einem Tiroler Mitarbeiter des berühmten Matthias
Braun, dessen Werkstatt in Ostböhmen bis zur mährischen
Grenze dominierte. Auch die durch vielfache Brände zer-

störte Klosterkirche am Rande des Ortes baute Santin-Aichel in ›gotico modo‹ um; die bemerkenswerten brückenartigen Emporeneinbauten in ihrem Querschiff mit den von mächtigen Engelköpfen gestützten Orgelgehäusen sind charakteristisch für seine Formensprache. Im Klostergebäude schuf er den Saalbau der Prälatur. Das Kloster wurde am Ende des 18. Jahrhunderts aufgelassen und zum Schloß umgewandelt. Heute beherbergt es ein *Museum der Buchdruckerkunst*, dessen Exponate bis in die Gutenberg-Zeit zurückreichen, vor allem aber zeigen, wieviel bedeutende schöpferische Typographen die Tschechoslowakei in neuerer Zeit hervorgebracht hat.

Der alte Ort *Saar (Žďár nad Sázavou)*, heute eine mit modernen Industriebetrieben ausgestattete Kreisstadt, liegt im Mittelpunkt des Nordteils der Böhmisch-Mährischen Höhen (Českomoravská vysočina). In dem breit dahinziehenden, hier waldreichen, dort sumpfigen Hochland vereint sich Mähren mit Böhmen und scheidet sich zugleich von ihm. Denn hier streben die Gewässer auseinander: die Flüsse Böhmens wenden sich zur Elbe, die Flüsse Mährens strömen der Donau zu. Aufgestaute, fischreiche Quellwässer bilden eine Kette von Teichen, im Torfboden gedeihen seltene Pflanzen, die stillen Waldungen sind reich an Jagdwild. Eine Landschaft für Jäger, Angler und Wassersportler. Und eine Landschaft für Einsame. Antonin Sova hat sie in einem Gedicht beschworen:

> Rauhes Gebirgsland. In seinen Wäldern
> hocken verstreut armselige Dörfer ...
> Spätsommer brennt in verblichener Weite.
> Selten ein Baum im Feld. Nur Wacholder, und Haselgebüsch
> überwuchert den Kamm der Hügel,
> und dann ... unendlich weites Herrenland ...
> Die tennenharte Straße läuft
> an Hütten mit zerbrochnen Zäunen hin.
> Auf den ruhelosen Höhen pfeift und stöhnt der Wind ...
> Der lange Zug der Ebereschen neigt
> sich götzendienerisch gen Osten ...

Auf den Spuren der Mährischen Brüder

Unsere Fahrt von Brünn nach Iglau müssen wir im Geiste in Ostböhmen beginnen. Denn dort bildete sich die Keimzelle jener Glaubensgemeinschaft, auf deren Spuren uns die Landstraße über Trebitsch führen wird – und da diese Glaubensgemeinschaft eine so bedeutende Rolle in der Geschichte Mährens spielte, ziehen wir diesen Weg der bequemeren Fernstraße über Groß-Meseritsch vor.

Gegen Ende des Jahres 1457 ließ sich eine kleine Schar von Gläubigen, die sich einer Lebensgemeinschaft im urchristlichen Sinne verschworen hatte, in dem Dörfchen Kunwald in Ostböhmen nieder. In aller Abgeschiedenheit wollten die ›Brüder und Schwestern‹ ein Leben in Armut, Demut, Barmherzigkeit und Fleiß führen. Sie sandten Prediger aus, die für ihre religiöse Lehre warben, eine Lehre, in der das wiklifitisch-waldensische Gedankengut, von dem auch der inzwischen erlahmte Hussitismus ausgegangen war, neue Früchte trug. Und ihr Beispiel wirkte landauf, landab. Schon zehn Jahre später gelangte die böhmisch-mährische ›Brüderunität‹ – wie sie genannt wurde – unter eigenem Bischof zu kirchlicher Selbständigkeit. Mehr als eine Religionsreform, hat Herder ausgerufen, eine Nationalreform hätte diese Glaubensgemeinschaft bewirken können, hätte man sie nur einigermaßen unterstützt! Statt dessen waren die ›Ketzer‹ der kirchlichen und weltlichen Obrigkeit ein steter Dorn im Auge, und immer neue Mandate verhängten Drangsale, Verfolgungen, Verbannungen über sie.

Doch gelang es den Brüdern, unter den hohen Adeligen viele Anhänger zu gewinnen, die sie nach Kräften schützten und unterstützten. Und da die mährischen Stände die Religionsfreiheit entschiedener und erfolgreicher gegen den König zu verteidigen wußten als die böhmischen, verlagerte die

Brüderunität Mitte des 16. Jahrhunderts ihr Schwergewicht nach Mähren, wo sie in Prerau und Proßnitz zwei große tschechische, in Fulnek eine starke deutsche und allenthalben kleinere Gemeinden hatte. *Eibenschitz (Ivančice)* südwestlich von Brünn wurde nun Sitz der Senioren und Zentrum des ausgebreiteten religiösen, pädagogischen und literarischen Wirkens der Brüder. An der höheren Schule in Eibenschitz studierte der junge Brüderadel, bevor er die Universitäten von Straßburg, Basel und Genf – Hochburgen des reformierten Glaubens – bezog; hier lehrte unter anderen bedeutenden Gelehrten der Brüderbischof Johann Blahoslaw, ein weltläufiger Mann, der in der Theologie der Unität eine humanistische Tendenz geltend machte. Doch indes man in Eibenschitz noch um einen endgültigen kirchenpolitischen und theologischen Kurs der Unität rang, schritt die von den Jesuiten betriebene Rekatholisierung des zu 85 Prozent evangelischen Landes langsam, aber unaufhaltsam vorwärts. 1620 entschied die Schlacht am Weißen Berg den Sieg des Katholizismus – und sieben Jahre später stellte die berüchtigte ›Verneuerte Landesordnung‹ alle Protestanten unerbittlich vor die Alternative, die katholische Religion anzunehmen oder das Land zu verlassen. Die Brüder flüchteten nach Ungarn und Polen, dort auf die Güter des reformierten Fürsten Rákóczy, hier zu ihren Glaubensgenossen in Polnisch-Lissa. Daß die Unität im Exil noch einmal eine große Blüte erlebte, verdankte sie ihrem letzten Senior, dem großen Johann Amos Comenius.

Zu den einflußreichsten Protektoren der Brüder in Mähren zählte die Familie Zierotin, die damals weite Landstriche westlich von Brünn mit den Mittelpunkten Rossitz, Namiest und Eibenschitz, daneben auch Güter im östlichen Mähren und in Böhmen besaß. Johann von Zierotin d. Ä. und sein Sohn Karl von Zierotin unterstützten die Brüder bei der Gründung der Eibenschitzer Schule, ermöglichten ihnen die Einrichtung der Druckerei in *Kralitz* und finanzierten die Herausgabe des großen Werkes, durch das der kleine Ort zwischen Rossitz und Namiest berühmt geworden ist.

Dieses Werk ist die ehrwürdige Kralitzer Bibel, eine Übersetzung der Heiligen Schrift ins Tschechische, die eine kleine Gruppe anonym gebliebener Brüdergeistlicher in jahrelanger, von Gefahren umstellter Gemeinschaftsarbeit schuf. Zur Grundlage der Übersetzung nahmen sie die Vulgata, berücksichtigten und verglichen aber auch alle anderen vorhandenen Texte bis hin zur Hus-Bibel. Zwischen 1579 und 1588 gaben sie das Alte Testament in fünf Bänden heraus, versehen mit philologischen, theologischen, historischen und geographischen Kommentaren; 1593 folgte das Neue Testament in der vorbildlichen Übersetzung Johann Blahoslaws, die dreißig Jahre vorher entstanden war. 1596 erschien der ganze Bibeltext ohne Kommentare in einem Band und fand weiteste Verbreitung. Die klassische Sprache der ›Kralická‹ nahm den Charakter eines Modells an. Sie wurde bis ins 19. Jahrhundert hinein vorbildlich für die tschechische und slowakische Literatur und bildet bis heute das Fundament der Schrift- und Liturgiesprache der evangelischen Kirche. Vor wenigen Jahren erst hat man in Kralitz (Kralice) im ehemaligen Schloßgraben die Grundmauern der Brüder-Druckerei ausgegraben und dabei einen ganzen Berg jener gegossenen Typen zusammengekratzt, mit denen die Bibel und die anderen hier erschienenen Bücher, darunter die ersten Werke des Comenius, gedruckt worden sind – ein außerordentlicher Fund!

Das nahe *Schloß Rossitz (Rosice)*, die Residenz Karl von Zierotins (1564–1636), war damals ein einziger Hort von Büchern! Der bibliophile Herr brachte von seinen Kavaliersreisen stets neue Funde heim und ließ die Raritäten mit prachtvoll geprägten und verzierten Einbänden ausstatten. Als er 1629 nach Breslau emigrierte, gelangten diese Schätze – darunter Inkunabeln mährischer Buchdruckerkunst des späten 15. Jahrhunderts – in die Hauptstadt Schlesiens.

Die Bücher von Rossitz waren Karl von Zierotins Zuflucht in jenen Perioden seines Lebens, da er dem politischen Wirken entsagte und sich ganz in die Wissenschaft zurückzog. Denn dieser weitblickende Politiker, der als Landeshauptmann von Mähren in der Zeit des Bruderkrieges zwischen Kaiser Rudolf II. und Erzherzog Matthias und in einer Epoche wüster Religionsfehden durch klug vermittelndes Taktieren seinem Land den Frieden brachte, indem er dessen Autonomie erwirkte, Eintracht zwischen dem Landesfürsten Matthias und den Ständen herstellte und Versöhnlichkeit zwischen Protestanten und Katholiken stiftete, erntete zeitlebens nichts als Undank, weil er, ein Gewaltloser, zwischen den Fronten des Hasses stand. Und sein kühner Plan, einen überfeudalen Reichsorganismus zu schaffen, der jeder herrscherlichen Willkür steuern sollte, fand nirgends Gehör. Es hat lange gedauert, bis das Land, für das er lebte und litt und das er endlich um seiner Religion willen freiwillig verließ, seine Bedeutung erkannte. Ricarda Huch hat in ihrem Buch ›Der große Krieg in Deutschland‹ eine zarte Porträtskizze dieses Edelmanns entworfen.

Zierotin war ein kluger, feingebildeter, etwas kränklicher Herr, der nach mancherlei Enttäuschung jugendlicher Begeisterung die aufgeregten Kämpfe seiner Zeit mit melancholischem Zweifel verfolgte. Die ungewöhnliche Erscheinung des blassen Herrn im braunen Sammetkleide, dessen traurige Augen Überlegenheit und zuweilen eine leise, zurückgehaltene Verachtung ausdrückten, und dessen sanfte Stimme eher zögerte, als sich aufdrängte, gewann auf alle solchen Einfluß, daß sie sich, wenn auch widerwillig, fügten.

In seiner Jugend lebte Karl von Zierotin auf *Schloß Namiest (Náměšt nad Oslavou)*. Sein Biograph Peter Ritter von Chlumecky hat das gesellschaftliche Leben auf diesem Herrensitz farbig geschildert:

Der edle Bund des Adels mit der Wissenschaft gab dem Leben auf den Herrensitzen eine tiefe Bedeutung. Sie waren nicht bloß der

Sitz der Familie, des Hausstandes, der Beamten und der Verwal-
tung, es lebten dort Gelehrte und Künstler als Lehrer oder Freunde,
wie Glieder der Familie selbst; in den ausgedehnten Räumen des
Schlosses lebten die Secretaire des Landherrn, zumeist Ausländer:
ein Franzose oder Schweizer für die französische, junge Leute aus
Como oder Bergamo für die italienische Correspondenz, um durch
Gespräch und Umgang die Kenntnis der betreffenden Sprache unter
den Schloßbewohnern zu befestigen; ein Arzt, der seine Studien in
Padua auf Kosten des Schloßherrn vollendet und eben seine Kunst
erproben sollte. Bald war ein Maler aus Wälschland beschäftigt, den
Saal mit Fresken zu schmücken, bald ein Bildhauer mit der Herstel-
lung einer Brunnengruppe beauftragt, bald hatte ein Geschichts-
schreiber für seine Forschungen Schutz und Aufmunterung im
Schloß gefunden. Inmitten dieser fehlte nie der Seelsorger, welcher
in der Familie eines Barons der Brüderunität der Gewissensrat des
Hauses war und dem alle mit Ehrfurcht begegneten. Es war dies
nicht eine Haus-, sondern eine wahre Hofhaltung mit all dem Glanze
und dem Ernst der Macht und des Reichtums, ein Ort, wo Bildung
und feine Sitten, Geschmack an Wissenschaft und Kunst zu erwer-
ben waren. In der Tat wurden junge Herren aus adeligen Häusern
dahin geschickt, um ihre Ausbildung an einem solchen Hofe als Pagen
zu beginnen, sie hatten ihre Lehrer und ihre Pagenmeister und einen
edlen leichten Dienst bei dem Herrn oder der Dame des Hauses, sie
begleiteten den Schloßherrn auf Reisen. Nach ihrer Entlassung aus
der Pagerie wurden sie ins Ausland geschickt, um die classischen
Studien in Deutschland oder der Schweiz mit den Söhnen des Hauses
zu vollenden, besuchten Italien, um sich in der Sprache Dantes zu
üben, in Padua oder in Siena das Fechten, Reiten, Tanzen und alle
jene Künste zu lernen, deren fertige Ausübung man im 16. Jahr-
hundert von einem vollendeten Cavaliere verlangte.

Dieses so verlockend dargetane Leben spielte sich in einem
weitläufigen Schloß ab, das Johann von Zierotin d. Ä. in den
siebziger Jahren des 16. Jahrhunderts hoch auf einen Felsen-
kegel über der Stadt stellen ließ. Der blockförmige, mehrge-

schossige Bau mit langer Terrassenfront und aufragendem barockbehelmten Turm bildet zusammen mit der statuenflankierten Oslawa-Brücke im Tal einen bewundernswerten Prospekt. Heute wird Staatsgästen aus dem Ausland hier Feudalrepräsentation vergangener Zeiten vorgeführt. Man hat nach der Enteignung der zweihundert Jahre auf Namiest ansässigen Grafen Haugwitz die Räumlichkeiten aus Beständen anderer Adelssitze neu und erlesen möbliert und benutzt das Schloß zeitweilig als Sommersitz des Präsidenten oder Gästehaus der Regierung. Reisenden bietet das Haus als besondere Attraktion ein aus ehemaligem Adelsbesitz zusammengetragenes Gobelin-Museum mit kostbaren Stücken des 16., 17. und 18. Jahrhunderts aus Manufakturen von Brüssel, Aubusson und Beauvais. Karl von Zierotins vorhin erwähnter Hauptsitz Rossitz – ausgezeichnet durch einen der schönsten Arkadenhöfe ›italienisch-mährischer‹ Frührenaissance und durch frühbarocke Stuckdekorationen von hoher Qualität – harrt noch seiner Renovierung.

Das ›Paradies‹ von Trebitsch

Die flüssedurchzogene Hochebene, zu der das Kohlenbecken rund um Rossitz gegen Westen zu behutsam ansteigt, war ein sehr frühes Siedlungsgebiet: man sieht es an den Burgruinen, die über den eingefurchten Flußtälern hier und dort auftauchen. Im schmucken, waldumgebenen *Trebitsch (Třebič)* im Tal der Igel (Jihlava) haben sich die Benediktinermönche schon 1109 niedergelassen und die dortige landesfürstliche Burg im Laufe von rund hundertfünfzig Jahren zu einer Abtei umgebaut, die – neben dem Kloster Raigern – den Hauptstützpunkt ihres Ordens in Mähren bildete. In den Hussitenkriegen verfiel das ehrwürdige Kloster. Aber die Kirche, ein Juwel romanischer Spätzeit, überstand in fast ursprünglicher Schönheit alle Stürme – auch jene barbarische Verunstaltung,

die man ihr im 18. Jahrhundert antat, als man in die wunder-
volle Vorhalle eine Wohnung für den Pfarrer einbaute.

*In Reichtum und Schönheit empfängt uns die berühmte Vorhalle:
das viereckige ›Paradies‹, durch das man das Haupttor betritt. In
dieser Vorhalle ist eine letzte Erinnerung an das Atrium frühchrist-
licher Kirchen erhalten geblieben. Sie schützt zugleich das schöne,
noch rundbogige Haupttor. Es ist im Zierstil der romanischen Spätzeit auf das reichste ornamentiert. Eine große Sehenswürdigkeit.
Sechs Rundbogenfriese feinster Durchbildung ruhen jederseits auf
sechs Säulchen der Wandung. Der Grundriß der Kirche, die wir
hierauf betreten, deutet auf die eng gebundene Anlage sächsischer
Vorbilder, wo das Mittelschiff doppelt so breit ist wie die beiden
Seitenschiffe. Doch sind hier die Gewölbe schon spitzbogig. Ein
Kennzeichen, daß bereits die damals neuen Einflüsse des gotischen
Baustils allmählich einzudringen begannen. Diese Bauperiode wird
deshalb als Übergangszeit vom romanischen zum gotischen Stil bezeichnet. Trebitsch erfreut sich in dieser Hinsicht eines weit über die
Landesgrenzen hinausreichenden Rufes. Auch daß man hier noch
eine Unterkirche findet, verweist auf das nur langsam zurückge-
drängte Vorherrschen der älteren Richtung. Denn auch die Krypta
war eine Eigentümlichkeit romanischer Zeit. Diese ungewöhnlich
große Krypta – sie mißt fünfundzwanzig Meter in der Länge und ist
achtzehn Meter fünfzig breit – liegt unter der Apsis und ist wie
diese von fünf Seiten eines Achtecks umschlossen.*

*Auch die Wölbung des Presbyteriums ist eigenartig und selten.
Aber hier spürt man schon die gesteigerte Wölbekunst der gotischen
Meister. Denn natürlich hat dieses Werk, wie ja die meisten Kirchen
im Laufe der wechselnden Generationen und Anschauungen, vielfache Abänderungen erfahren. Die zierliche Vielfalt der romanischen Friese, ihrer kleinen Rundbogen, des zahnartigen Schnittes,
der noch stilisierten Blätter, die wir hier noch vor ihrem Absterben
bewundern können, das alles wird jetzt von der tatkräftigen, mehr
auf das Große, Konstruktive gerichteten Gotik überwunden. Gerade
deren Frühling hier zu beobachten – dieser Übergang vom Rund-*

zum Spitzbogen –, die Einführung auf Konsolen ruhender Dienste,
das prächtige Radfenster in der Mittelapsis, diese Steigerung vom
ländlich Schlichten zur betonten Konzentration, erregt hier größtes
Interesse. (Julius Leisching)

Musikbesessenes Jarmeritz

Von Trebitsch aus sei ein Abstecher nach dem 15 Kilometer
südlich davon liegenden *Jarmeritz (Jaroměřice nad Rokytnou)*
empfohlen, einem Städtchen, das sich zugute halten kann,
in die tschechische Opernliteratur eingegangen zu sein, und
zwar gar mit der vermutlich ersten tschechischen Oper, die
den zeitgenössisch sachlichen Titel trägt ›Vom Ursprung der
Stadt Jaroměřice in Mähren‹ und von dem vorklassischen
Komponisten František Václav Miča aus dem Jahre 1730
stammt. Diese Arabeske der Musikgeschichte wäre freilich
kein Grund, den ländlichen Ort zu besuchen, wäre sie nicht
Teil einer Musiktradition, die hier einst in geradezu exzentri-
scher Weise gepflegt wurde, deren Andenken man hier aus-
giebig studieren kann und die ein allsommerliches Musikfest
heute wiederaufleben läßt. Dies alles fand und findet in einem
der attraktivsten Schlösser Mährens statt, einem Bau, der
breit und beherrschend inmitten des Ortes liegt und dessen
Grandezza die Hand eines großen Baumeisters verrät.

Es war Lukas von Hildebrandt, der *das Schloß,* und wahrscheinlich auch den schönen Zentralbau der *Schloßkirche,* für
den deutschen Grafen Johann Adam vom Questenberg entwarf, und, wie man an den hier aufbewahrten Plänen sehen
kann, noch weitaus großartiger entwarf, als es dann zwischen
1700 und 1737 ausgeführt wurde. Dieser Johann Adam von
Questenberg war ein musikbesessener Kavalier. Die Bälle,
Konzertsoireen und Opernaufführungen, die er in den eigens
dafür eingerichteten Prunkräumen für Gäste aus nah und
fern veranstaltete, suchten an Glanz ihresgleichen im ganzen

Land. Kein Geringerer als der Theaterarchitekt und Bühnen-
bildner Giuseppe Galli-Bibiena diente ihm als Opernberater!
Seine Bediensteten beurteilte er weniger danach, wie sie mit
Federwisch und Serviertablett umzugehen wußten, viel mehr
lag ihm daran, ob sie den Kontrabaß traktieren und das hohe C
erwischen konnten, denn sie mußten in der Musikkapelle und
im Chor mitwirken. Sämtliche im Schloß wohnenden Kinder,
ob zur Herrschaft, ob zur Dienerschaft gehörend, wurden
bereits im Blütenalter in der Musik unterwiesen; der Graf
ließ ihnen gar eigens Stühle konstruieren, die für ihre Haltung
beim Musizieren zweckmäßig waren. Wer immer in der Umgebung von Jarmeritz sich eines feinen Ohres rühmen konnte,
genoß seine Förderung. Und jener Kompositeur Miča, der
eine Zeitlang Dirigent seiner Kapelle war und ihm aus Dank-
barkeit die genannte Oper dedizierte, war nur eines der vielen
Protektionskinder, die ihm ihre Karriere dankten.

Nicht als würdiger Grandseigneur, sondern als heiterer
Musikant hat sich der Graf von einem seiner Maler verewigen
lassen. Und ob auch die nachfolgenden Schloßherren aus der
Familie Questenberg und später der Kaunitz-Questenberg es
dem Schloßgründer an Musikverzücktheit nicht gleich taten:
der Kunst blieb dieses Haus allezeit offen. Davon zeugen Gemälde, Musikinstrumente, Porzellane, Kostbarkeiten aller
Art. Es muß bezaubernd sein, in dem mit zarten Rokokoziera-
ten stuckierten Tanzsaal oder in dem weiten Schloßpark ein
sommerabendliches Konzert zu erleben!

> Wie duftet die blaue Tiefe der Pärke!
> Zur Tanzmusik aus tausendjähriger Ferne
> erwartet die Hochzeitsfreude der Blüten
> die mitternächtlichen Sterne.

Der diese Verse dichtete, Otokar Březina, wird wohl oft genug
in der blauen Tiefe des Parks von Jarmeritz gegangen sein.
Denn dieser große Symbolist und Mystiker, ein Walt Whit-

man der tschechischen Lyrik, hat nach der Jahrhundertwende als Schulmeister hier gelebt. Im Haus Nummer 169 in der jetzt nach ihm benannten Gasse schrieb er seine Hymnen auf die Allmacht des Kosmos, verbrannte er die Manuskripte aus seinen letzten Jahren, starb er 1929. Sein Grabstein auf dem Ortsfriedhof stellt das Schöpferische und den Schmerz als Geschwister dar.

Vítězslav Nezval, von dem wir eingangs das schöne Mähren-Gedicht zitiert haben, hat Otokar Březina 1930 seine ›Gedichte der Nacht‹ gewidmet. In Biskoupky unweit von Jarmeritz als Sohn eines Dorfschullehrers geboren, kannte und verehrte Nezval den Älteren, obschon ihn seine frühe Begeisterung für den Kommunismus eher von ihm hätte trennen müssen. Seine Poesie, die schwelgerische, die Schönheit und Melancholie der Welt in surrealistischen Versen von grandiosem Kunstverstand auskostete, trennte ihn freilich nicht von ihm – und trennte ihn, wiewohl so urban in ihrem ›scheinbaren Parlando‹, auch nie von seinem heimatlichen Land.

Iglau – Bergstadt mit ruhmreicher Vergangenheit

Die Etymologen streiten, ob der Name von Stadt und Fluß slawischen oder illyrischen Ursprungs sei, die Heraldiker, ob der Igel im Stadtwappen von Beginn an ein Igel war oder nicht vielmehr ein Eber, der im Laufe der Zeiten zum Stacheltier denaturierte, die Sagenerzähler, ob ein Waffenhändler Karls des Großen oder ein fränkischer Kaufmann als Gründer Iglaus gefeiert werden sollte. Gleichviel: unbestreitbar war es das Silber, dem die Stadt Entstehung und frühen Ruhm verdankte.

Die kleine Siedlung am Igelfluß nahe der böhmischen Grenze und an der Kreuzung der beiden alten Handelsstraßen zwischen Ost-West und Süd-Nord entwickelte sich, nachdem um 1234 mit dem Silberabbau begonnen worden war, in

atemloser Schnelligkeit zur bedeutendsten Bergstadt im
13. Jahrhundert und zweitmächtigsten Stadt nach Prag. Ihr
klug ersonnenes und weit ausgeformtes Stadtrecht, das die
älteste mitteleuropäische Bergrechtskodifikation enthält,
wurde bereits 1249 von Wenzel I. verbrieft. Durch fortschritt-
liche Rechtsformen ausgezeichnet, errang das wahrscheinlich
von deutschen Bergleuten aus den Alpenländern entwickelte
Iglauer Bergrecht eine Vorrangstellung und bekam im Mittelalter weithin Geltung. Es wurde nicht nur von den übrigen
Bergstädten Böhmens und Mährens übernommen, sondern
auch von den meisten ober- und niederungarischen sowie von
vielen sächsischen und schlesischen Bergbauorten. Als im
14. Jahrhundert Kuttenberg Iglau in seiner Machtstellung ab-
löste, nahm es die Iglauer Satzungen zur Grundlage seines
›Ius regale montanorum‹, das im 16. Jahrhundert durch die
Habsburger nach Spanien und gar bis in dessen Kolonien gelangte. Karl IV. wies 1345 alle Städte Böhmens an, in Rechts-
streitigkeiten Iglau als höchste Instanz zu betrachten.

Bis zum 15. Jahrhundert überschüttete das Silber *Iglau
(Jihlava)* mit Reichtum. Dann versiegte der Bergsegen schnell.
Doch nahm daraufhin die wirtschaftliche und politische Bedeutung der Stadt keineswegs gleich ab, denn inzwischen war
den Bürgern in der von flandrischen Kaufleuten und Färbern
hier eingeführten Tuchmacherei ein neuer Erwerbszweig er-
standen, der erst welkte, als Industrie und Handel im 19. Jahrhundert neue Wege gingen. Die Bergleute, Handwerker und
Bauern, die unter dem Patronat des Ritterordens die Furtsiedlung sowie Dörfer rundum gegründet hatten, stammten
aus dem Bayerischen, hauptsächlich aus der Oberpfalz. So
war im Grenzgebiet zwischen Böhmen und Mähren eine
deutsche Sprachinsel von rautenförmigem Umriß entstanden,
die im Süden etwa bis Stannern, im Norden bis Deutsch-Brod
reichte und die – mit geringen Grenzverschiebungen – bis
1945 bestand.

BURG VÖTTAU IN SÜDMÄHREN

(Vor Anlage des Stausees)
Tempera von Franz Richter, 1833
Sammlung Liechtenstein, Vaduz.

Die Igeldeutschen sprachen eine Mundart, die entsprechend ihrer Herkunft aus verschiedenen süddeutschen Landschaften innerhalb des Ländchens ein wenig variierte, in ihrem Grundcharakter aber bayerisch-österreichisch war. Die Trachten ihrer Bäuerinnen wirkten mit ihrem hochroten, in einem langen Zipf den Rücken herabfallenden Kopftuch, den orangeroten Strümpfen, dem großblumig bestickten ›Stingerlleibl‹ und dem Bändlrock ungemein malerisch – und der folklorebesessene Josef Mánes hat sie denn auch mit Liebe zum Detail oft genug gezeichnet und gemalt. Ganz besonders der Kopfputz der Hochzeitstracht, eine hohe, mit Lametta, Perlen, Silberblättern, Vergißmeinnicht und Maiglöckerln verzierte und bei jeder Bewegung zart klingelnde weiße Brautkrone, war eine Sehenswürdigkeit – und ist es heute noch, wenn sich die Iglauer in ihrer Patenstadt Heidenheim zu besonderen Anlässen in der Tracht präsentieren. Auch die Tradition, Iglaus silberglänzende Epoche alljährlich am Johannistag im historisch kostümierten ›Berghäuerzug‹ aufleben zu lassen, führen die Vertriebenen in ihrer jetzigen Heimat fort.

Ihre opulente Vergangenheit kann die heute wieder sehr belebte Stadt nicht verleugnen. Die Dimension des langgestreckten Marktplatzes muß selbst einen Reisenden überraschen, der sich in der Tschechoslowakei allenthalben umgesehen und dabei wahrlich an großräumige Stadtplätze gewöhnt hat. Mit seinen siebenunddreißigtausend Quadratmetern findet er in südöstlichen Breiten nicht so leicht seinesgleichen! Daß er indessen nicht so verschwenderisch groß wirkt, wie er ist, liegt an der ›Kretzl‹ genannten Häuserinsel, die sich mitten drin breit macht und seine Weite unterbricht und belebt. Man sieht diesem Platz wie überhaupt der Schachbrettanlage der Stadt an, daß hier kein langsames kristallinisches Wachstum, sondern eine durch stürmischen Aufschwung diktierte großräumige Planung am Werk war. Hier hat kein Feudalherr geprunkt, hier haben selbstbewußte,

nüchterne Bürger gebaut und geordnet, nicht Burg oder
Schloß, sondern das Rathaus am Kopfende des Platzes war der
spiritus rector des Gemeinwesens.

Wer auf dem *Ring* wohnte, war mit Privilegien gesegnet.
Er besaß Bergwerke und das Brau- und Schankrecht und
zählte zu den Patriziern. Er baute ein breites und sehr tiefes
Haus mit einer geräumigen, als Verkaufs- und Lagerraum
dienenden Halle im Erdgeschoß und einer hellen, durch zwei
Geschosse reichenden Diele darüber, und diese Diele ließ er
mit einer Arkadengalerie und Fresken schmücken und mit
einem Stern- oder Netzgewölbe überspannen. Auch die Tuchmacher, die in den in den Ring einmündenden Gassen saßen,
bauten einheitlich. Ihre breitspurigen, niedrigen Meister-
häuser blickten mit den Wohn- und Schlafstuben auf die
Gasse, indes sie die Arbeit im Hintergrund verbargen: in den
tiefen Fluren und großen Höfen standen die Farbbottiche und
stapelten sich die Tuche, und auch die Webstube im Oberge-
schoß war dem Hof zugewandt.

In neuerer Zeit wurden – bis auf einige Ausnahmen – die
Patrizier- und Tuchmacherhäuser zu Mietshäusern umgebaut.
Doch in den beiden Gebäuden des *Stadtmuseums* am Marktplatz, einem ehemaligen Patrizierhaus sowie dem einstigen
Meisterhaus der Tuchmacherzunft, findet der Besucher ein
Paradebeispiel der Iglauer Renaissancearchitektur, und an
den vorbildlich präsentierten Museumsbeständen kann er
studieren, wie man hier früher lebte und arbeitete: eine Geschichte der Stadtkultur in der Nußschale! Da gibt es unter
hundert anderen liebenswürdigen Dingen auch die Aushänge-
tafel der Iglauer Meistersingerschule zu sehen, die auf amüsant naive Weise das hochfeierliche Meistersingerzeremoniell
darstellt. Wandernde Tuchmacher hatten in Nürnberg und
Augsburg den Meistersang kennengelernt und 1571 in Iglau
eine eigene Singschule aufgetan, die sich später groß entfaltete
und bis weit ins 17. Jahrhundert hinein blühte.

Viermal im Jahr, zu Weihnachten, zu Ostern, zu Pfingsten und am 10. Sonntag nach dem Dreifaltigkeitstag veranstalteten die Meistersinger ein öffentliches Festsingen. An den Festtagen hatten sich alle Meistersinger zur bestimmten Stunde bei dem Schulhalter einzufinden, der die Singschule vorzubereiten und die Kosten des Festes zu tragen hatte. Von dem Hause des Schulhalters bewegte sich die Brüderschaft in festlichem Zuge nach dem Hause, in dem die Singschule abgehalten werden sollte. Es war dies in der Regel das Rathaus. An der Spitze schritten Geiger und Harfner, ihnen folgte ein Knabe in festlichem Gewande mit einem Kranz auf dem Haupte und mit einer blauen Seidenbinde mit goldenen Zacken geschmückt. In den Händen trug er einen mächtigen Folianten, die Heilige Schrift in Luthers Übersetzung, der die Texte der Lieder entnommen werden mußten. Hinter ihm gingen die Merker und die übrigen gefreiten Singer und Beisitzer in schwarzem Festkleide und mächtiger weißer Halskrause. Die zweite Gruppe des Zuges eröffnete wieder ein Knabe in ähnlicher Kleidung wie der erste, der einen Bilderrahmen trug, auf dem die Ehrengaben für die Sieger im Preissingen, ein Kranz aus künstlichen Blumen und zwei Groschen mit dem Bilde des königlichen Sängers David, befestigt waren. Ihm schlossen sich die Schüler an.

Im Rathaussaale nahmen die gefreiten Singer und Beisitzer an einem, die Schüler an einem anderen Tisch Platz und sangen zur Eröffnung der Festschule mit einhelliger Stimme, also im Chor, ein geistliches Lied. Dem folgte das Freisingen, bei dem einzelne Singer Lieder vortrugen, das heißt in die Sprache der Meistersinger übersetzt, ihr Schulrecht taten, ohne daß ihre Leistungen von den Merkern beurteilt wurden. Den Höhepunkt des Festes bildete das Singen um die Gaben, bei dem die Lieder von vier in der Kunst besonders erfahrenen Meistern, die man eben Merker nannte, nach den Vorschriften der Tabulatur beurteilt wurden. Diese Merker saßen an einem Tischchen, das durch Vorhänge den Blicken der Schaulustigen entzogen werden konnte und das Gemerk hieß. Bevor der Sänger den Singstuhl gegenüber dem Gemerk bestieg, mußte er die Stelle der Bibel angeben, die er in seinem Lied behandeln wollte. Um die notwendige Abwechslung in das Festprogramm zu bringen, duldete man nicht, daß derselbe biblische Text zweimal behandelt wurde. Am Schlusse des Hauptsingens verteilten die Merker die Preise. Sie setzten dem, der nach ihrem Urteil das Beste geleistet hatte, einen Kranz aufs Haupt und schmückten ihn mit einer Halskette, an der ein vergoldeter Groschen mit dem Bilde Davids hing. Einen ähnlichen Kranz sprachen sie dem zu, der dem Kranzgewinner im Singen am nächsten gekommen war. (Franz Streinz)

In der Zeit der Reformation, die hier nachhaltigen Einfluß gewann, gründeten die Iglauer ein Gymnasium nach den Lehrplänen Melanchthons – das älteste Mährens. An diesem traditionsreichen Institut legte 1877 Gustav Mahler das Abitur, oder wie man hierzulande sagte: die ›Matura‹ ab. Der große Symphoniker und Liederkomponist wuchs als Sohn eines Likörfabrikanten in Iglau auf und machte hier schon im Alter von zehn Jahren durch seine bravourösen Klavierdarbietungen als Wunderkind von sich reden. Seine Laufbahn begann 1882 am Pult des Stadttheaters von Olmütz und führte dann in schnellem Aufstieg über Prag und Budapest nach Wien. Das Gymnasium fußte übrigens auf einer bereits im 13. Jahrhundert eingerichteten Lateinschule, als deren Rektoren die Stadtväter nur die hochgelehrtesten Männer im Land beriefen. In der zweiten Hälfte des 14. Jahrhunderts finden wir hier als ›Magister scholae‹ den Geheimschreiber Kaiser Karls IV., Johann von Gelnhausen, einen hervorragenden Rechtsgelehrten, der gleichzeitig Stadtnotar war und in dieser Eigenschaft einen Codex juris anlegte, in dem er das Iglauer Recht in deutscher Sprache zusammenfaßte. Dieser sogenannte ›Codex Gelnhausen‹ ist mit prachtvollen Miniaturen ausgestattet, deren Meister bisher unbekannt geblieben ist – doch weisen die künstlerischen Spuren nach Prag. Zwei Bände der Handschrift befinden sich im Iglauer Stadtarchiv, der dritte Foliant liegt im Stadtarchiv Brünns.

Im 13. Jahrhundert entstanden auch die drei Hauptkirchen
der Stadt – die alte Stadtpfarre St. Jakob, die Marienkirche
des ehemaligen Minoritenklosters und die Dominikanerkirche zum Hl. Kreuz –, die sich nach mittelalterlicher Art alle
drei in den Seitengassen verstecken.

St. Jakob mit dem ungleichen Turmpaar zählt zu den ältesten
Hallenkirchen Mährens. Sie wurde 1257 von dem Olmützer
Bischof Bruno von Schaumburg in Anwesenheit Přemysl Ottokars II. geweiht. Ihr Innenraum ist durch schwere polygonale
Pfeiler gegliedert und mit Kreuzrippen überwölbt, die Seitenschiffe schließen nach Art romanischer Basiliken gradlinig ab,
der Chor des Mittelschiffs endet in einer fünfseitigen Apsis.
Barocke Altäre lockern den Ernst des Raumes auf. Man sieht
in St. Jakob eine der edelsten Darstellungen der heiligen
Katharina, die der Weiche Stil schuf (um 1410), und eine bezaubernde Madonnenstatue (um 1380), die daran erinnert,
daß sich nach der Mitte des 14. Jahrhunderts in Iglau eine
Werkstatt oder ›Schule‹ der Madonnenplastik herausbildete,
die sich weit mehr an schlesischem Vorbild orientierte als an
dem in der ersten Jahrhunderthälfte in Mähren überwiegen-
den donauländischen Einfluß. Feinsträhnige Falten, ein walzenförmiger Körper, den das Gewand nicht verhüllt, sondern
herausarbeitet, und betonte Kontraposten bezeichnen den
Lokalcharakter dieser Plastiken, wie die Kunsthistorikerin
Hilde Bachmann herausgefunden hat. Auf sächsisch-thüringi-
schen Einfluß hingegen weist die fast erschreckend starre,
überlebensgroße und übrigens stark übermalte Pieta des
frühen 14. Jahrhunderts in der Marienkapelle von St. Jakob
hin. Um ihr einen würdigen Platz zu verschaffen, hat ein
Iglauer Arzt 1702 die Marienkapelle gestiftet.

Iglaus Bürger waren nicht kleinlich, wenn es um die Kunst
ging! 1599 beauftragte der Rat der Stadt auf Initiative eines
Fleischhauers den renommierten Nürnberger Goldschmied
Hans Hirtz mit der Anfertigung eines großen Taufbeckens für

St. Jakob. Daß Hirtz mit dem in vergoldetes Kupfer getriebenen Riesenziborium, dessen acht Wandungen er mit den Darstellungen von Sündenfall, Mariae Verkündigung, Christi Geburt, Beschneidung, Taufe Christi, Weg nach Golgotha, Auferstehung und Himmelfahrt reliefierte, eines der schönsten Werke der deutschen Renaissance schuf, wußten die splendiden Geldgeber damals freilich noch nicht. Das Hochaltarblatt von St. Jakob, eine ›Enthauptung Jakobs‹ aus dem Jahr 1777, ist umgekehrt wiederum das Werk eines Einheimischen, der in der Ferne Ruhm einheimste. Er hieß Johann Nepomuk Steiner und war ein Tuchmachersohn, den's zuhaus nicht hielt und der nach mancherlei Umwegen durch die Welt in Wien eine ansehnliche Karriere als Mitglied der Kunstakademie und Hofmaler Maria Theresias machte. Seine begabte und energische Tochter, Barbara Kraft, trat ungeachtet ihrer Pflichten als Apothekersgattin in die väterlichen Fußstapfen und war in Wien, Salzburg und Bamberg eine hochgeschätzte Porträtistin der Gesellschaft.

Die Bauhütte, die St. Jakob schuf, ist vermutlich auch an der turmlosen *Dominikanerkirche* am Werk gewesen, einem ursprünglich ebenfalls dreischiffigen Hallenbau mit Langchor, der auch ähnliche Einzelformen aufwies wie die Pfarrkirche. Nach der Säkularisation zur Kaserne, gar zur Scheune erniedrigt, nahm man sich zwischen 1940 und 1949 endlich einer Restaurierung an, indem man den Chor amputierte und das fast quadratische Dreischiff in seiner kargen und klaren Schönheit wiederherstellte. Seit 1949 dient es der Tschechoslowakischen Nationalkirche als Bethaus. Diese von Rom unabhängige Kirchengemeinschaft wurde nach der Errichtung der Ersten Tschechoslowakischen Republik vom linken Flügel des tschechoslowakischen Klerusverbandes gegründet und gewann damals, 1920, begünstigt durch ihre nationalen, auf hussitische Traditionen zurückgreifenden Tendenzen, nahezu eine Million Anhänger, inzwischen sind es viel weniger.

Hinter der barocken Schaufassade der *Minoritenkirche* – sie liegt in der Nähe des spätmittelalterlichen Frauentorturms – verbirgt sich die älteste erhaltene Basilika der Bettelorden in Mitteleuropa. Eine Sediliennische an der Westseite des Chors zeigt romanische und frühgotische Kapitelle. Der merkwürdige achteckige Turm, der auf dem Gewölbe der Vierung aufsitzt, kam 1412 hinzu. Hundert Jahre später wurde der ursprünglich rechteckig abgeschlossene Chor verlängert und mit einem Chorabschluß mit Netzgewölbe und Baldachin versehen. Aus jener Zeit stammt auch das Fresko der ›Herrlichkeit Christi‹ an einem der Vierungspfeiler, das erst 1934 freigelegt worden ist. Einheimische Barockmeister haben die Ausstattung der Kirche geschaffen: Andreas Zahner den Hochaltar, dessen Altarblatt von Johann Georg Etgens stammt, und Johann Georg Schauberger die Kanzel sowie den Kreuz-, den Antonius- und den Franziskus-Altar.

Die Gegenreformation richtete ihr Siegeszeichen natürlich weithin sichtbar in der Front des Hauptplatzes auf. Jacopo Brascha, ein italienischer Baumeister, der um dieselbe Zeit für die Franziskaner in Mährisch-Trübau tätig war, baute zwischen 1680 und 1690 für die Jesuiten deren Ordenskirche *St. Ignaz.* Einheimische Ordenskünstler kleideten ihren Innenraum in barockes Gepränge: ein Theater, in dem auch Theater gespielt wurde! Denn allweihnachtlich und allösterlich führten die Zöglinge des Jesuitenkollegiums in der Kirche geistliche Spiele auf, sehr zur Begeisterung der schaulustigen und seit Meistersinger Zeiten mit Schaubarem wenig verwöhnten Iglauer. Daran ließen die Jesuiten sie nun nicht mehr darben. Der Platz selbst bot sich als effektvolle Kulisse für das Passionsspiel an, das jahrzehntelang jedes Jahr an Karfreitag aufgeführt wurde; und überdies richteten sie eine eigene Bühne ein, auf der ihre Studenten sich nach Herzenslust auch in historischen Stücken, gar in Komödien und Schwänken produzieren durften.

Die kostbarsten Schätze von St. Ignaz aber sind nicht von barocker Art, sondern wiederum zwei Iglauer Arbeiten des Mittelalters. Die eine ist das sogenannte ›Přemyslidenkreuz‹, ein Kruzifix, das vor 1340 datiert und als ältestes auf böhmisch-mährischem Boden bezeichnet wird. Der abgezehrte Gekreuzigte, dessen Antlitz von bitterstem Gram gezeichnet ist, steht in seiner erschütternden Ausdruckskraft dem berühmten Klosterneuburger Kruzifix nahe. Der Name ›Přemyslidenkreuz‹ geht auf die Überlieferung zurück, Přemysl Ottokar II. habe das Werk den Iglauer Dominikanern geschenkt. Im Besitz der Dominikaner war früher auch die zweite Arbeit, eine Pieta, die nach 1400 entstanden und der Pieta von Breslau sowie der Madonna von Krumau verwandt ist. Sie war in letzter Zeit öfters auf Reisen, um bei ausländischen Gotik-Ausstellungen Charakter und Eigenart des Schönen Stils in den böhmischen Ländern zu belegen.

NACH SÜDEN

Raigern – das älteste Kloster Mährens

Raigern, das tschechisch *Rajhrad*, wörtlich übersetzt: Paradiesburg, heißt, gehört zu den ältesten Orten Mährens. Schon zu Zeiten des Großmährischen Reiches bestand hier eine Burg, in deren Kapelle die Slawenapostel Cyrill und Method gepredigt haben sollen. An Stelle der verfallenen Veste entstand im Jahre 1048, gestiftet von Herzog Břetislav I., das erste Kloster in Mähren, ein Benediktinerstift, das bis 1813 von der Mutterabtei Břevnow in Prag abhängig, dann unter eigenem Abt selbständig war.

Von der alten Anlage sieht man heute keinen Stein mehr. Wiederholte kriegerische Überfälle haben sie nach und nach zerstört, und was noch blieb, wurde eingerissen. *Kirche* und *Kloster* in jetziger Gestalt sind das letzte Alterswerk Giovanni Santin-Aichels, der bald nach dem Baubeginn im Jahre 1722

starb. Der extravagante Architekt hat mit der Raigerner
Kirche einen Bau von hohem architektonischem Rang geschaffen. Wie er das Langhaus in eine Folge zentraler, in sich abgeschlossener Kuppelräume aufgliederte, wird in der Kunstgeschichte als Lösung von überraschender Einmaligkeit bezeichnet. Da die Kirche seit geraumer Zeit wegen Restaurie-
rungsarbeiten gesperrt ist, bleibt es dem Besucher leider im
Augenblick versagt, den eindrucksvollen Raum bewundern
zu dürfen. Der Kunsthistoriker H. Gerhard Franz hat ihn beschrieben:

*Man betritt die Kirche durch eine niedrige und enge Vorhalle unter
der Orgelempore, gelangt dann zuerst in einen ebenso schmalen aber
der übrigen Kirche gleich hohen Raum, der sein Licht von zwei ihm
seitlich zugeordneten Kapellen erhält. Und nun bietet sich dem Auge
von hier ein großartiger Durchblick durch die gesamte Raumfolge,
in der jeweils einspringende Mauerabschnitte die einzelnen Teile
trennen, so daß man von der tatsächlichen zentralen Gestalt der
Räume und ihrer Entfaltung in die Breite von diesem Standpunkt
aus noch nichts erkennen kann. Erst beim weiteren Durchschreiten
öffnet sich Raum um Raum, von denen der mittlere der hellste ist.
Es ist ein prächtiges Schauspiel, das sich beim Durchwandern dieser
Reihe bietet. Der Blick gleitet über die abgeschrägten Wandpfeiler
aus einem Teil in den anderen. Die starke Trennung durch die
immer wieder zu gleicher Breite einspringenden Mauerpfeiler und
die darüber gespannten Bogen ist ein optisches Mittel, die Blickbahn
stets von neuem einzuengen und in den sich weitenden Raum hinein
ausschwingen zu lassen.*

*Für den Eindruck ist dann bestimmend, daß es sich nicht um
drei gleiche Räume handelt, die aufeinander folgen. Jeder ist von
anderer Grundrißform. Nur der erste und dritte haben allgemeine
Entsprechungen, aber in der Grundform und Größe unterscheiden
auch sie sich. Der erste größere der drei Räume ist von quadrati-
schem Grundriß, die Ecken sind durch die eingestellten Pfeiler ab-
geschrägt. Man kann bei dieser Raumform von einer verkümmerten*

oder angedeuteten Zentralanlage sprechen. Entsprechend, nur in
größerem Maßstab und um einen rechteckigen Mittelraum, ist der
vor dem Chor aufgebaute, an den ein dritter derartiger Nebenraum
mit dem Hochaltar ansetzt. Der mittlere der drei Räume ist dagegen
ganz anders aufgebaut. Von oktogonalem Grundriß, bildet er einen
ungeteilten Einheitsraum. Er ist der weiteste und hellste und ver-
leiht damit ebenso wie durch den Unterschied seines Aufbaus der
Raumfolge eine Art von Zentralisierung.

Eine große Rolle spielt das Licht als verbindendes Medium, aber
auch zur Erhöhung des visionären Eindrucks, indem es die Kulis-
senwirkung der trennenden Pfeiler wesentlich verstärkt, die sich
dunkel gegen die Helligkeit des sich zwischen ihnen öffnenden Raumes abheben. Aber auch die unterschiedliche Helle ist in genialer
Weise vom Architekten abgeschätzt. Vor allem der Kontrast der
dunklen Eingangshalle gegen die sich eröffnende Bahn lichtester
Räume ist von eindrucksvollster Wirkung. Blickt man vom Chor aus
rückwärts, dann ergibt sich im Hintergrund der nun umgekehrt
gesehenen Reihe wieder ein ganz neues Bild. Hinter der schmäler als
die übrigen zusammentretenden letzten, beziehungsweise ersten
Arkadenöffnung wird vor einer hohen lichten Fensteröffnung der
bewegte Orgelprospekt im Umriß sichtbar, den eine Engelgloriole
umkreist. Das Licht flutet aus der in ganzer Höhe in Fenster aufge-
brochenen Wand dahinter herein und verstärkt den Eindruck des
märchenhaften Schwebens der Engel.

Das Orgelgehäuse und die Kanzel schuf der Bildhauer Ignaz
Lengelacher, von dem wir noch in Nikolsburg hören werden;
die Kuppeln malten die Brünner Johann Georg Etgens und
Joseph Winterhalter d.J. aus. Auch das Kloster, einst eine
Schatzkammer wertvoller Bilder und Bücher, ist heute nicht
zugänglich. Aus diesem alten Besitz stammen unter an-
derm die fünf Tafeln des sogenannten ›Raigerner Altars‹,
die sich seit 1938 im Brünner Landesmuseum befinden. Sie
sind, zusammen mit der sechsten Tafel in der Prager National-
galerie, erhalten gebliebene Bestandteile eines umfangrei-

chen, ursprünglich wahrscheinlich vierflügeligen Altares, der
vor 1420 datiert wird und dessen Herkunft bisher noch nicht
gesichert ist.

Jagden um Groß-Seelowitz

Wo die Benediktiner einst siedelten, lag unwirtliches Sumpfgebiet. Heute wechseln Wiesen, Gärten, Auen, kleine Laub-
waldungen und niedrige Weinhügel einander locker und
liebenswürdig ab. Passionierten Jägern gilt dieser Landstrich
als ein Zentrum der Niederwildjagd. *Groß-Seelowitz (Židlocho-
vice)* mit seinen großen Fasanerien ist ein weitum bekannter
Anziehungspunkt. Hier werden bei Beteiligung von zehn bis
zwölf Schützen zuweilen Tagesstrecken von zweitausend und
mehr Stück Wild erzielt. Das Jagdschloß von Groß-Seelowitz
gewährt bis zu zwanzig ausländischen Jagdgästen Unterkunft
und wartet mit reichen historischen Jagdsammlungen auf.
Der Herrensitz wurde in den Jahren 1722–24 unter der Ägide
des Obersthofkanzlers Philipp Wenzel Graf Sinzendorf gebaut, beziehungsweise aus altem Bestand in spätbarocke Gestalt umgewandelt, wobei – neuen Forschungen zufolge –
Josef Emanuel Fischer von Erlach die Entwürfe für den Umbau bestimmte, den dann Sebastian Kaltner durchführte, ein
Wiener Baumeister, der auch in Freudenthal tätig war. Kaltner baute auch die neue *Pfarrkirche* des Ortes, deren Entwurf
der anspruchsvolle, ehrgeizige und prachtliebende Oberst-
hofkanzler keinem Geringeren als Lukas von Hildebrandt in
Auftrag gegeben hatte. Unter den nachfolgenden Schloß-
besitzern, den Grafen und Fürsten Dietrichstein, dem Herzog
Albrecht von Sachsen-Teschen und den Erzherzögen von
Österreich, erfuhr das Innere des Hauses beträchtliche Veränderungen. Es ist schon seit 1918 Staatsbesitz.

Paracelsus auf Mährisch-Kromau

Obzwar es heute leider nicht zugänglich ist, da es ein Internat beherbergt, sei auf das westlich von Groß-Seelowitz gelegene Schloß von *Mährisch-Kromau (Moravský Krumlov)* hingewiesen, das zu den eindrucksvollsten Renaissancebauten des Landes gehört. Einer der in Liebhaberkreisen so bekannten und begehrten Stiche von Johann Adam Delsenbach (1720) zeigt die schöne Stadtanlage von Mährisch-Kromau: Auf zwei einander gegenüberliegenden Bodenschwellen erheben sich Schloß und Pfarrkirche und nehmen die in einer Senke geborgene Stadt gleichsam in ihren Schutz.

Das *Schloß* ist in der zweiten Hälfte des 16. Jahrhunderts aus einer romanischen Burganlage entstanden. Sein weitläufiger Komplex umschließt einen großen und einen kleinen Hof, jener ist an drei Seiten von Säulenarkaturen eingefaßt, dieser von Pfeilerarkaden umgeben und durch eine zehn Meter lange einarmige Treppe mit dem repräsentativen Schloßsaal verbunden. Ein mächtiger viereckiger Turm mit Arkadengalerie überragt den Bau. Bemerkenswert ist die um die Mitte des 18. Jahrhunderts im Stil klassizistischen Barocks Wiener Schule entstandene Schloßkapelle. Auch die Schloßinterieurs sind um diese Zeit vorwiegend im Rokokostil neu gestaltet worden.

Mährisch-Kromau gehörte vom 15. bis zum 17. Jahrhundert dem reichen böhmischen Herrengeschlecht der Berka von Dub und Lipa. Es wird behauptet, der große Paracelsus, mit vollem Namen Philippus Aureolus Paracelsus Theophrastus Bombastus von Hohenheim, habe in den Jahren 1537–38 auf dem Schloß gelebt und hier an seinem Werk ›Große Wundartzney‹ gearbeitet. Der unruhig umhergetriebene, gottsucherische Naturphilosoph, der eine Zeitlang auch in die Sphäre täuferischer Religionsgemeinschaften geriet, soll vorübergehend Leibarzt Johanns von Lipa gewesen sein, auf den

der grundlegende Neubau des Schlosses zurückgeht. Die
Herren von Dub und Lipa waren Anhänger des Hussitismus
und enragierte Vorkämpfer für die Interessen des protestantischen Adels in Böhmen und Mähren – das war schuld daran,
daß sie nach dem Sieg der Gegenreformation im Jahre 1620
aller ihrer Güter verlustig gingen. Zunächst von Kaiser
Ferdinand II. eingezogen, gelangte die Herrschaft 1625 in die
Hände des Fürsten Gundacker von Liechtenstein. Das Haus
Liechtenstein, und zwar dessen sogenannte Kromauer Linie,
hatte den Besitz bis 1908 inne; auf dem Erbweg fiel er dann an
die Grafen Kinsky, die bis 1945 hier lebten.

Als Marginalie sei am Rande, nämlich beiläufig am Wege
zwischen Raigern und Kromau, des exzellenten Jugendstil-
Künstlers Alphonse Mucha gedacht, der 1860 in *Eibenschitz
(Ivančice)* zur Welt kam, jenem Eibenschitz, das wir im Zusammenhang mit den Böhmisch-Mährischen Brüdern schon
erwähnten. Dieser Alphonse Mucha ging über die wichtige
Station München, wo er bei Löfftz und Herterich lernte und
einen tschechischen Künstlerverein gründete, nach Paris.
Und dort gab ihm die Grande Dame des Theaters, Sarah Bern-
hardt, den Rat: »Stellen Sie Ihre Bilder aus; sie sprechen für Sie,
ich kenne mein liebes Pariser Publikum. Die Feinheit Ihrer
Zeichnungen, die Originalität Ihrer Kompositionen, die be-
wundernswerte Farbgebung Ihrer Plakate und Bilder, all dies
wird bezaubern und nach Ihrer Ausstellung werden Sie be-
rühmt sein!« Er folgte ihr, für die er unzählige Plakate und
Bühnenbilder entwarf, und eroberte tatsächlich sehr bald
›tout Paris‹ mit seinen zwar in ein verruchtes fin-de-siècle-
Flair gehüllten, darunter aber recht nestwarmen, rustikalen
und unverkennbar mährischen Demivierge-Figuren. Der
›Stil Mucha‹ wurde ein Begriff für ornamentgebändigte Haar-
Lianen und halbkreisförmige Gloriolen um Frauenköpfe.
Erst im vorgerückten Alter kehrte er in seine Heimat – nach
Prag – zurück, wo er 1939 starb.

Im Land der Thaya

Die Thaya ist ein irritierend kapriziöses Gewässer. Schon ihr Ursprung ist doppelbödig, entspringt sie doch einmal in den Böhmisch-Mährischen Höhen, zum anderen im niederösterreichischen Hügelland. Beide Zweige schlängeln sich in Mäandern und Spiralen aufeinander zu und vereinigen sich zögernd nach ausgiebigen und voreinander immer wieder ausweichenden Umwegen beim österreichischen Raabs. Anachronistisch unbekümmert um Staatsgrenzen windet sich der Fluß dann wieder ins Mährische herüber, wo er zwischen nackten Steilfelsen und bewaldeten Bergrücken die wunderlichsten Arabesken vollführt. Wer ihn da aus bestimmten erhöhten Blickwinkeln erschaut, könnte beschwören, daß er es mit drei verschiedenen Flußläufen zu tun habe. Erst unterhalb Znaim, wo ihn offenes Gelände empfängt, bequemt er sich zu gelassenerem Lauf, wiewohl er die Eskapaden auch da noch nicht lassen kann. Und zwiespältig wie sein Beginn ist schließlich auch sein Ende. Denn seine Ehe mit der March steht im Zeichen der Scheidung, welche die Staatsgrenze mitten durchs Wasser zieht.

Bilderbuchstadt Teltsch

Der launenreiche Fluß nährt viele Teiche in Mähren. Nah seinem Quellgebiet halten drei Weiher einer Bilderbuchstadt den Spiegel hin: *Teltsch (Telč)*. Vor wenigen Jahren wurde in Deutschland ein tschechischer Farbfilm gezeigt, in dem Teltsch die Hauptrolle spielte. Damals versicherten meine beiden Kino-Nachbarn einander flüsternd, es könne sich nur um eine erdachte Kulissen-Stadt handeln. Leibhaftig auf den

Teltscher Marktplatz versetzt, würden sie im ersten Moment gewiß nichts anderes annehmen. Denn man braucht eine Weile, um sich daran zu gewöhnen, daß diese Verwunschenheit Wirklichkeit ist. Teltsch ist eine Renaissance-Schönheit, die ein liebender Fürst in Luxus bettete – und so ist sie geblieben und allmählich zum Traumgebilde verblichen.

Man kann das Bild des Städtchens in einen Blick fassen: der langgezogene Rhombus des *Marktplatzes*, abgeschlossen durch zwei steinerne Tore; in der Mitte als barocker Dreiklang zwei Zierbrunnen, die eine Mariensäule flankieren; hüben ein romanischer Turm, drüben ein spätgotischer, von zwei zierlich ausgebuchteten Barocktürmen kontrapunktiert. Das berückend Malerische dieses Bildes aber sind die Häuserfronten, die langen, wie mit einem Lineal gezogenen. Da reiht sich Laube an Laube, Giebel an Giebel – und jeder Giebel ist anders gestaltet: abgetreppt, geschweift, dreieckig, kleeblattartig, zinnenförmig, volutenbesetzt, figurengeschmückt, einer schöner als der andere, und die weißen, zartblauen oder rosa Fassaden zieren Renaissance-Sgraffiti oder Stuckornamente im Stil des Barock, Rokoko, Empire. Die Häuser sind niedrig und schmalbrüstig, sie haben im Erdgeschoß hinter den mit Kreuzgewölben überdeckten Laubengängen meist eine geräumige Diele, ›mazhaus‹ genannt, von der ein enger Gang in den Hof und eine Treppe ins Stockwerk führt. Sie sind auf dem engen, länglichen Grundriß ihrer mittelalterlichen Vorgänger entstanden, Holzbauten, die bei einer Feuersbrunst im Jahre 1530 niederbrannten. Die aus dem 14. Jahrhundert stammende, in der Spätgotik umgebaute *Jakobskirche* und die barocke *Jesuitenkirche* wachen über dem wundersamen Beieinander dieser Schmuckarchitekturen, in das sich keine nüchterne Neuzeitfassade einzuschleichen wagte.

Dennoch: würde auf dem Platz bunte Bewegung herrschen, gäb's unter den Gewölben Caféhäuser, Weinstuben, Läden,

tummelten sich auf dem Katzenkopfpflaster Marktweiber,
Händler, Hausfrauen, Kinder, Flaneure, Gaffer, und schwebte
über allem eine Wolke von Düften: man zöge schwerelos das
Gestern ins Heute hinüber. So aber, da er abgelebt und unge-
sellig liegt, fühlt man sich auf eine verlassene Bühne versetzt.
Was wurde hier gespielt? Eine italienische Kostüm-Komödie?
Ein Spiel zärtlicher Verwirrungen zwischen Edelherren und
Bürgermädchen?

Auch das *Schloß* der adeligen Herren ist da: wo die Platz-
bühne spitz zuläuft, schiebt es seine Gartenmauer zur Häuserfront vor. Es war einst die Residenz des steinreichen Zacharias
von Neuhaus, der dem Geschlecht der Rosenberger-Witi-
gonen entstammte. Diese fürstliche Familie, die ihre Herkunft
von dem sagenhaften Ahnherrn Witiko, einem Gefolgsmann
Přemysl Wladislaws II., herleitete, beherrschte zwischen dem
13. und dem 17. Jahrhundert nahezu ganz Südböhmen. Die
Stammburg Rosenberg und die Residenzen Krumau, Neuhaus und Wittingau in Böhmen sowie Teltsch in Mähren
waren die Schwerpunkte ihres Besitzes. Die Siedlung und die
Burg Teltsch gehörten den Herren von Neuhaus seit 1339.
Als Zacharias Mitte des 16. Jahrhunderts das Erbe übernahm,
inszenierte er eine großgeartete Umgestaltung der gotischen
Burg zu einem Renaissance-Schloß aus vielerlei um mehrere
Höfe gruppierten Gebäuden. Auch dieser Kavalier war, wie
viele andere seiner Zeit, ein Mann, der auf seinen weitläufigen
Reisen Italien besucht hatte und es nach seiner Rückkehr
immer wieder mit der Seele suchte, und nichts fiel ihm leich-
ter, als italienische Künstler an seinen Hof zu rufen, besaß er
doch in den Silberbergwerken von Pola ein bodenloses
Schatzkästlein, aus dem er sich jeden Wunsch erfüllen konnte.

Sein Architekt Balthasar Maio da Vomio brachte den Stil
der Frührenaissance oberitalienischer Herkunft nach Teltsch.
In den Formen dieses Stils fügte er dem schon Bestehenden
neue Trakte, Höfe und Tore an, so daß eine vielteilige und

unregelmäßige, nichtsdestoweniger aber harmonisch wirken-
de Anlage entstand. Landsleute und Einheimische assistierten
ihm als Stukkateure, Maler, Vergolder, Schnitzer bei der
Ausgestaltung der Interieurs, schufen die üppige Stuckzier
mit dem Grundornament der fünfblättrigen Wappenrose
der Rosenberger, die phantasievollen Wandmalereien, die
schweren Kassettendecken, die ornamentreichen Parkett-
böden in den Festsälen, den Repräsentationsräumen, den
Rittergemächern, den Schatzkammern, der Schloßkapelle.

Welche Meisterhand war es wohl, die in der *St. Georgskapelle*
das herrliche Stuckrelief des Drachentöters schuf, der vorn-
übergebeugt auf dem im Sprung gestreckten Pferdeleib mit
ausgestreckter Lanze den Drachen trifft? Als Meister nicht
minderen Ranges erweist sich der Skulpteur des Flachreliefs
im Garten, das den in einer Quadriga durchs Meer sprengen-
den Gott Neptun zeigt: nicht Rösser, zitternde Nervenge-
schöpfe sind es, die da wild tänzelnd den Streitwagen ziehen!
Hier könnte Antonio Melana am Werk gewesen sein, der auf
dem böhmischen Rosenberg-Schloß Kurzweil ähnliche Stuckarbeiten schuf. Der Volksmund dichtet der Darstellung an,
daß sie einen der Teltscher Schloßherren verewigt habe, der,
mit dem Teufel im Bund, seine Frau eingemauert hat und
dann Hals über Kopf floh. Auch die merkwürdige, mager-
keusche, fast prüde Sündenfall-Darstellung in einem der
Laubenhöfe stammt von unbekannter Hand; sie ist die erste
Vollplastik-Arbeit der Renaissance in Mähren.

Der geradezu orientalische Aufwand, den Zacharias in
seinem Schloß entfaltete, und die künstlerische Tyrannis, die
er bei der Gestaltung der ganzen Stadt walten ließ, waren von
einem sicheren Geschmack diktiert, der das Fremde keineswegs unkontrolliert übernahm, sondern einfühlsam in die
einheimische Tradition einbezog. Der mächtige Mann starb
1589 und wurde zu Seiten seiner Gemahlin Katharina von
Waldstein in der *Gruftkirche* des Schlosses beigesetzt. Die bei-

den überlebensgroßen Stuckfiguren auf dem Grabmonument ruhen mit zeremoniös starr zum Beten aufgerichteten Armen unter manieristischen Deckenmalereien von weitaus mehr weltlichem als sakralem Charakter.

Im Jahre 1604 ging Teltsch durch Heirat in den Besitz des Grafen Wilhelm von Slawata über, jenes Prager Statthalters, der bei dem berühmten Prager Fenstersturz von 1618 einer der zwei Hinausgeworfenen war. Ein Gemälde im Schloß hält das dramatische Ereignis ›apotheotisch‹ und dabei unfreiwillig komisch fest. Nach den Slawata waren nacheinander die Grafenfamilien Lichtenstein-Kastellkorn und Podstatzky Herren auf Teltsch. Heute ist das Schloß ein von der Denkmalpflege vorzüglich betreutes Besichtigungsobjekt und dient der Staatsregierung zuweilen als Tagungsort und Gästehaus. Wohlweislich hat noch keiner der unter den Emblemen der Revolution hier konferierenden Gäste verraten, ob ihm auf den Gängen des Schlosses heimlich die ›Weiße Frau‹ erschienen ist: eine unselige Rosenbergerin, die in allen einstigen Residenzen der Familie bis auf den heutigen Tag umgehen soll, mit weißen Handschuhen, wenn es gilt, glückliche Ereignisse anzuzeigen, mit schwarzen, wenn Böses bevorsteht. Und der Schloßführer äußert zu dieser Frage nur jenes melancholische Lächeln, dem man auf den Gesichtern der alten Fremdenführer in Mähren so oft begegnen kann.

Weimarer Klassik in Datschitz

In eine gänzlich andere Welt geraten wir, wenn wir das Schloß in *Datschitz (Dačice)* betreten, einem von vielen Teichen umgebenen, an der Thaya liegenden Marktflecken südlich Teltsch. Hinter wenig ansprechender Fassade verbirgt sich ein Treppenhaus von kühler Eleganz, in den Gesellschafts- und Wohnräumen stehen Tische und Stühle mit sphinxleibigen Beinen und Lehnen, weiße Marmorbüsten, große kelchförmige Alabastervasen, Vitrinen mit französischem Porzellan, an den Wänden hängen Porträts von Damen in hochgegürteten Chemisekleidern und Stiche napoleonischer Schlachten. Hier herrscht das distinguierte Flair der Weimarer Klassik.

Wir befinden uns im ehemaligen Besitz der Reichsfreiherren von Dalberg, eines aus dem Nahegau stammenden Uradelsgeschlechts. Der bekannteste Repräsentant dieser Familie, Karl Theodor Anton Dalberg (1744–1817), war letzter Erzkanzler des Deutschen Reiches und Kurfürst von Mainz, Fürstprimas des Rheinbundes, Großherzog von Frankfurt und Erzbischof von Regensburg. Mit Goethe und Wieland verband ihn enge Freundschaft. Weniger glücklich war seine Verbindung mit dem böhmischen Polyhistor Kaspar Graf Sternberg, den er zwar in seine Dienste verpflichten konnte, der sich aber bald seiner frankophilen Politik widersetzte. Sein Bruder Wolfgang Heribert Dalberg ist als Intendant des Mannheimer Nationaltheaters und Initiator der spektakulären Uraufführung von Schillers›Räubern‹bekannt geworden. Unter der Domäne der Dalberg wurde das aus dem 17. Jahrhundert stammende Schloß 1816 außen und 1832 innen im Geschmack des Empire umgestaltet.

Im 18. Jahrhundert hatten die Grafen Ostein, ebenfalls eine deutsche, vom Rhein stammende Familie, den Besitz inne. Ein Sproß dieser Familie, der in Eichstätt Domherr war, schenkte der Datschitzer Pfarrkirche ein Gemälde, das er Franz Anton Maulbertsch in Auftrag gegeben hatte. Es stellt Eichstätts Patrone, die heiligen Geschwister Willibald, Wunibald und Walburga mit ihrem Vater Richard, dar. Das Bild geriet in den zwanziger Jahren unseres Jahrhunderts in den Handel und landete nach einigen Irrfahrten im Museum von Ulm. Da der Name des Herkunftsortes falsch latinisiert worden war –»Dona dedit ecclesia Daizitensi«– galt es als unlokalisierbar. Ein Kunstfachmann aus Mähren, weitläufig verwandt übrigens mit dem letzten Besitzer des Schloßes Datschitz, dem Prinzen Franz Karl Salm-Salm, konnte es kürzlich erst identifizieren. Wir haben die Geschichte dieses Bildes erzählt, weil sie zeigt, wie ein versprengter Ort in einem leider zu wenig bekannten Land zum Bezugspunkt europäischer Kunstgeschichte werden kann. Und solche Bezugspunkte gibt es hier in Fülle!

Zlabings – Stadt der Sgraffiti

Wer exquisites Empire sehen will, steige also in Datschitz aus! Und wem Teltsch das Verlangen nach weiteren Schätzen der Renaissance geweckt hat, der verlasse für kurze Weile den Lauf der Thaya und fahre nach *Zlabings (Slavonice)*, einem ehemals im rein deutschen Sprachgebiet liegenden Ort nah der Grenze, den die Tuchmacher im 15. und 16. Jahrhundert reich gemacht haben und der, von der Hauptverkehrsader später ignoriert, sein Aussehen aus jener Zeit beibehalten hat. Von der einstigen Wohlhabenheit der Bewohner sprechen die mit venezianischen und lombardischen Giebeln oder Zinnengesimsen geschmückten, auf vorgebauten Lauben ruhenden Bürgerhäuser. Unzählige davon sind üppig mit figuralen oder ornamentalen Sgraffiti bemalt. Da marschieren reihenweise alttestamentarische Gestalten, Helden der griechischen Mythologie, Habsburger-Regenten oder protestantische Gelehrte auf, und altdeutsche Sprüche rühmen die Tugenden des braven Bürgers. Wohl nirgends in mitteleuropäischen Breiten kann man auf engstem Raum so eine reiche Kollektion sgraffitogeschmückter Fassaden sehen! Die geräumigen Hausdielen, in denen einst Wolle und Häute aufbewahrt, geprüft und gehandelt wurden, prangen mit vielfigurigen Rippen- und Netzgewölben, vor allem aber mit den aparten Diamantengewölben, die von Schloß Teltsch entlehnt sind, das der ganzen Rosenberg-Domäne, zu der Zlabings gehörte, natürlich stilprägend wirkte. In einigen Häusern haben sich kost-

bare Wandmalereien erhalten, meist Darstellungen bibli-
scher Szenen, die heute für Fremde zugänglich sind. So sind
im ehemaligen evangelischen Bethaus (Nr. 85) am Oberen
Platz (Nám. Gottwaldovo) die Wände eines Saales im ersten
Stock ringsum mit Bildern aus der Offenbarung Johannis bedeckt, die 1568 gemalt wurden, und im Haus Nr. 45 am Unteren Platz (Nám. Miru) gibt es sehr reizvolle kolorierte Sgraffiti mit Szenen aus dem Leben Jesu zu bewundern, in Stil
und Technik dem Schmuck der Interieurs von Schloß Teltsch
ähnlich, vermutlich also von denselben Meistern geschaffen,
die dort gearbeitet haben, Künstlern aus dem nahen Niederösterreich und aus Oberitalien.

In jenem 16. Jahrhundert, da der Wohlstand der Stadt
seinen Höhepunkt erreichte und die Holzhäuser rings um die
beiden Plätze steinernen Bauten wichen, wuchs auch der
sechsgeschossige, wehrgangumsäumte Turm der Pfarrkirche
Mariae Himmelfahrt empor: das Wahrzeichen von Zlabings.
Die Kirche selbst stammt aus dem 14. und 15. Jahrhundert;
sie beherbergt einige schöne Stücke spätgotischer Plastik, die
ebenfalls auf den Einfluß niederösterreichischer Werkstätten
hinweisen.

Frain – aus einer anderen Welt herabgeschwebt

Fichtenwälder empfangen und entlassen die Autostraße, die
bei Pisling (Pisečné) die nach Österreich überwechselnde und
vor Freistein (Podhradi n. Dyji) wieder zurückkehrende Thaya
kreuzt. Die Straße führt nah, stellenweise ganz dicht an der
Grenze entlang. Auf den hellgelben und zartgrünen Feldern
unter der warmen Junisonne rührt sich keine Hand. Die
Dörfer sind verwohnt und schütter' bevölkert. Verblüfft
schaut man auf pechschwarzgelockte Kinder mit olivener
Haut – bis man sich ins Gedächtnis ruft, daß hier nach der Aus-
weisung der angestammten deutschen Bevölkerung Zigeuner

angesiedelt worden sind. Nach einer Zählung von 1966 leben
in Mähren rund 15 000 Zigeuner. Ihre Assimilierung bereitet
dem Staat einige Sorgen, weicht doch diese Bevölkerungs-
gruppe mit ihrem eminenten Kinderreichtum, ihrem starken,
durch hohe Männersterblichkeit bedingten Frauenüberschuß,
einem großen Prozentsatz an Analphabetismus und anderen,
auch psychologischen, Unregelmäßigkeiten In der demo-
graphischen Struktur erheblich von den anderen Bevölke-
rungsgruppen ab.

An einem Punkt der Straße, dort, wo sie sich nach sanften
Steigungen zum Abstieg nach *Frain (Vranov nad Dyji)* an-
schickt, öffnet sich jäh ein unwiderstehliches Bild: einsam und
entrückt, umschlossen von schwarzen Wäldern, erhebt sich
in der Ferne am äußersten Rand einer Felsbastion ein hoher,
heller Ovalbau, den eine niedrigere Bautengruppe begleitet.
Je näher dann das Bild rückt, desto kühner baut es sich auf.
Majestätisch sicher ruht das *Schloß* zwischen Fels und Himmel.
Johann Bernhard Fischer von Erlach hat es für die Grafen von
Althan errichtet, die am Hofe Kaiser Karls VI. hohes Ansehen
genossen. Hans Sedlmayr, der Biograph Fischers von Erlach,
schreibt über den Bau:

Alles an diesem unersetzlichen Frühwerk ist einmalig: die Lage,
die Gestalt, die Bestimmung. Der barocke Neubau, den Fischer seit
1688 ausführt, setzt sich über alle Konventionen der Zeit hinweg.
Hier versetzt er in einer Weise, für die es kein Beispiel gibt, ein
barockes Schloß in die Lage einer Burg. Während aber mittelalter-
liche Burgen aus den Felsen, bald höher, bald tiefer ansetzend, heraus-
zuwachsen scheinen wie andere Gebilde der Natur, scheint hier der
riesige Schloßsaal unvermittelt, wie aus einer anderen Welt, auf die
Felsenplatte herabgeschwebt zu sein. Dieser Eindruck war sicherlich
noch stärker, solange der Saal nach oben mit der flachen, von
schweren Vasen bekrönten Mauerkrone einer ›Attika‹ schloß, die
erst vierzig Jahre später von Josef Emanuel durch das schöne, uns
vertraute Mansarddach ersetzt wurde. Nach seiner Vollendung,

von 1693 bis 1740, muß der Bau über dem dunklen Waldtal der Thaya wie die Luftspiegelung einer fernen südlichen Architektur-welt erschienen sein.

Die Form des Ahnensaals ist ebenso ohne Beispiel in der gesamten zeitgenössischen Baukunst, auch der Italiener, wie seine Lage. Sie träumt von der versunkenen altrömischen Herrlichkeit, welche in den gewaltigen Ruinen gewölbter Thermensäle, die man für Tempel hielt, die Phantasie der Architekten seit der Renaissance immer wieder ent-zündet hat. Bei seinem Neapeler Aufenthalt hat Fischer eine solche altrömische Moles in der Rotunde von Baja zweifellos gesehen. Die ruhende antike Form war von ihm aus dem Kreis in seine Lieblings-raumform, das Oval, übertragen worden, das geschlossen ist wie ein Kreis und doch an jedem Punkt sich wandelt, das die Tiefe und die Breite des Raumes auf unterschiedliche Weise erleben läßt. Zum erstenmal taucht hier bei Fischer das Tiefoval auf, das er in seinem ganzen späteren Schaffen so auffallend bevorzugen wird. Ovale Festsäle hat Fischer seit Schloß Neuwaldegg, und nach ihm der gesamte deutsche Barock, mit Vorliebe in die Mitte von Schloßbauten eingesetzt, aber kein zweitesmal steht das Oval so frei, so für sich als Monument.

Und ein Monument, ein ›Pantheon‹ der Familie Althan ist der Saal auch im Inneren. In keinem Barockschloß ist der Festsaal so aus-schließlich Ruhmes- und Gedächtnishalle eines Geschlechts. In zehn Nischen zwischen den Fenstern stehen Standbilder der hervorragend-sten Vorfahren des Bauherrn, in den feinen Stuccos über den Nischen und in den Leibungen der Fenster sind die Stammsitze der Althan und ihre Taten verewigt, die Fresken von Rottmayr, die die ganze Kuppel erfüllen, sind eine einzige Verherrlichung des Hauses Althan und seiner ›virtutes‹, seiner Tugenden.

Die gewaltigen Statuengruppen an der zweiarmigen *Prunk-treppe zum Saaltrakt* – diese Herkules und Antäus, jene Aeneas und Anchises darstellend – schuf der Italiener Lorenzo Mattielli, der auch Fischer von Erlachs Wiener Bauten plastisch ausgestattet hat. Sie waren ursprünglich für die Wiener

Reichskanzlei bestimmt; Kaiser Karl VI. aber schenkte sie der berühmt schönen und geistvollen Maria Anna Althan-Pignatelli, der Witwe des Schloßgründers Michael Johann II. Althan. Die *Schloßkapelle*, auch sie ein Konzept Fischers, wiederholt mit Kreisgrundriß und Rundkuppel das Baumotiv des Saaltrakts. Rottmayrs Schüler Ignaz Ceinitz malte sie um 1700 innen aus. Natürlich hatte sich auf dem Felsrücken, der sich ja dazu anbot, schon seit dem 11. Jahrhundert eine Burg befunden, die von Hand zu Hand gegangen und allmählich verfallen war.

Wie der Geist Habsburgs die imperiale Szenerie auf dem Felsen beherrscht, so ist auch der kleine Ort darunter unverkennbar von altösterreichischem Flair geprägt. Frain ist eine Hochburg des Tourismus. In seiner unmittelbaren Nähe befindet sich ein in den dreißiger Jahren gebauter Staudamm, der den krausen Lauf der Thaya zwischen Freistein und Frain zu einem 32 Kilometer langen See aufstaut. Das anmutige Tal ist dadurch zu einem Paradies für Erholungssuchende geworden. In die klaren, grünblauen Wasser des Thaya-Sees strecken sich dicht bewaldete Landzungen vor, Ruinen überragen die Wipfel auf den gewölbten Bergkuppen, Burgen, weiß gegen den blauen Himmel, lagern breit auf Granitfelsen. In den weit geöffneten oder schmalen und versteckten Buchten leuchten bunte Dreieckszelte. Licht und heiter liegen diese Gefilde unter der Sonne, die Luft ist weich vom Wasser und würzig von den Wäldern. Die gotisch-neugotische *Burg Vöttau (Bítov)*, in der es eine große Waffensammlung zu studieren gibt, und die *Ruine Zornstein (Cornštejn)*, deren große Tortürme einst zur Kontrolle von Straße und Flußlauf dienten, sind zwei von mehreren Punkten, die das Motorschiff von Frain aus ansteuert und die der Wanderlustige zum Ausgang oder Ziel vieler Streifzüge nehmen kann.

Znaim: Gurken von altersher

Hier möchte ich wol wohnen, so lieblich und freundlich ist die ganze Gegend, selbst unter dem Schnee. An der einen Seite stößt die Stadt an ziemliche Anhöhen, und auf der anderen, vorzüglich nach Österreich, wird die Nachbarschaft sehr malerisch durch die Menge Weingärten, die alle an sanften Abhängen hingepflanzt sind, bemerkte der Syrakus-Wanderer Johann Gottfried Seume im Jahre 1802 bei seiner Durchreise durch Znaim und fügte hinzu, sein Gefährte, der sich besser drauf verstünde als er, habe ihm versichert, wie prächtig der Wein sei. Wie in vielen anderen Gegenden Südmährens, wurde auch in der Znaimer Umgebung schon seit dem 10. Jahrhundert Wein angebaut. Jahrhundertelang war die Stadt der Umschlagplatz für den gesamten südmährischen Rebensaft, der in viele Gegenden Deutschlands ausgeführt wurde. Als dann zu Beginn des vorigen Jahrhunderts die Weingärten rund um Znaim immer weniger hergaben, trat eine andere Frucht an Stelle der Reben, die den Namen der Stadt buchstäblich in aller Mund brachte: die Znaimer Gurke. Daß die in diesem Landstrich wachsenden Pfeffergewürzgurken besonders pikant seien, wußte man längst. Schon Ferdinand II. hatte sie als unvergleichliche Delikatesse gerühmt, als der Abt des Prämonstratenserklosters Bruck ihm bei einem Festgelage eine Kostprobe davon aus seinem Klostergärtchen servierte. Aber erst um die Mitte des vorigen Jahrhunderts wanderte sie aus den Hausgärten aufs Feld, von dort in die Konservenindustrie, und mit der 1870 angelegten Nordwestbahn Wien–Znaim–Iglau–Prag in alle Richtungen Mitteleuropas.

Znaim (Znojmo) war im 11., 12. und 13. Jahrhundert einer der drei přemyslidischen Fürstensitze in Mähren. Seine Burg galt als die strategisch wichtigste unter den Grenzvesten an der Thaya, die das Land damals gegen die babenbergische Ostmark sicherten. Von der romanischen Burganlage auf

einem zur Thaya und zum Granitzbach abfallenden Felsen
im Nordwesten der Stadt steht heute nur noch eine ehemals
der heiligen Katharina geweihte Rundkapelle aus groben
Quadern, die einst zur Vorburg gehörte. Dieser sogenannte
›Heidentempel‹, der mächtig, schroff und fremd ein häß-
liches Brauerei-Gelände überragt, birgt das älteste und bedeutendste Zeugnis romanischer Wandmalerei in Mähren.
In der Halbkuppel der Apsis ist die Majestas Domini mit den
Aposteln, im Gewölbe des Hauptraums sind die Evangelisten
zwischen geflügelten Cherubim dargestellt. Die Wände der
Rotunde umlaufen drei Bildstreifen: der unterste zeigt Szenen aus dem Leben Mariae und Christi und aus der Geschichte der Christianisierung Mährens; die beiden darüber-
liegenden geben die Genealogie der Přemysliden nach der
Cosmas-Chronik wieder: sie beginnen mit dem Pflüger
Přemysl, dem die Boten Libussas den Fürstenmantel um-
legen und schließen mit dem Znaimer Herzog Luitpold und
seiner Gemahlin Itha. Von den anderen Přemyslidenfürsten,
die hier dargestellt sind, konnte nur eine durch Krone und
Szepter als König gekennzeichnete Gestalt mit völliger Sicherheit bestimmt werden, es handelt sich um König Wratislaw I.
(als Herzog von Böhmen Wratislaw II.), der von 1061 bis 1092
regierte. Er war der erste böhmische König. Die im 19. Jahrhundert erneuerten Wandmalereien werden seit einiger
Zeit gereinigt: man muß also Glück haben, um die Rotunde
zugänglich zu finden. Die jenseits einer Felsenbrücke liegenden ehemaligen Wohnbauten der Burg sind um 1700 von den
damaligen Besitzern, den Grafen Deblin, barockisiert worden und dienen seit 1910 als *Stadtmuseum*. Unter dessen Beständen findet man einige sehr schön Stücke mittelalterlicher
und barocker Plastik, eine bemerkenswerte Sammlung von
Fayencen und alte Stadtansichten von Znaim.

   An der schönen Silhouette der Stadt hat sich, wie die Stiche
dort zeigen, nicht viel geändert. Der hohe, schlanke, phanta-

sievoll bekrönte *Rathausturm* ist nach wie vor ihr Blickpunkt. Dieses spätgotische Kunststück an Turmhaube mit zwei übereck stehenden Helmen, mit Galerien und Spitztürmchen, vollbrachte Meister Niklas von Edelspitz, der im Spätmittelalter in Südmähren führende Steinmetz, dessen Name auf seinen Geburtsort Edelspitz bei Znaim hinweist. Meister Niklas hat auch den Chor der Znaimer Stadtpfarrkirche *St. Niklas* gebaut und sich dort mit einem steinernen Selbstbildnis verewigt. Die dreischiffige Hallenkirche, die etappenweise zwischen 1338 und 1500 entstanden ist, prunkt im Inneren mit reichem Maßwerk und schönen Gewölbefigurationen und einer originellen, in Form einer Weltkugel gestalteten Barock-Kanzel. Neben der hart an der alten Stadtmauer liegenden Pfarrkirche duckt sich die *Doppelkapelle St. Wenzel*, deren unterer frühgotischer Raum einer der ältesten Sakralbauten Znaims ist und heute dem russisch-orthodoxen Kult dient, indes der darüberliegende Raum erst um 1500 entstanden ist und, heute unbenutzt, seine verschlungenen Gewölberippen als Architekturdenkmal präsentiert.

Rund um dieses Kirchenplateau sowie in dem Graben, der es vom Burgberg trennt, stehen die ältesten Häuser der Stadt. Hinter ihren niedrigen, abgenutzten Fassaden verbergen sich manchmal bezaubernd malerische, blumengeschmückte Laubenhöfe. Oberhalb und unterhalb des Rathauses öffnet sich das Winkelwerk der Gassen auf den viereckigen Oberen und den rechteckigen Unteren Platz, die einige stattliche Renaissance- und Barockfassaden zeigen. Dahinter domizilierten in vergangenen Zeiten bei reichen Gastgebern hohe Gäste, so etwa der Preußenkönig Friedrich II., als er Znaim besetzte, so Wallenstein, als er zu Unterhandlungen mit dem Abgesandten Kaiser Ferdinands II. hier zusammentraf, so Kaiser Sigismund, einer der letzten Luxemburger, als ihn 1438 schwere Krankheit hier festhielt, der er endlich erlag. Auch einem der letzten aus der langen

Reihe der Přemysliden und ihrem mächtigsten Herrscher, Ottokar II., bereitete Znaim die letzten Ehren: der 1278 in der Schlacht gegen Rudolf von Habsburg auf dem Marchfeld gefallene Böhmenkönig wurde bei den Minoriten nah der Burg begraben; nach zwanzig Jahren erst wurde sein Leichnam nach Prag überführt.

Der heutige Besucher Znaims muß sich notgedrungen an die historischen points de vue halten, denn wenig andere Städte Mährens sind durch die Aussiedlung ihrer früheren deutschen Bevölkerung noch heute so sichtbar in ihrem Lebensnerv getroffen wie diese. Daß man das knapp vor den Stadttoren liegende *Kloster Bruck (Louka)* schwerlich beachten würde, wüßte man nicht von seiner Bedeutung, ist freilich nicht den Umwälzungen in jüngst vergangener Zeit zuzuschreiben, sondern der Säkularisation unter Joseph II., der das Kloster der Prämonstratenser zum Opfer fiel, noch bevor es fertig gebaut war. Seither ist es als Tabakfabrik, Spital und schließlich Kaserne gründlich verschlissen worden. Dabei waren hier die beiden Größten des österreichischen Barock, Lukas von Hildebrandt und Franz Anton Maulbertsch, am Werk gewesen! Hildebrandt hatte einen großgearteten Entwurf geliefert, ähnlich jenem für Stift Göttweig in Niederösterreich. Geplant war ein weit ausladendes Bau-Viereck, dessen Dominante in der Achse der Westfront die Stiftskirche mit zwei Türmen und einer mächtigen Kuppel bilden sollte. Der Bau wurde 1748 begonnen, aber nur die Ostseite gedieh vollständig, die anderen Trakte blieben Fragment. 1778 malte Maulbertsch in der Bibliothek ein in Form und Idee kühn konzipiertes, die Harmonie der Wissenschaften mit der Theologie darstellendes Großfresko. Es wurde bereits sechs Jahre später bei Säkularisation des Klosters brutal übermalt. Nach dessen Vorbild gestaltete Maulbertsch später das Fresko in der Bibliothek des Prämonstratenserklosters Strahov in Prag, wohin auch die Buch-

bestände sowie die kunstvollen Büchergestelle von Bruck
befördert worden waren.

Der wenig versprechende äußere Zustand der Stiftskirche
sollte den Besucher von einem Blick ins Innere nicht abhalten.
Denn der hohe klare Raum und darin Hochaltar, Kanzel und
Taufbecken des Salzburger Bildhauers Pernegger sowie das
von unbekannter Hand stammende Chorgestühl sind sehenswert! Der in spätromanischer Zeit begonnene, in der Spätgotik vollendete, in der Renaissance und im Barock um-
gestaltete Bau steht auf einer Krypta, die wahrscheinlich bis
ins 11. Jahrhundert zurückreicht und die Gruft jener Wittels-
bacherin Judith gewesen sein kann, die hier eine Kapelle und
damit die Keimzelle der späteren Klosteranlage gestiftet hat.

Bevor wir weiterfahren, sei daran erinnert, daß in dem
Dorf *Poppitz* bei Znaim im Jahre 1793 Carl Postl geboren
wurde, jener Schriftsteller, dessen Lebensweg als Jesuiten-
schüler in Znaim begann, an den Anfang einer vielver-
sprechenden geistlichen Karriere nach Prag führte, ihn dann
aber in äußersten Gegensatz zur reaktionären und zentra-
listischen Stabilisierungspolitik Metternichs geraten ließ –
ein Prozeß geistiger Emanzipation, in dessen Konsequenz
es lag, daß Postl den Priesterrock ablegte, spurlos verschwand und, was sich erst nach seinem Tode (1864) ent-
hüllen sollte, in der Maske einer pseudonymen Existenz als
Charles Sealsfield nach Nordamerika auswanderte. Unter
diesem Namen betrieb der liberal gesonnene Mann vielerlei
undurchsichtige Geschäfte zwischen den Kontinenten, indes
sich sein Ruhm als kraftvoller, realistischer, von demokra-
tischer Überzeugung beseelter Darsteller des nordameri-
kanischen Lebens auch im alten Europa verbreitete. Sein
Leben, stets von der intensiven Verflechtung politischer und
literarischer Interessen geprägt, endete in der Schweiz, wohin sich Postl, in späteren Jahren zur Einflußlosigkeit verurteilt, zurückgezogen hatte. Die mährischen Ursprünge

dieser in manche Kulissengeheimnisse der internationalen Politik verstrickten Existenz blieben über den Tod hinaus eine schweigend gehütete Erinnerung.

Nikolsburg – Asyl der Wiedertäufer

Bei der Hochzeit des Magnaten Wilhelm von Rosenberg auf Krumau im Jahre 1578 wurden sechshundert Hektoliter Wein getrunken. Das goldene Labsal für die rauhen Kehlen der Ritter und die zarten Gaumen der Hofdamen stammte aus dem Landstrich zwischen Znaim und Lundenburg. Das sonnige Gelände, durch das die Thaya hier fließt, ist weithin bedeckt mit Riesenstreifen von Getreidefeldern, reizvoll belebt durch rebenbestandene niedrige Hügelketten, Obstgärten und Auwälder, und überraschend unterbrochen durch die Kuppen der Pollauer Berge, die sich nördlich *Nikolsburg (Mikulov)* aus der Ebene erheben wie Inseln aus einem See. Eine mild leuchtende Farbenfülle hüllt diese unverstellte, unendlich harmonische Landschaft ein. Die Weinstöcke in lockerer hellgrauer Erde bilden anmutige Geometrien. Es ist hauptsächlich Weißwein, der hier kultiviert wird, grüner Veltliner, Rheinriesling, Zierfandler, Neuburger, er hat ein zartes Bouquet und schmeckt, mit einer würzigen Nuance im Hintergrund, leicht und spritzig. Der Rote, meist Burgunder oder Blaufränker, schmiegt sich mild in den Mund.

Kein Wunder, daß sich die Nikolsburger Schloßweinstube als Hürde vor der geplanten Schloßbesichtigung erweist, um so mehr, als dort gerade ein Filmteam launige Betriebsamkeit entwickelt, soeben im Begriffe, das *Schloß* als Kulisse zu annektieren. Ein imposantes Szenarium hat es sich da ausgesucht!

Dies ist das wunderbarste alte Schloß, was man sehen kann. Es war fast dunkel, als ich ankam. Wir fuhren durch drei oder vier finstere Tore zwischen Wartthurm und Felswänden steil aufwärts in die engen Schloßhöfe. Es ist eine Dietrichsteinsche Burg, gehört dem Grafen Mensdorff, der die eine der beiden Erbtöchter geheirathet hat. Das Geschlecht ist ausgestorben, alle Wände sind bedeckt mit Kardinälen, Generälen und Deutschherren des berühmten Namens.

So berichtete noch in der Nacht nach seiner Ankunft – am 19. Juli 1866 – Helmuth von Moltke nach Hause. Und einige Tage später:

Soeben sind die Friedenspräliminarien zwischen Bismarck und Karoly, die Waffenstillstandkonventionen von mir und Degenfeldt gezeichnet worden.

Im Jahrhundert davor, 1753, hatte Maria Theresia hier die Huldigung der mährischen Stände entgegengenommen, und nochmals mehr als hundert Jahre zurück, 1621, hatte Kardinal Dietrichstein mit dem Siebenbürger-Fürsten Bethlen Gabor hier Frieden geschlossen und ihn zum Verzicht auf die ungarische Krone bewogen, die der Rebell Kaiser Ferdinand II. abspenstig gemacht hatte.

Der mächtige Politiker Karl Franz Dietrichstein, Gubernator Mährens und Olmützer Fürsterzbischof, residierte hauptsächlich in Nikolsburg. Unter ihm und den Nachfolgern aus seiner Familie wurde die einstige Liechtenstein-Burg, die Kaiser Maximilian II. seinem Vater geschenkt hatte, zu einem fünfeckigen Wohnschloß mit Rundtürmen an den Ecken um- und ausgebaut und ein großer Park mit Orangerie, Winter- und Sommerreitschule angelegt. Bedeutend für den Ausbau war die Tätigkeit des an Johann Bernhard Fischer von Erlach orientierten Wiener Baumeisters Alexander Oedtl, der um 1720 das Schloß nach einem Brand wiederherstellte und dabei über der Nordbastion die gewölbte Rotunde eines Ahnensaals einbaute, die, wie jene von Frain, als Ruhmeshalle für das Geschlecht der Hausherren gedacht war. Der Maler Preuner schmückte sie mit Bildern aus dem Leben des Kardinals. Fischer von Erlach selbst entwarf die Fassade der

17   *Der Marktplatz von Teltsch*

21   Schloß Eisgrub, Gartenfront

Schloßportal und Rathausturm in Nikolsburg   22
→

o   Schloß Frain über der Thaya

Annakirche außerhalb des Schlosses, in der sich die Familiengruft der Dietrichstein befindet. Zu jener Zeit war der aus Oberbayern stammende, bei Mattielli in Wien geschulte Bildhauer Ignaz Lengelacher in Nikolsburg ansässig; er schuf innerhalb des Schloßkomplexes sowie unten in der Stadt viele Werke, deren Eleganz etwa die mit Wappen und Atlanten dekorierte Stirnfront im inneren Schloßhof bezeugt.

Die Räume, die der Besucher heute durchschreitet, sind allerdings nur eine Erinnerung an die früheren, denn das Schloßinnere brannte im April 1945 vollständig aus und wurde später detailgetreu rekonstruiert. Seit 1960 ist hier das *Stadtmuseum* untergebracht, das Gelegenheit gibt, die berühmten Fayencen aus den Werkstätten der Wiedertäufer kennenzulernen.

Nikolsburg war rund hundert Jahre lang eine Hochburg der Wiedertäufer. Diese Sekte, so genannt, weil sie die Kindertaufe verwarf und die zu ihr übertretenden Kirchenchristen im Erwachsenenalter wiedertaufte, war aus der Reformbewegung in der Schweiz hervorgegangen. Christus galt ihr nicht als Gott, sondern als Prophet; sie lehnte infolgedessen den Glauben an die Gegenwart des Heilands im Meßopfer radikal ab, wie sie denn die Messe überhaupt, auch Firmung, letzte Ölung, Beichte, Ablaß nicht anerkannte und bei ihren Gottesdiensten keinerlei Zeremonien duldete. In der Überzeugung, eine Erneuerung des Christentums könne nur im urchristlichen Geist erfolgen, bildete sie Gemeinden auf kommunistischer Grundlage und verlangte von ihren Anhängern unbedingten Gehorsam und völlige Besitzlosigkeit. Vom Reformator Zwingli aus der Schweiz vertrieben, weil sie von seiner Lehre abgefallen waren, von den Regierungen allenthalben verfolgt, weil sie Steuerabgaben verweigerten, um die Finanzierung von Kriegen unmöglich zu machen, flüchteten ihre Anhänger von Land zu Land – bis sie endlich in Mähren ein ruhiges Asyl fanden.

Dieses Asyl hatte ihnen ihr Führer, Balthasar Hubmaier, erschlossen, der vom Katholizismus zum Zwinglianismus und vom Zwinglianismus zum Wiedertäufertum übergetreten war, und, unaufhörlich gehetzt, sich schließlich nach Mähren wandte, das den Ruf religiöser Toleranz genoß. Wirklich hatte die Familie Liechtenstein ihm erlaubt, sich in Nikolsburg niederzulassen. Sehr bald folgten ihm Scharen von Anhängern. An die zwölftausend Wiedertäufer sollen sich damals, um 1525, in Südmähren zusammengefunden haben. Die Regierung wollte auch hier gegen die Ketzerumtriebe einschreiten, es gelang ihr gar, Hubmaiers habhaft zu werden und ihn 1528 dem Scheiterhaufen auszuliefern, aber mehr konnte sie nicht erreichen. Denn der evangelisch gesinnte Adel Mährens hielt seine Hand über die Verfolgten und war mächtig und geschickt genug, sie allen Zugriffen zu entziehen. Die Schützlinge lohnten es ihm durch Ehrsamkeit und Emsigkeit, sie galten als hervorragende Handwerker und kundige Heilkünstler. Besonders ihre Keramiken: Teller, Tassen und Gefäße mit charakteristischem sattfarbigem Blumendekor auf ausgespartem weißem Grund, waren ein begehrtes Gut. Als der protestantische Adel durch den Sieg des Katholizismus in der Schlacht am Weißen Berg 1620 entmachtet wurde, zogen die nun schutzlos gewordenen Wiedertäufer nach Ungarn und Siebenbürgen. Dort wurden ihre Keramiken als ›Habaner Fayencen‹ bekannt, ein Name, der den italienischen Schicksalsgenossen der Wiedertäufer entliehen war. Denn als ›Habaner‹ bezeichnete man in Ungarn die während der Borgia-Zeit aus der italienischen Fayence-Stadt Faenza vertriebenen ›Neuchristen – nuovi cristiani‹, die hier ansässig geworden waren.

Nikolsburg besaß einst auch eine sehr große Judengemeinde. Ihr Ghetto war der Sitz des Oberrabbiners von Mähren. Die jüdische Schule genoß Ansehen in der ganzen Monarchie; an ihr wurde unter anderen der spätere Prager Rabbiner David

Oppenheimer erzogen, der von seinem Onkel Samuel Oppenheimer, dem Hoffaktor des Prinzen Eugen, ein immenses Vermögen erbte und damit eine bedeutende hebräische Bibliothek aufbaute, die sich heute in Oxford befindet.

In der Piaristenkirche schuf Franz Anton Maulpertsch 1759 die Fresken von Hauptkuppel, Chor und Orgelchor mit Szenen aus dem Leben Johannes des Täufers sowie der Hl. Dreifaltigkeit: ein Werk aus seiner glücklichsten Schaffensperiode, erlesen im Kolorit und geistvoll im dekorativen Aufbau.

Auf den Spuren der Mammutjäger

Nikolsburg liegt am südlichen Rand des kleinen, rundgewölbten Massivs der *Pollauer Berge (Pavlovské kopce)*, einem weißen Klippengebirge, nicht hoch, doch merkwürdig durch seine einsame Lage inmitten der Ebene, und reizvoll durch seine hier mit Laubwald, dort mit Steppenflora bedeckten Hänge und die von Klüften und Höhlen durchsetzten Felspartien. Diese Klausen boten in grauer Vorzeit den Nomaden willkommene Rastplätze. Indogermanen, Kelten, Hallstattmenschen, Gallier, Germanen, Slawen hinterließen ihre Spuren. Seit 1924 aber weiß man, daß schon weit vorher, nämlich in der Jüngeren Altsteinzeit, das heißt zwischen 50 000 und 10 000 v. Chr., hier Menschen hausten: Mammutjägerhorden, die auf die Mammuts, Nashörner, Bisone, Hirsche und Rentiere in der warmen Thaya-Ebene Jagd machten. In jenem Jahr wurde bei *Unter-Wisternitz (Dolní Věstonice)* am nördlichen Zipfel der Pollauer Berge von einer Archäologengruppe unter Professor Absolon eine Mammutjägerstation aus acht Meter tiefer Lößschicht ausgegraben. Man fand einen Lagerplatz und drei Brandplätze, übersät mit Tierknochen aller Art, fossilen Menschenschädeln, Pfeilen, Stein- und Knochenartefakten. Und man fand Zeugnisse frühester Kunst: kleine, kaum daumengroße Keramikfiguren von Bären, Rentieren,

Eulen oder Mammuts, die alle bisherigen Ergebnisse der Archäologie umwarfen. Denn bis dahin hatte man angenommen, daß das Kneten in Ton erst eine Errungenschaft der Jungsteinzeit gewesen sei, die etwa zwischen 3500 und 2500 v.Chr. angesetzt wird. Die spektakulärste Ausgrabung von Unter-Wisternitz war jene seither nach dem Ort benannte Venus-Statuette, die wir im Brünner Landesmuseum betrachtet haben.

Das künstliche Paradies von Eisgrub

Für uns Kinder, aber auch für die Erwachsenen, vornehmlich von dem Tage an, da ihnen das Jagdgewehr ausgehändigt und Rosinka, der Heger, als Geleitsmann mitgegeben wurde, galt als Ort höchsten Entzückens und üppigster Freude ein Teich, eine ganze Teichlandschaft mit Wassergräben, Schleusen, kleinen Brücken und von Feuchtigkeit faulenden Stegen, eingebuchtet zwischen Wein- und Getreidehügeln, sanft ansteigenden, zu einem Nachbardorf gehörig, in welchem wir einen Meierhof besaßen. Ich erinnere mich mancher Sommer, in welchen der Staub auf den Feldwegen so dicht und pulverig geworden war, daß es unter den Klauen der langsam und bedächtig einherschreitenden Kühe und unter den Rädern der kleinen Bauernwagen, denen jene vorgespannt waren, zu rauchen schien wie vom Rauch eines schwelenden Feuers. Dort aber um den Teich herum war alles feucht, saftig und frisch, ich stellte mir Tropenlandschaften so vor. Die Ufer der Teiche waren mit großen Flächen dichten Schilfs und Rohrs bedeckt, dazwischen da und dort die hellvioletten Blüten des Liesch aufleuchtend oder die weißen des Pfeilkrauts. Wildenten flogen ein und gaben ihren schnatternden Laut von sich inmitten der großen Stille, auf den dunkelgrünen Spiegeln der Teichflächen schwammen Bläßhühner und Lappentaucher, verschwanden im Rohr; durch das Strahlengespinst der widergespiegelten Sonne blitzten bläulich-grüne Libellen, und hoch in der Luft zog ein Reiher seine Kreise, sie über die grünen Wasser hinaus zu den Feldern und Hügeln hin ausweitend.

So erzählt der Philosoph und Physiognomiker Rudolf Kassner, der aus Groß-Pawlowitz nördlich von *Eisgrub (Lednice)* stammte, in seiner Autobiographie ›Die zweite Fahrt‹ von den Teichen seiner Heimat. Das Tal der unteren Thaya ist streckenweise eine weg- und steglose Wasserwildnis aus Sümpfen, Tümpeln, verschilften Teichen oder kristallklaren kleinen Seen – eine elegische Wildnis, die in zartesten Farben irisiert und von scheuen Geräuschen erfüllt ist. Im Süßgras und Rohrdschungel, und auf den glatten Wasserflächen, wo Seerosen und Wasserranunkeln ihre weißen und gelben Blüten schaukeln, sind Enten, Teichhühner, Haubentaucher, Rohrdommeln, Bekassine, Kibitze, Störche, Kormorane zu Hause – und noch eine ganze Menge anderen Federvolks, das freilich nur ein Ornithologe zu benennen wüßte.

Im Sumpfgebiet zwischen Eisgrub und Feldsberg, wo die Thaya träge floß und das Land nach jedem Regenguß meilenweit überschwemmte, schuf am Beginn des 19. Jahrhunderts Fürst Johann Josef I. von Liechtenstein eine riesige Parklandschaft. Nach dem Konzept des Gartenarchitekten Fanti legten Hunderte von Arbeitern die Sümpfe trocken, regulierten den Flußlauf und gruben künstliche Teiche mit Inseln. Botaniker des Fürsten brachten für die Anlage sechsunddreißigtausend Samengattungen und Pflanzen aus Amerika herbei. Von Laubengängen überschattete oder hell unter der Sonne liegende Wege führen an gepflegten Rasen oder bunten Blumenrabatten vorbei, schlängeln sich durch dichte Waldpartien oder an Felsengruppen und Bächen entlang, machen Seitensprünge zu ruhevollen Plätzen unter uralten Eichen und vielstämmigen Linden, laufen breit auf bizarre und graziöse Architekturen zu, die mit exotischen oder antiken Motiven spielen: ein siebzig Meter hohes Minarett, die künstliche Ruine eines römischen Äquadukts, ein Tempel, ein Triumphbogen, ein Belvedere-Schlößchen, Pavillons …

Inmitten dieser inszenierten Natur aber liegt inszenierte

Historie: ein Prunkschloß, nicht organisch gewachsen im Laufe von Jahrhunderten, sondern gleichsam im Traum gebaut: denn so träumte das 19. Jahrhundert von der Gotik. Der kolossale Bau mit seinen Quer- und Seitentrakten, dem hohen Fahnenturm und der Schloßkirche ist überwuchert mit Wimpergen, Fialen, Erkern, Zinnen, Wasserspeiern und Wappen. Auch in den großräumigen Interieurs, deren kostbare Vertäfelungen eine lautlose Atmosphäre erzeugen, herrscht das Maßwerk. All die prachtvollen Schnitzereien an Geländern, Leuchtern, Möbeln sind der Gotik nachempfunden – jedes Ornament eine elegische Erinnerung. Ungotisch darin, eher eine Mischung aus Renaissance und Neuzeit, ist nur die Schloßführerin, eine mondän geschminkte slawische Schönheit, die mit Samttimbre und ohne die leiseste Gnade eines Lächelns die Kolonne der Filzpantoffelträger in der Schloßgeschichte unterweist, wobei sie sich einer äußerst sachlichen Darstellung befleißigt, anders als das Motto am Eingang zum Jagdmuseum des Schlosses, das die Existenz dieses Museums reichlich wolkig marxistisch unterbaut, nämlich so:

Binnen zweitausendjährigen Daseins slawischer Kulturen in unseren Ländern spiegelte das Waidwerk das Wandeln der gesellschaftlichen Entwicklung. Das tschechoslowakische Volk, nachdem es die Regierung eigener Dinge in seine Hände nahm, gab es seinen moralischen Beziehungen zur Natur dadurch Ausdruck, daß es das Waidwerk als wirtschaftliche Bestrebung auffaßte und es in das Werk der Heimatgestaltung und Schaffung von materiellen und kulturellen Werten einverleibte.

Die Geschichte Eisgrubs war vom 13. Jahrhundert bis 1945 untrennbar mit dem Haus Liechtenstein verbunden. Dieses Geschlecht stammt aus Niederösterreich, wo es schon im 12. Jahrhundert südlich und nördlich der Donau Güter besaß. Es stellte Herzogen und Königen tapfere Schlachtenführer, kluge Hofmeister, geschickte Finanzberater, brillante Unterhändler und errang sich dadurch eine Stellung von hohem

Einfluß. Im Laufe der Zeit dehnte es seine Besitzungen auf
große Teile Mährens und Schlesiens aus. Wie die Rosenberg
und später die Schwarzenberg in Südböhmen, wurden die
Liechtenstein hier die heimlichen Regenten des Landes. In der
Renaissance gingen ihre Rechte bereits so weit, daß sie Mün-
zen schlagen, die Namen der Städte verändern, Jahrmärkte
anberaumen, Doktoren und Poetae laureati ernennen konnten. Um diese Zeit wurde Eisgrub zusammen mit dem angrenzenden Feldsberg die Hauptresidenz der Fürsten. Bedeutende Repräsentanten der Familie waren damals Fürst
Karl (1569–1627) und Fürst Karl Eusebius (1611–1684). Karl,
der eine hervorragende Ausbildung in der Schule der Mährischen Brüder in Eibenschitz genossen hatte, zu deren Anhängern die Familie damals gehörte, konvertierte unter dem
Einfluß des Kardinals Dietrichstein zum Katholizismus und
wurde der Anführer der katholischen Partei in den Religions-
kämpfen. Im habsburgischen Bruderzwist stand er auf Seiten
des Königs Matthias. Er bekleidete das Amt des Landeshaupt-
manns von Mähren und später des Statthalters von Böhmen.
Das Interesse seines Sohnes Karl Eusebius wiederum konzentrierte sich mehr auf die Künste als auf die Politik. Er war
einer der bedeutendsten Kavaliersarchitekten seiner Zeit –
eines seiner Werke werden wir in Plumenau sehen – und ein
Mäzen verschwenderischen Ausmaßes. Unter beiden Fürsten
waren die Baumeister Johann Baptist Carlone, Johann Jacob
Tencala und Andreas Erna sowie italienische Maler, Stukkateure und Bildhauer an Schloß und Garten tätig. Damals schon
wurde der Garten berühmt, Berichte sprechen von einer
Orangerie mit dreitausend Orangenbäumen und einem Ge-
wächshaus mit einer Sammlung der seltensten Orchideen der
Erde. Karl Eusebius' Sohn Johann Adam Andreas (1662–1712),
der Erbauer des Wiener Vorortes Liechtenthal, beauftragte
dann Johann Bernhard Fischer von Erlach mit dem Bau der
Reitstallungen von Eisgrub. Es entstand ein prachtvoller Drei-

flügelkomplex mit Triumphtor um einen viereckigen
Binnenhof, in dessen Mitte sich der barock geschwungene Bau
der Pferdeschwemme befindet.

*Der frühe Reitstall in Eisgrub ist wahrhaft ein ›Schloß der Rosse‹.
In ihnen sieht der Bauherr die Tugend der ›magnanimitas‹ verkörpert, die ›hochherzige Freudigkeit‹; selbst heldenhaft, gehören sie
zum Heros und zum Fürsten, und so gebührt ihnen ein Gebäude,
das Pracht und Größe darstellt. (Hans Sedlmayr)*

Außer diesem Marstall und einigen Architekturen im Park
ist aus früherer Zeit nichts geblieben. Der riesige Neubau des
19. Jahrhunderts hat alles verdrängt. Um ihn zu verstehen,
muß man wissen, daß der vaterländische Historismus der
Romantik in den Ländern der Wenzelskrone auf den besonders fruchtbaren Boden eines vom Landespatriotismus inspi-
rierten Geschichtsbewußtseins fiel. Heimat- und Stadtmuseen
wurden damals gegründet, Volksliedersammlungen und
Mappenwerke einheimischer altertümlicher Baukunst her-
ausgebracht, die Landeskunde und die Heimatforschung
nahm einen kräftigen Aufschwung. In der Architektur setzte
sich die romantisch-neugotische Stilrichtung schnell durch.
Nicht mehr aus Italien und Frankreich, sondern aus England
holten sich die Baumeister jetzt ihre Anregungen. Daß es das
ferne Eiland war, an dem man sich plötzlich orientierte, ist
nicht verwunderlich: dorthin reisten ja die Grundherren des
Kontinents, um sich über rasche und rationelle Methoden der
Industrialisierung belehren zu lassen. Auch Fürst Alois
Josef II. (1796–1858) war als Mitglied der österreichischen Botschaft in England gewesen. Nach seiner Rückkehr beauftragte
er 1845 den Wiener Architekten Georg Wingelmüller mit dem
Neubau der Eisgruber Residenz im Stile der Tudor-Gotik.
Andere Adelige folgten seinem Beispiel – und es begann eine
rege und luxuriöse Bautätigkeit in Mähren, die einige exem-
plarische Zeugnisse neugotischen Stils hervorbrachte.

Im Gegensatz zu Eisgrub, mit dem es durch eine acht Kilometer lange Allee verbunden ist, blieb Schloß *Feldsberg* *(Valtice)* in seiner Barockgestalt erhalten. Das Wohnschloß ist ein ausladender, in sich abgeschlossener Komplex aus vier Flügeln um einen fast quadratischen Hof, großzügig umgeben von vier Trabantenbauten, die Marställe und Reithallen beherbergten. Den Schloßpark entwarf der Versailler Architekt Dominique Girard, am Schloß selbst waren dieselben Baumeister des Barock tätig wie in Eisgrub. In der Liechtensteinischen Hofkellerei von Feldsberg wurden aus den rund um das alte Weinstädtchen wachsenden Trauben Spitzenweine erzeugt, deren Güte eine frühere Quelle treuherzig damit beweist, daß sie »im weltberühmten Wiener Rathauskeller viele starke Männer in ein frühes Grab brachten«.

Durchgangsstation Lundenburg

Auch *Lundenburg (Břeclav)* war seit 1638 Liechtensteinischer Besitz. Davor herrschten einige Generationen lang die Herren von Zierotin hier – und diese hatten die im 11. Jahrhundert zur Sicherung des Marchüberganges erbaute ›Lavantenburg‹ in ein schönes Renaissanceschloß umbauen lassen. In Lundenburg trafen sich jahrhundertelang die Verkehrswege aus dem Süden und dem Norden Osteuropas und verstrickten sich die Interessen Ungarns, Österreichs und Böhmens. Lundenburg war auf dem Wiener Nordbahnhof früher der am häufigsten ausgerufene Name, ein Name, der unwillkürlich die fahlen Bilder einer unumgänglichen Durchreisestation heraufbeschwören mochte: nüchterne Hotels, ein Riesenbahnhof mit unaufhörlich rangierenden Zügen, spärlich beleuchtete, von beklemmendem Branntwein- und Tabak-Geruch erfüllte Wartesäle, besetzt mit polnischen Juden, austriakischen Vertretern, böhmischen Händlern, mährischen Kleinbauern und schlesischen Revierarbeitern … Aber das von Teichen umrundete Städtchen in der Thaya- und Marchebene denkt nicht

daran, diesen altmodischen Vorstellungen zu entsprechen!
Es ist blumenbunt und betriebsam, seine Hotels geben sich
modern und warten mit ost-internationaler Küche auf, seine
Straßen sind dicht gesäumt mit Autos, denen Nationen- und
Städteschilder aus ganz Europa am Rücken kleben. Werden
sie, nach der Nachtrast, zielbewußt nach Prag durchfahren –
oder werden sie, wie wir, den Wegen folgen, die in den westlichen Teil Mährens hineinführen?

Olmütz – Bistumssitz und alte Hauptstadt

Kamen düsenn abent noch gehn Ulmetz, wölches düe hauptstatt in Merhern, eine cleine, aber wol erbaute, schöne und lustige statt; uf dem marct ein fein kunstreich uhrwerck, rüngs umbher gemalte heüsserr, wüe es dann an imme selber ein lustiger, groser blaz ist; das wasser, so do fürbey left, würt genant dü Morava.

So skizzierte ein Reisender aus Schwaben 1586 die Stadt *Olmütz (Olomouc)*. Und was über dreihundert Jahre später Tilla Durieux schrieb, die hier ihre Bühnenlaufbahn begann, wirkt wie heitere Farbtupfen auf diese Skizze:

Olmütz sah im Jahre 1901 aus wie von einem Kind aus der Spielzeugschachtel aufgestellt. Allerdings hatte es darüber reichlich Staub gestreut. Tag und Nacht lag über den Spielzeughäuschen der Duft der berühmten Olmützer Quargeln, kleiner, runder, stark riechender Käschen, die von hier aus ihren Siegeszug über die österreichisch-ungarische Monarchie angetreten hatten. Inmitten der Häuschen stand ein hübsches großes Theater, erstaunlich zunächst, aber dann verständlich, gedachte man der reichen Tuchfabrikanten, die dort lebten, und der Offiziere der Garnison, die täglich um zwölf Uhr mit Todesverachtung den Kampf mit den Katzenköpfen aufnahmen, um zu sehen und gesehen zu werden.

So niedlich und verträumt, wie es sich der großen Schauspielerin in ihren Erinnerungen darstellt, ist Olmütz freilich längst nicht mehr – und war es auch einst zu den Zeiten seines Glanzes als Bischofsstadt nicht. Aber die unwandelbare Grazie dieses ›mährischen Salzburg‹ mag die Durieux mit ihrem Vergleich von der Spielzeugschachtel wohl getroffen haben. Und steht man oben auf dem Heiligen Berg und sieht die Stadt im dunstigen Licht mit empfindsamen Konturen in weiter Ebene hingebreitet, dann kann sie einem wie die Spiegelung einer fernen Oase erscheinen.

Tatsächlich war die Furtsiedlung in dem langgestreckten Becken der verzweigten March den Kaufleuten und Händlern einst eine Oase auf ihrem Weg. Hier kamen sie durch, wenn sie von Polen nach Ungarn, von Ungarn nach Böhmen, von Österreich nach Polen zogen. Schon zu Zeiten des Großmährischen Reiches soll hier eine Wehrburg gestanden haben. Als Herzog Břetislaw I. Mähren mit Böhmen vereinte, richtete er auf dem heutigen Domhügel die Residenz des Olmützer Teilherzogtums ein. Knapp ein halbes Jahrhundert später, 1063, wurde unter Wratislaw II. Olmütz zum Bistum erhoben. Das verlieh der Siedlung eine ungemein hohe Bedeutung – und die Bewidmung mit Stadtrecht nach Magdeburger Muster am Beginn des 13. Jahrhunderts tat ein übriges, sie zum ›Haupt des Landes‹ zu machen.

Die Bischöfe von Olmütz schalteten und walteten allmächtig. Sie waren recht eigentlich die Regenten des Landes, insbesondere zu Zeiten, da die Landesfürsten fern residierten. Von der Entwicklung der Stadt sprechen, heißt darum, die Namen ihrer Bischöfe nennen. Der Kreuzfahrer Bischof Heinrich Zdik (1126–1150) rief die Prämonstratenser nach Mähren, deren Klöster Mittelpunkte der Kolonisierung und Missionierung wurden. Der Kanzler und Freund Ottokars II., Bischof Bruno von Schaumburg (1246–1281), der einem niedersächsischen Geschlecht von Pionieren und Städtegründern entstammte, förderte die Besiedlung des halben Landes durch deutsche Bauern und Handwerker, brachte durch Privilegien den Handel in Schwung, gründete die erste Lateinschule in Olmütz, stiftete neue Kanonikate bei der Olmützer Kathedrale St. Wenzel, ließ viele Städte – darunter Kremsier – anlegen. Bischof Johann von Neumarkt (1364–1380), der Reichskanzler Karls IV., der Vater einer neuen hochdeutschen Schriftsprache und das Haupt des Frühhumanismus in den böhmischen Ländern, bereitete der humanistischen Gelehrsamkeit in Olmütz den Boden, die dann unter Bischof Stanislaus Thurzo (1497–1540) hier zu hoher Blüte gelangte, wobei der Domprobst Käsenprot, genannt Augustinus Olomoucensis, als spiritus rector wirkte: ein Gelehrter, der so bedeutende Geister wie Erasmus von Rotterdam, Konrad Celtis oder Ulrich von Hutten zu seinen Freunden zählte. Bischof Wilhelm Prusinovsky (1565–1572) gründete in einer für die katholische Kirche recht kritischen Zeit mit Hilfe der Jesuiten die Olmützer Universität. Kardinal Franz Fürst Dietrichstein (1599 bis 1636) entwickelte im Zuge der von ihm mächtig vorangetriebenen Gegenreformation eine eifrige Bautätigkeit, die Fürstbischof Karl II. Lichtenstein-Kastellkorn (1664–1695) ins Außerordentliche steigerte. Im 19. Jahrhundert wirkten Kardinal Erzherzog Rudolf, der Bruder Kaiser Franz II. (1819 bis 1831) und Erzbischof Sommerau-Beeckh (1836–1853) hervorragend für die Kultur der Stadt.

Die ›Kleinseite‹ von Olmütz

Die Domäne der Bischöfe, Domherren und Ordensleute war der östliche Stadtteil. Zu Füßen des Wenzelsdomes und rund um die Bischofsresidenz bauten sie sich gleichsam eine Prager Kleinseite aus Adelspalästen, Ordenskirchen, Klöstern und Kollegien auf. Der *Wenzelsdom*, auf jener leicht erhöhten Felsenzunge errichtet, die der älteste Grund der Stadt ist, bildete als Hauskirche des Bischofs den sakralen Mittelpunkt dieses aristokratisch-klerikalen Terrains. Er war ursprünglich eine dreischiffige romanische Basilika, die mit dem aus der Burg hervorgegangenen *Herzogspalast* durch einen Ost- und einen Westgang in Verbindung stand. Beide Bauten stammen aus der ersten Hälfte des 12. Jahrhunderts. Vor etwa hundert Jahren entdeckte man Reste des längst zerstörten Palastes: eine Reihe von Fenstern im ersten Geschoß über dem heutigen

Domkreuzgang: zwei- und dreifache Rundbogen auf korinthischen Säulenkapitellen, geschmückt mit zart ausgearbeiteten und phantasievoll wechselnden Ornamenten. Man hatte Geschmack bei Hofe zu Olmütz!

Herzog Soběslav I., vor Ottokar II. der bedeutendste Přemyslide, der die ständig zwistigen Beziehungen Böhmens zu den Nachbarländern in freundschaftliche Bahnen lenkte und die Unabhängigkeit Böhmens dem Reich gegenüber durchsetzte, gewann diesem Hof politische und dynastische Bedeutung, indem er Fürstenzusammenkünfte und Fürstenhochzeiten hierher verlegte. Unter seinem Protektorat fand 1131 die feierliche Übertragung des Bischofssitzes aus der kleinen St. Peterskirche in den Dom statt. Wahrhaft verschwenderisch residierte dann Markgraf Wladislaw Heinrich, der Bruder Ottokars I., mit einem riesigen Gefolge von Hofschranzen und Künstlern in Olmütz, mit dem er 1201 belehnt wurde. Seine Nachfolger aber zogen vor, von Prag aus zu regieren. So wurde der Palast schon um 1230 aufgelassen und die Bischöfe dehnten ihre Hauskirche durch einen Kreuzgang auf sein Terrain aus. Was wir heute von diesem Kreuzgang sehen, stammt aus späterer Zeit: die Maßwerkfenster weisen auf das 14., die freigelegten Fresken auf das beginnende 16. Jahrhundert, wobei Jörg Breu d. Ä. als Meister in Erwägung gezogen wird.

Bruno von Schaumburg ließ um 1270 die romanische Basilika in eine gotische Hallenkirche umwandeln, von der aber nur noch das Hauptschiff original erhalten ist. Das große Presbyterium gehört der Spätrenaissance an. Die bemerkenswerte Grabplatte des Bischofs Markus Kuen und das dekorative Bronzegitter vor der Grabkapelle des Bischofs Stanislaus Pawlowsky sind Nürnberger Arbeiten von 1565 und 1595. Die aus alten Zeiten verbliebenen Bauteile und Details der Ausstattung haben es allerdings schwer, sich gegen die vorherrschende Neugotik durchzusetzen. Die dem Dom unmittelbar

benachbarte Spätrenaissance-Kirche *St. Anna* – einst der Ort
der Bischofswahl – mußte sich bei dem umfassenden Umbau
des Domes nach 1880 eine Verkürzung um vier Meter gefallen
lassen, um den Zugang zum Kreuzgang freizugeben. Der
Wohnturm dahinter ist ein Überbleibsel der alten Burg und
wurde der *Domdechantei* als Hauskapelle einverleibt.

In dieser Kapelle mag Domdechant Graf Anton Podstatzky
im Herbst 1767 unzählige Gebete zum Himmel gesandt
haben, um die Genesung des pockenkranken Knaben Wolfgang Amadeus Mozart zu erflehen, der mit seinen Eltern bei
ihm zu Gast war. In der frühen Geschichte des Landes aber
spielt die Domdechantei eine unrühmliche Rolle als Ort des
Mordes an König Wenzel III. Der sechzehnjährige, schöne, ge-
scheite, doch unzuverlässige König, Herr über Böhmen, Ungarn und Polen, hatte im ersten Jahr seiner Regierung, das
zugleich sein letztes sein sollte, allzu leichtherzig die Krone
Ungarns hergeschenkt. Als er nun auch die Krone Polens ge-
fährdet sah, zog er schleunigst aus, sie zu retten. Er begab sich
im August 1306 an die Spitze seines in Olmütz lagernden
Heeres und schlug sein Hauptquartier in der Domdechantei
bei dem Kämmerer Albert von Sternberg auf. Hier traf ihn
am 4. August der Dolch eines gedungenen Mörders. Wer der
Auftraggeber des Mordes, was dessen Motiv gewesen war, ist
ungewiß geblieben. Wie auch immer: mit dem Knabenkönig
fiel der Letzte der Přemysliden, deren Dynastie sechshundert
Jahre lang über Böhmen geherrscht hatte.

Den politischen Mittelpunkt des östlichen Stadtteils bildete
das *Fürsterzbischöfliche Palais*. Die hohen Herren, die hier
residierten, weit eher Staatsmänner als Seelsorger, waren als
Bischöfe von Olmütz zugleich Herzöge der Böhmischen
Kapelle und bekleideten das hohe Amt des Konsekrators bei
der Krönung des Königs von Böhmen. Während der Regie-
rungszeit Rudolfs II. (1576–1612) erhielten sie den Fürstentitel,
und im Jahre 1777, als in Brünn ebenfalls ein Bistum ein-

gerichtet wurde, stiegen sie zu Erzbischöfen auf. Ihr aus mehreren Vorgängerbauten zu weitläufiger Barockgestalt erwachsenes Schloß in der ehemaligen Residenz-Gasse (heute Wurmova ulice) schufen der Italiener Baldassare Fontana und seine Mitarbeiterschar zwischen 1667 und 1679 im Auftrag des Fürstbischofs Karl II. von Lichtenstein-Kastellkorn. Doch ist es im vorigen Jahrhundert erheblich – und nicht zu seinem Vorteil – verändert worden, wobei gar ein einst vielgerühmtes Deckenfresko von Carpoforo Tencala verschwand. Heute steht das Palais verlassen, und die Domherrenhäuser rundum Paläste auch sie, wissen nichts mehr von aristokratischem Glanz. An Stelle des Erzbischofs verwaltet ein Generalvikar die Diözese. Aber er wohnt, wie die heute noch lebenden Domherren, in einem Mietshaus.

Mondfern ist dem nüchternen Thronsaal im Schloß jener bewegte Tag, der 2. Dezember 1848, da der vor den Revolutionären aus Wien nach Olmütz geflüchtete Kaiser Ferdinand hier seinen Verzicht auf die Krone verkündete und seinen Neffen Franz Joseph I. inthronisierte:

Eine halbe Stunde nach sieben Uhr begannen sich die zu dem großen Thronsaale führenden Räume mit einem von Minute zu Minute dichter werdenden Gedränge zu füllen. Der schwarze Frack, der geistliche Talar, Uniformen aller Art in buntem Gemisch und lebhaftem Durcheinanderwogen boten ein bewegtes Bild. Neugierde, gespannte Erwartung spiegelten sich auf allen Gesichtern; man drängte sich an solche, die man für besser unterrichtet halten konnte, die jedoch eben so wenig Auskunft geben konnten oder mochten. Bald nach acht Uhr öffnete sich die in die kaiserlichen Gemächer führende Flügelthür und unter Vortritt des Generaladjutanten Fürsten Josef Lobkowitz erschienen die beiden Majestäten. Unter athemloser Spannung der Gemüther aller Anwesenden zog der Kaiser ein Papier hervor und las eine Mittheilung von wenig Worten aber schwerem Inhalte ab:

»Wichtige Gründe haben Uns zu dem unwiderruflichen Ent-

schlusse gebracht, die Kaiserkrone niederzulegen, und zwar zu Gunsten Unseres geliebten Neffen des durchlauchtigsten Herrn Erzherzogs Franz Joseph, Höchstwelchen wir für großjährig erklärt haben, nachdem Unser geliebter Herr Bruder, der durchlauchtigste Herr Erzherzog Franz Karl, Höchstdessen Vater, erklärt haben, auf das Ihnen nach den bestehenden Haus- und Staatsgesetzen zustehende Recht der Thronfolge zu Gunsten Höchstihres vorgenannten Sohnes unwiderruflich zu verzichten.«

Nachdem die Ablesung beendigt und die Abdankungsurkunde vom Kaiser und vom Erzherzog Franz Karl unterfertigt, vom Minister des kaiserlichen Hauses gegengezeichnet war, trat der neue jugendliche Kaiser zu dem alten heran und ließ sich vor ihm auf das Knie nieder. Vor heftiger, innerer Bewegung keines Wortes mächtig, schien er seiner dankbaren Rührung Ausdruck geben und den Segen seines gütigen Oheims sich erbitten zu wollen. Dieser neigte sich über ihn, segnete und umarmte ihn und sagte in seiner gutmüthig schlichten Weise: »Gott segne Dich, sei nur brav, Gott wird dich schützen, es ist gern geschehen!« (Josef Alexander von Helfert)

Den mächtigsten Barockakkord setzen in diesem Stadtteil die monumentalen Architekturen, die der 1565 hier ansässig gewordene Jesuitenorden für seine Kollegien, Seminare und Konvikte errichtete. Sie bilden vom Universitätsplatz bis zum Platz der Republik eine geschlossene Front, unterbrochen und überragt von der kulissenhaft-flachen Schauseite der doppeltürmigen *Maria-Schnee-Kirche*, die Baumeister Johannes Pirner 1712 erbaute und deren nach dem römischem Jesuitenschema gestalteten, einschiffigen, von Kapellen und Emporengeschossen umzogenen Raum die Freskanten Josef Harringer und Johann Christoph Handke ausschmückten. Die von den Jesuiten 1573 gegründete *Universität*, in späteren Jahrhunderten vernachlässigt und zeitweise ganz aufgelöst, ist 1946 unter der Bezeichnung ›Palacký-Universität‹ erneuert worden. Aus ihrer alten, durch Kriegsraub und Zerstreuung geschmälerten Bibliothek, haben sich immerhin vier kostbare Hand-

schriften erhalten, die zu den funkelndsten Edelsteinen der
Miniaturmalerei gehören. Es ist das Obrowitzer Evangeliar
vom Ende des 11. Jahrhunderts, die Olmützer Bibel in
tschechischer Sprache vom Jahre 1417, die Boskowitzer Bibel,
die zwischen 1420 und 1430 entstand und bereits die von Hus
beeinflußte tschechische Rechtschreibung mit diakritischen
Zeichen aufweist, und schließlich ein Antiphonar von Klosterbruck aus dem Jahre 1499.

Gegenüber der Maria-Schnee-Kirche besaßen die Klaris-
sinnen schon seit dem 13. Jahrhundert Kirche und Kloster. Zu
spät entschlossen sie sich zu einem umfassenden Umbau:
bevor er vollendet werden konnte, wurde der Orden 1782 aufgelöst. Heute dienen die Bauten dem *Städtischen Museum*, das
bedeutende archäologische, volkskundliche und naturwissenschaftliche Sammlungen beherbergt und in seiner
Dependance in der Hynaisstraße (Hynaisova) tschechische
Kunst des 19. und 20. Jahrhunderts ausstellt. Der prächtige
Tritonenbrunnen ist aus dem westlichen Stadtteil hierher ver-
pflanzt worden, er ist einer der sechs nachgerade berühmt
gewordenen Brunnen, die Olmütz zur schönsten Zierde ge-
reichen.

Die Bühne der Plätze

Mauer und Tor trennten einst die ›Vorburg‹, wie der östliche
Stadtteil genannt wurde, von der eigentlichen Marktsiedlung
im Westen, wo sich im frühen 13. Jahrhundert deutsche Kolonisten niedergelassen hatten. (Seither war bis 1918 in der Stadt
das deutsche Element dominierend, während die Umgebung
zum tschechischen Sprachgebiet gehörte.) Ober- und Niederring, Kerne zweier Siedlungen, schlossen sich zum Herzen des
Gemeinwesens zusammen. Geräumig und unregelmäßig –
eher quadratisch der eine, eher langrechteckig der andere –,
gehen sie ineinander über und bilden eine lockere und viel-
gliedrige Einheit. Der wuchtigen Pyramide an der Ecke des

einen Platzes antwortet die zierliche Säule in der Mitte des anderen, die Renaissance- und Barockfassaden hüben und drüben geben einander Echo, die Brunnen hier und dort bilden Spiel und Widerspiel. Breit lagert in der Mitte des Oberrings das Rathaus: sein anmutiger spätgotischer Turm mit langer Spitze kontrastiert mit dem klotzigen Zinnenturm der Mauritzkirche im Norden und mit der barocken Dreikuppel der Michaelskirche im Osten – ein Zusammenspiel der Gegensätze von großem Reiz.

Kirche und Rathaus waren die beiden Pole der mittelalterlichen Siedlung. *St. Mauritius* gleicht mit ihren wehrhaften Türmen eher einem Festungswerk als einer Kirche. Sie ist, wie viele in der Kolonisationszeit gegründete Kirchen Mährens, dem gewappneten Patron der Ritter, Soldaten und Pferde geweiht, der seit der Barockzeit oft als Mohr dargestellt wird, eine Vorstellung, die sich daher ableitet, daß der heilige Mauritius als Anführer der Thebaischen Legion den Märtyrertod starb. Außer dem noch älteren Südturm, der einst wahrscheinlich gleichzeitig als Wachtturm gedient hat, stammt der etappenweise entstandene Bau in seiner heutigen Gestalt im wesentlichen aus dem 15. Jahrhundert. Seine vierschrötigen Mauern umschließen einen Hallenraum, der unter einem Netz schönster spätgotischer Wölbungsformen ruht. Was spätere Zeiten hier hinzufügten, barocke und neugotische Altäre, drängt sich der ernsten Schönheit nicht auf. Und gar die Barockorgel, die Michael Engler aus Breslau schuf, ist ein einzigartiger Schmuck. Das flachgeschnitzte Holzrelief ›Tod Mariens‹, ein interessantes Werk aus der Übergangszeit zwischen Spätgotik und Renaissance, einst in der Sakristei von St. Mauritius zu Hause, befindet sich heute auf Schloß Sternberg.

Auch das *Rathaus* ist zwischen dem Ende des 14. und dem Anfang des 16. Jahrhunderts in vielen Etappen gebaut worden. Es hat sich aus einem hölzernen ›Chaufhaus‹ entwickelt, das

Ottokar II. den Bürgern 1261 zu bauen erlaubte, auf daß Tuchmacher, Kürschner, Gerber, Schuhmacher einen geschützten
Umschlagplatz für ihre Waren hätten. Der schlanke Turm
war früh schon da, wurde aber erst 1602 vollendet, die in-
wendige Hieronymuskapelle mit ihrem feinen Erker nach
außen wurde 1491 geweiht, aus derselben Zeit stammt der
kreuzgewölbte Rittersaal im Inneren, und die doppelseitige
Freitreppe mit Loggia und Portal an der Ostseite ist ein Werk
der Renaissance. In einem kapellenartigen Anbau auf der
Turmseite ist die Kunstuhr untergebracht, einst nicht zu Unrecht der Stolz der Olmützer, freilich auch ihr beständiger
Kummer. Denn das kleine Welttheater, das da Stunde, Tag,
Monat, Jahr und sonst noch alle möglichen und schier un-
möglichen Meßbarkeiten anzeigte, wobei es natürlich zur
Mittagsstunde einen Reigen zierlicher Figuren auftreten ließ,
war ein launiger, aber auch recht launischer Unterhalter, der
oft genug aus dem Konzept kam und dann nur von den hochgelehrtesten Mathematikern wieder zur Räson gebracht
werden konnte. Die von dem Nationalkünstler Karel Svolinský
geschaffenen Arbeiter- und Bauernfiguren, die heute die teilweise erneuerte Uhr rundum schmücken, demonstrieren den
Bürgern mehr die ewigen Werte des Schweißes als den ewigen
Lauf der Planeten.

Ein Ewigkeitstraum auf seine Weise ist das große geistliche
›theatrum‹ der kolossalischen *Dreifaltigkeitssäule* gegenüber.
War es inbrünstiger Glaubenseifer, war es künstlerische Be-
sessenheit, war es der Drang, durch das Werk unsterblich zu
werden, was den Olmützer Steinmetzen Wenzel Render be-
wog, mit Hilfe seines gesamten Vermögens eine Dreifaltigkeitssäule zu schaffen, die alle bisher dagewesenen über-
treffen sollte? Er starb über dem Werk – aber er hatte es
testamentarisch als Universalerben eingesetzt und verfügt,
daß nur in Olmütz ansässige Künstler es vollenden durften.
Von den Vielen, die mit und nach ihm daran arbeiteten, seien

nur die Steinmetzen Johann und Ignatz Rokitzky, der Bildhauer Andreas Zahner und der Goldschmied Johann Simon Forstner genannt, vorzügliche Meister, die entweder hier geboren oder aus Deutschland und Österreich zugewandert waren – denn Olmütz war im 18. Jahrhundert bekannt als Sitz bedeutender Bildhauer- und Goldschmiedewerkstätten. So nimmt es nicht wunder, daß auch der große Ignaz Günther 1752 eine Weile hier arbeitete. Nach den neuesten Forschungen Gerhard Woeckels könnten ihm die Engelskinder zuzuschreiben sein, die auf der Balustrade vor der Kapelle der Dreifaltigkeitssäule stehen. Als das fünfunddreißig Meter hohe Monument mit seinen dreißig Statuen und zwanzig Reliefs nach achtunddreißigjähriger Bauzeit 1754 fertig war, erschien Kaiserin Maria Theresia höchstpersönlich zur Einweihung.

Und nachdem nun der Bau der Allerheyligsten Dreifaltigkeits-Säule auf den obern Ring allhier seit a: 1717 gefolglich siebenunddreißig Jahr fortgedauert und dieses Werk über Einmal Hundert fünfzig tausend Gulden gekostet, als ist solches mit höchstem Beystand glücklich zur vollkommenheit gediehen, zu wessen Ziel und End hat Ihro Eminenz nach all Vorherig beschehener Veranstaltung in Großer Galla mit denen hochwürdigen Herrn Prälaten und übrigen Canonicis seinen Zug zuerst bemelter Statuen unter Leuthung deren Glocken genomen, wellchen die allda bereits versammelt geweste Clerisey processionaliter entgegen gangen ist und erwarteten allda Ihro Eminenz Beede Majestäten, welche sich auch nach 11 Uhr in die Pröbstliche Stadt Pfarr Kirchen Sti. Maurizii erhoben, allwo bey Eintritt der Kirchen der Herr Probst dieser Pfarr Kirche den Majestäten mit einer zahlreichen Clerisey empfangen und selbst Eigener Persohn den Zug zu den hohen Altar geführt hat und allda dem heil. Messopfer beiwohnte, nach Vollendung dessen Verfügten sich höchst besagte Majestäten in Begleitung des Ministerii, hohen Adels und Eines Löbl. Magistrates zu oft Repetirten Statuen, allwo schon alles in der Besten ordnung zur Benedicirung solcher vorbereitet ware.

Auf Beeden Seiten formirten die Zunften mit ihren großen fahnen
spalier und die regulirte Miliz machete einen Kreyß um das un-
zählig zugegen geweste Volck nicht so nahend zuzulassen. Ihro
Majestäten nahmen Platz in denen Bet Stühlen unter einem all-
bereits da aufgeschlagenen Zelt wo so nach dann Ihro Eminenz unter
unaufhörlichem Pauken-Schall Vom Rathhaus Thurm und einer
Musikalisch Littaney dann dreymaliger Abfeuerung zwölf Pellern
diese Benedicirung in assistentia aller Vier Herrn Prälaten und
andern Canonicis alle in Gold Mohrenen Pluvialen Infuln und Thal-
matis Verrichteten; nach dessen Schluß bestiegen Beede Majestäten
die Ehren-Saullen selbster und nahmen die Capellen in allerhöchsten
augenschein, worüber Selbte auch ein allergnädigstes Wohlgefallen
bezeiget haben. (Zeitgenössische Chronik)

Wie es Wenzel Render geträumt hatte, stellt die Olmützer
Dreifaltigkeitssäule in ihren Dimensionen tatsächlich alle ihre
Vorgängerinnen und auch Nachfolgerinnen in den Ländern
des Südostens in den Schatten. Die ästhetische Seite dieses
Typs von Devotionalbauten erhellt Erich Bachmanns Bemerkung, daß »in diesen bergartig-kompakten Schöpfungen
die versunkene Schicht der Mal-Architektur aufzubrechen
scheint«.

Die Brunnen, barock auch sie, huldigen nicht christlicher,
sondern heidnischer Kraft und Herrlichkeit: am Oberring
besiegt Herkules die lernäische Hydra (1687 von Mandik) und
Cäsar thront hoch zu Roß über den Personifikationen von
March und Donau (1724 von Schauberger); auf dem Niederring figurieren Neptun (1683 von Mandik) und Jupiter (1707
von Sturmer und Sattler); und zwischen Oberring und
Mauritiuskirche erhebt sich ein graziöser Merkur über dem
Brunnenleib (1738 von Sattler). Übrigens geht der Cäsarbrunnen auf die nicht gerade bescheidene, aber ungeachtet
dessen sehr feste Überzeugung der Alt-Olmützer zurück, ihre
Stadt sei eine Gründung Cäsars. Die Treue, die sie dem großen
Mann gehalten zu haben glaubten, ließen sie auf dem Brunnen

in der Gestalt des Hündchens personifizieren. Was sie zu der kühnen Annahme cäsarischer Herkunft bewogen hatte, war die Ableitung des Namens ›Olomucium‹ von Julii mons, das heißt Berg des Julius.

Patrizier und ihre Palais

Feingeschmückte Fassaden und prunkende Portale verraten, daß an beiden Plätzen einst reiche Bürger und Edelleute domizilierten. Das durch seine Rundbogenfenster und Fensterreliefs auffallende Haus Nr. 5 am Oberring – der heute ›Platz des Friedens‹ (Nám. Miru) heißt – gehörte dem Primator Edelmann, der sich die Gruftkapelle an der Nordseite der Mauritiuskirche bauen ließ; später wurde es Gemeindehaus. Hinter der Barockfassade des Hauses Nr. 25 lebte der Gelehrte Josef Freiherr von Petrasch, der die erste Gelehrte Gesellschaft in den österreichischen Ländern gegründet hat, die ›Societas Incognitorum Literariorum‹, die sich der Mitgliedschaft Gottscheds und anderer rühriger Aufklärer rühmen konnte. Petrasch vertrieb nach dem Vorbild der Neuberin den Hanswurst von Olmützens Brettern, Brettern übrigens, die in nicht gerade einladenden Häusern aufgeschlagen waren, so etwa am Niederring über einer Fleischbank. 1828 baute der Wiener Architekt Kornhäusel auf dem Niederring ein Stadttheater in schönem Empire, das heute nach dem tschechischen Regisseur Oldřich Stibor benannt ist. In dem einstigen Renaissance-, jetzt Empirebau der ehrwürdigen Apotheke gegenüber dem Cäsarbrunnen kam 1553 Bischof Markus Kuen zur Welt.

Am Niederring, heute ›Platz der Roten Armee‹ (Nám. Rudé armády) geheißen, hatte sich die Familie Zierotin 1590 von Georg Gialdi ein Palais bauen lassen, dessen bezaubernder reliefgeschmückter Runderker auf die Brünner Arbeit Gialdis hinweist. Einst Herrenhaus, dann Gasthof für die Hocharistokratie, dann Schauplatz städtischer Festlichkeiten, dann Kloster, dann Schule, endlich nur noch Kaserne und Hauptwache, demonstriert sein Schicksal die Vergänglichkeit allen Glanzes. Auf Hochglanz gebracht hat man indessen wieder das Kaufmannshaus Nr. 7, wo Kassettendecken aus dem 17. und 18. Jahrhundert freigelegt wurden, die sehenswert, und, da die Räume Ausstellungen moderner Kunst dienen, zu sehen möglich sind.

Verlorene Gasse Numero 10

Auch in den Nebenstraßen wiesen die Bürger mit wohlhabenden Fassaden ihre Visitenkarte vor. Wenn wir in der ›Ztracena‹, der ›Verlorenen Gasse‹, das Haus Numero zehn herausgreifen, dann freilich nicht allein, weil es ein prächtiges Renaissanceportal ziert, sondern vor allem, weil hier ein Maler lebte, der zu den besten und fleißigsten Barockmeistern Mährens zählte und darum wert ist, vorgestellt zu werden. Dieser Johann Christoph Handke (1694–1774) hat eine lapidare Selbstbiographie hinterlassen, die von Arbeit und immer nur von Arbeit spricht. Nur am Beginn seiner Aufzeichnungen schildert er amüsierlich, wie es ihn zum Malen trieb:

Anno 1702 bin ich, Johann Christoph, auf Römerstadt in die Schull gangen, vier Jahre lang. Nach diesen vier Jahren bin ich zu meinem Vetter Mathias Rothleitner, derzeith Eyssenschreiber zu Janowitz komen, bey ihm die Arithmetica zu lernen. Nach diesem hat mich mein Vater zu Hauß behalten und mich nötigen wollen, das Schuchmacher-Handwerk zu lernen, nachdem ich aber Schuch habe machen könen, so hat ich doch kein Bleiben darbey, und ware mein eintzige Freydt die Mahlerey. Ich gestehe es gar gern, das ich von meinem Vater mit Schlägen zu dem Schuchmachen bin angetrieben worden, allein es war alles umbsonst, ich wollte ihmmer ein Mahler werden, wo ich doch mein Lebtag keinen Mahler gesehen, weder gewust, ob die Mahler Menschen sind.

So zog er denn aus, das Malen zu lernen und landete nach einigen Lehrjahren hier und dort 1715 in Olmütz. Da durfte er, da mußte er dann gleich viele Arbeiten seines Lehrmeisters Naboth übernehmen, den die Pest dahinraffte, kaum, daß er den Eleven aufgenommen hatte. Und später ›übernahm‹ er auch dessen Witwe und notierte mit Augenzwinkern ins Tagebuch: »NB: Es wurde mir gerathen, ich sol in den Colatschen, weil er warm ist, beyssen.« Er malte in Olmütz Fresken im Universitätsauditorium, in der Sarkanderkapelle, im Rathaus, in der Kirche auf dem Heiligen Berg, im Kloster Hradisch, im Theater der Jesuiten; er stand in seinem Geburtsort Römerstadt, in Sternberg, Kremsier, Troppau, Ullersdorf, Nikolsburg und vielen anderen Orten Mährens auf dem Malgerüst. Seine Hauptwerke aber schuf er in Böhmen und Schlesien: die Deckenbilder der Jesuitenkirche in Königgrätz und der Aula und des Musiksaales in der Breslauer Universität. Zwischen 1715 und 1755 malte er, außer unzähligen Altarbildern, allein zweiundzwanzig Freskenzyklen – und was davon geblieben ist, läßt nirgends erkennen, daß seine breite, weiche, temperamentvolle Handschrift je zu bloßer Routine erstarrte oder zu Kraftlosigkeit erlahmte. Leider ist wenig geblieben. Viele Altarbilder sind verschwunden, viele Fresken zerstört, so auch sein Olmützer Hauptwerk in der ehemaligen Liebfrauenkirche, die 1839 abgetragen wurde.

Bei dieser Gelegenheit müssen wir uns noch zweier anderer Olmützer Maler von hoher Bedeutung erinnern. Der eine ist Georg Flegel, den die Kunstgeschichte als ersten deutschen Stillebenmaler bezeichnet; er wurde 1568 hier geboren und ist in Frankfurt zu Ansehen gekommen, wo er, viele Schüler hinterlassend, 1638 starb. Auch der andere, Adolf Hölzel, der als Sohn des bekannten Verlegers Hölzel 1853 hier zur Welt kam, fand außerhalb seiner Heimat, in Stuttgart, seinen Wirkungskreis. Erst in den letzten Jahren hat man in vollem Umfang erkannt, welch weitreichenden Einfluß auf die Moderne die wahrhaft revolutionäre Malerei dieses Meisters hatte.

Der Festungsring

Über dem Winkelwerk enger, schwibbogenüberwölbter Gassen erhebt sich auf der Kuppe des sogenannten ›Juliusbergs‹ der barocke Baukörper der *St. Michaelskirche* mit seinen drei grünen Kuppeln. Ein Sproß der vom Luganer See nach Franken, Polen und Mähren eingewanderten Maler- und Architektenfamilie Tencala, Giovanni Pietro, hat sie 1676 für die Dominikaner auf den Außenmauern einer gotischen Kirche gebaut, von der ein Kreuzgang und ein Glockenturm Zeugnis geben. Das seither oftmals erneuerte Innere der Kirche präsentiert sich als hoher, in drei überkuppelte quadratische Joche gegliederter Raum in opulentem Rot und Gold, dem eine kühle strenge Säulenhalle klassizistischer Prägung vorgebaut ist.

Unterhalb des Hügels ziehen sich die Reste der alten Stadtmauer entlang, durch die man in eine Parkanlage gelangt. Hier wie in den anderen Parks am Rande der Stadt entdeckt man stellenweise Fragmente der ehemaligen Befestigungsanlagen. Sie stammen teils schon aus dem 15., 16. und 17. Jahrhundert, im wesentlichen aber aus der Zeit Maria Theresias, die nach dem Verlust Schlesiens Olmütz zu einer ›Haupt- und Grenzfestung‹ gegen Norden ausbauen ließ. Im ersten Schlesischen Krieg, 1741, hatte Friedrich II. Olmütz kampflos eingenommen. Als er im Siebenjährigen Krieg, 1758, wiederkam, sah er sich unerwartet einem Gürtel von Wällen, Bastionen und Forts gegenüber und mußte die Belagerung nach sechs Wochen abbrechen.

In den unterirdischen Festungswerken wurden später politische Gefangene der österreichischen Staaten in Verwahrung gehalten. Der berühmteste davon war der Marquis de Lafayette. General im amerikanischen Unabhängigkeitskrieg, Kommandant der Pariser Nationalgarde nach dem Sturm auf die Bastille, Protagonist der Revolution bis zum Sieg der Radikalen, mußte er 1792 als Royalist nach Flandern fliehen und wurde dort von den österreichischen Behörden als Kriegsgefangener inhaftiert. Während seiner dreijährigen Olmützer Festungszeit unternahm er einen Fluchtversuch, der aber mißlang. Später durfte seine Familie ihm die Unbilden der Gefangenschaft erleichtern. Auch Achtundvierziger-Revolutionäre saßen in den Kasematten, so der russische Anarchist Michael Bakunin, nachdem er im Mai 1849 am Dresdner Aufstand teilgenommen hatte, oder die tschechischen Schriftsteller Karel Sabina und Karel Sladkovský. Doch die Festung hielt nicht allein Insurgenten gefangen, sondern nachgerade die ganze Stadt, der sie Ausdehnung und Aufschwung verbot. Welch ein Atemholen, als sie endlich 1887 geschleift wurde!

Die Mongolenmär

Viel berühmter als durch die friderizianische Belagerung ist Olmütz indessen durch die Mongolenschlacht vor seinen Mauern geworden – freilich zu Unrecht. Denn was da geschrieben wurde – und sogar manchmal noch geschrieben wird – von einem riesigen Mongolenheer, das sich nach der Schlacht bei Liegnitz über Mähren ergossen und Olmütz belagert habe, jedoch durch das heldenhafte Eingreifen des Grafen Jaroslaw von Sternberg in wüster Schlacht besiegt und zu überstürztem Abzug gezwungen worden sei, hat die Geschichtsforschung inzwischen in den Bereich der Sage verwiesen und nüchtern festgestellt, daß lediglich eine Horde von Marodeuren mordend und brennend in die Stadt eingefallen war und sie in Angst und Schrecken versetzt hat.

Ein Vorposten vor der Stadt, und darum stets zuerst heimgesucht von beutegierigen und zerstörungswütigen Kriegern, war das *Kloster Hradisch (Klášterní Hradisko)*. Ein weites Barockgeviert, rot bedacht und eckumstanden mit Zwiebeltürmen, liegt es in nordöstlicher Vorstadt, prachtversprechend von weitem, aus der Nähe allerdings eine Enttäuschung, denn das Gebäude ist schon seit langen Zeiten Militärhospital und dementsprechend abgenutzt. So bleibt es dem Besucher verwehrt, die Werke der beiden großen österreichischen Freskanten Daniel Gran und Paul Troger, die Stuckarbeiten Baldassare Fontanas und die Architekturmalereien Antonio Tassis in den Räumen der ehemaligen Prälatur zu bewundern, und nur ahnen kann er, welch eine großartige Anlage Giovanni Pietro Tencala und Domenico Martinelli zwischen 1679 und 1739 für den Prämonstratenserorden schufen, der sich sechshundert Jahre vorher an diesem Platz niedergelassen hatte.

Der Heilige Berg

Unter der Obsorge der Prämonstratenser von Hradisch entwickelte sich die Gnadenstätte auf dem nahen Heiligen Berg zu einem der volkstümlichsten Wallfahrtsorte Mährens. Seine Gründung schreibt das Volk dem Weinhändler Johann Andrysek zu. Als der fromme Mann nach einem Weinhandel in Österreich der Morgenandacht in einer der dortigen Bergkirchen beiwohnte – so heißt es –, sei ihm der Gedanke gekommen, der heiligen Jungfrau ein ebenso schön gelegenes Gotteshaus in seiner Heimat zu bauen. Doch unschlüssig, welchen Ort er dazu wählen sollte, schob er die Ausführung seines Vorhabens lange hinaus – bis Maria ihm im Traum die Stelle wies. Auch ein Marienbild schickte ihm des Himmels wunderbare Fügung, nachdem das Kirchlein fertig und geweiht war. Und ein weiteres Wunder geschah: als die Schweden diesen ersten Bau zerstörten, blieb das Gnadenbild unangetastet. 1669 legte der Abt von Hradisch den Grundstein zu der jetzigen Anlage. Und die hätte sich der biedere Weinhändler nicht einmal im Traume so eindrucksvoll vorstellen können!

Eine lange Allee führt den steil ansteigenden Berg hinauf und geradewegs auf die über Treppe und Terrasse herrlich aufgebaute Doppelturmfassade der Kirche zu, die den Wallfahrern »eine fröhliche Stirn und ein zierliches Angesicht zeiget«, wie es in einer alten Schrift heißt. Zwei niedrige Klosterflügel, mit Apostelstatuen besetzt, flankieren die Kirchenfront. Das üppige Portal öffnet sich zu einem festlichen Innenraum, über dessen Vierung sich eine mächtige Kuppel wölbt. Wendet man von hier, der Mitte aus, den Blick zurück und hinauf zur Orgelempore, so erschaut man ein wahres Musikparadies, wie es barock-berückender nicht zu denken ist. Giovanni Pietro Tencala war vermutlich der Baumeister der Kirche, Baldassare Fontana der Hauptstukkateur, der Wiener Johann Steger schmückte Kuppel und Seitenaltäre al fresco, Johann Christoph Handke malte die Kuppelzwickel aus, Johann Wenzel Sturmer schuf die Orgelausstattung.

Ziel der Wallfahrer ist das Steinrelief der Muttergottes mit Kind, das in einem silbernen Schrein auf dem Hochaltar steht und nach dem Gottesdienst hinter dem Altar zum Kuß gereicht wird. Wenn sie den Raum verlassen, nimmt sie jener geheiligte Bezirk hinter der Kirche auf, den eine Ambite in weitem Halbkreis umschließt. In ihrer Mitte steht eine bemerkenswert schöne Statue des heiligen Norbert, die, wie die Apostel auf den Klosterflügeln, von Joseph Winterhalter stammt. Die Annakapelle in der Mitte des Umlaufs war früher die Andachtsstätte der Deutschen. Da der Heilige Berg bereits außerhalb der Sprachinsel lag, wurde der Gottesdienst in der Kirche tschechisch abgehalten, während man hier deutsch predigte und sang.

Eine fast schrille Inbrunst liegt im Klang der Lieder, die die Hannaken zu Ehren der Muttergottes hier singen. Ihre Texte sind von naiver Innigkeit: das folgende Liedchen stammt aus einer Sammlung des Philologen und Dialektforschers František Bartoš (1837–1906), der sich zusammen mit dem Priester und Religionsprofessor František Sušil (1804–1868) unschätzbare Verdienste um die Erhaltung des mährischen Volksliedschatzes erworben hat.

Matičko Kopečká,	Mütterchen vom Berge
te se toze hrzká	Du bist so schön.
Tatičko nebeské,	Väterchen im Himmel
Te se take hrzké.	auch Du bist schön.

Milostivá nám bod,	Sei uns gnädig,
idem k tobě na pót',	wir kommen zu Dir,
k svatymo Kopečko	zum Heiligen Berg
donesem tě svičko.	tragen wir ein Kerzchen.

Panenko Marija,	Heilige Jungfrau
pros za nás o sena	bitt für uns bei Deinem Sohn
za všecke Hanáke,	für alle Hannaken
za mě extra take.	und auch extra für mich.

Wiewohl man nach dem Krieg dem Namen ›Svatý Kopeček‹ (Heiliger Berg) das ›svatý‹ kurzerhand weggestrichen hat, wachsen in neuerer Zeit die Pilgerkolonnen wieder von Jahr zu Jahr an, und der kleine hinter der Gnadenstätte liegende Tierpark muß ihnen nicht mehr als Ausrede dienen, wie dies in der stalinistischen Zeit geschah. Aber ob die Zuckerlverkäufer in den bunten Buden hinter der Kirche jemals noch so reiche Leute werden können, wie sie früher wurden, da manch einer von ihnen der ›Matička‹ stattliche Häuser verdankte?

Am Kopeček wohnt heute ein bunt gemischtes Künstlervölkchen – wobei das hochmoderne Schrägdachhaus des arrivierten Nachimpressionisten Dvorsky das eine Extrem dieser Mischung, die nudelbrettenge ›Chalupe‹ des originellen Sonntagsmalers Řehák das andere markiert. Für die Künste hat man in der trotz steigender Industrialisierung immer noch sehr gemütlichen Stadt wie eh und je viel übrig: es gibt mehrere intime Galerien, die Bilder aller modernen Richtungen zeigen, gut geführte Buchhandlungen mit vielsprachigen Sortimenten, und das Theaterprogramm macht keineswegs einen provinziellen Eindruck.

Kremsier – Schwesterstadt von Olmütz

Der Gegensatz von ländlicher Behaglichkeit und fürstlicher Grandezza bestimmt das architektonische Bild *Kremsiers (Kroměříž)*. Die mächtige Schloßanlage, die beiden weitläufigen Gärten mit ihren festlichen Parkarchitekturen, der edle Kuppelbau der Piaristenkirche – das alles präsentiert sich in Geist und Gebärde der Kaiserstadt Wien. Ganz und gar ›mährisch‹ indessen zeigt sich der Marktplatz: gradlinig umstanden von niedrigen Bürgerhäusern mit gemütlichen Laubengängen, ist sein großes Viereck so recht dazu bestimmt, alle Güter der fruchtbaren Ebene verschwenderisch auszubreiten. Die Weiträumigkeit dieses Stadtplatzes bietet dem auftrumpfenden Massiv des Schlosses, das sich bis zu einer seiner Ecken vorschiebt, ausgleichend Widerpart und bringt das ländlich-bürgerliche Element zum feudalen in Gleichgewicht.

Daß es zu Bedeutung und Barockgepränge gelangte, verdankt Kremsier dem Bischof Bruno von Schaumburg und dessen Nachfolgern auf dem Olmützer Bischofsthron. Der Kolonisator erkor die alte Marchsiedlung zur Sommerresidenz der Oberhirten und baute sie nach dem Vorbild deutscher Stadtgründungen des 13. Jahrhunderts aus. Nach den Verwüstungen des Dreißigjährigen Krieges gaben ihr vorab Karl II. Lichtenstein-Kastellkorn, Wolfgang Hannibal Schrattenbach und Leopold Friedrich Egkh ein neues Gesicht. Die Bürger hatten ihren Teil an dem kunterbunten Leben, das die Bischöfe an ihrem Hof entfalteten; die Besuche erlauchter Gäste wie etwa Wallensteins, Maria Theresias oder Zar Alexanders III. brachten ihnen nicht nur bewegte, sondern auch höchst lukrative Tage; und die Künstler und Gelehrten aller Zungen, die für den Hof tätig waren, sorgten ihrerseits dafür, daß das sonst so bescheidene Landstädtchen nicht in Provinzschlaf versank.

Freudiger als auf ihre lange feudalistische Epoche beruft sich die Stadt heutzutage natürlich auf jene monatekurze Episode, die, mag sie auch gescheitert sein, doch als Vorspiel eines demokratischen Zeitalters bedeutungsvoll bleibt: die Tagung des ersten Reichstags, der vor den Unruhen der Revolution aus Wien geflüchtet war und sich vom November 1848 bis zum März 1849 in Kremsier etablierte. Das Gedenken daran wird durch Inschriften und Bilder allenthalben festgehalten, wobei besonders die beiden Protagonisten der tschechischen Sache im Parlament, Palacký und Rieger, gefeiert werden. Aber auch die Parlamentarier tagten damals in jenem Prunkhaus, wo Kremsiers Genius loci lebte und sich dem Besucher heute noch suggestiv mitteilt: im Schloß.

Das Schloß der Bischöfe

Mit dem Schloß hat sich vor allem Karl II. Lichtenstein-Kastellkorn ein Denkmal gesetzt. Als der baubesessene Mann sein Bischofsamt 1664 antrat, machte er sich unverzüglich daran, die durch den Krieg »ruinierten, abgeödeten und inhabitablen Residenzen« zu erneuern. Der devastierte Bau, den er in Kremsier vorfand, stammte aus der Zeit des Bischofs Stanislaus Thurzo, der auf den Resten der Schaumburgischen Residenz ein Renaissancepalais hatte errichten lassen. Karl II. Lichtenstein-Kastellkorn richtete hier ein Bauamt ein und ließ sich von renommierten Architekten Pläne zeichnen; auch er selbst griff zum Stift. Schließlich siegte der Entwurf des in Wien tätigen Philiberto Lucchese, den Giovanni Pietro Tencala später modifizierte. Zwischen 1686 und 1711 entstand der vierflügelige, um einen zentralen Hof gruppierte Baukomplex, der nur Turm und Eckrisaliten von seinem Vorgänger übernahm. Die stark rhythmisierten Fassaden weisen auf Wiener Vorbilder.

Während das Schloß noch wuchs, erwarb der Kunstfanatiker bereits wertvolle Gemälde zu dessen Schmuck, viele davon kamen von weit her, so aus dem ehemaligen Besitz König Karls I. von England. Die kundig angelegte Sammlung wurde von den nachfolgenden Schloßresidenten und durch Einverleibung der Olmützer Bestände ergänzt und prangt heute im zweiten Stockwerk des Schlosses – bekannt und doch viel zu wenig gekannt. Vielberufen ist diese *Galerie*, weil hier einige große Meister hängen, so Cranach d. Ä., Pieter Brueghel d. J., Rubens, van Dyck, Veronese, Pordenone, Bassano sen. und jun. und vor allem Tizians ›Schindung des Marsyas‹, die allerdings seit geraumer Zeit restauriert wird und gegenwärtig nur in photographischer Wiedergabe zu sehen ist. Doch welch eine Fülle interessanter Mittler-Figuren der Malerei gibt es außerdem hier zu studieren! Da begegnet man dem erlesenen Kopisten Wenzel von Olmütz, vielen Malern des rudolfinischen Kreises, darunter vor allem Hans von Aachen und Bartholomäus Spranger, dem schwäbischen Barockmaler Johann Heinrich Schoenfeld, dem ein ganzer Saal gewidmet ist, oder einer langen Suite österreichischer und deutscher Klassizisten.

Auch unermeßlich wertvolle *Bibliotheks- und Archivschätze* sind im Schloß aufbewahrt, Erstdrucke und seltene Handschriften, Briefe und Dokumente und Architekturpläne, Partituren von Orlando di Lasso, Mozart, Haydn, Dittersdorf und vielen anderen, darunter auch Notenblätter des Kardinal-Erzbischofs Erzherzog Rudolf, die Beethoven korrigiert und mit Anmerkungen versehen hat. Denn der Habsburger, zu dessen Inthronisation in Olmütz Beethoven seine ›Missa solemnis‹ komponierte (aber nicht rechtzeitig fertigbrachte!), war zugleich Mäzen und Schüler des Komponisten.

In den anderen Sälen und Salons des Schlosses wetteifern

Barock- und Rokokomobiliar, Gobelins und Intarsienarbei-
ten, Gläser- und Porzellansammlungen, Stukkaturen und
Fresken um die Gunst der Augen. Mühelos erringt sie das
atemraubend schöne Fresko im Lehenssaal, das Leopold Graf
Egkh 1758–60 den großen Maulbertsch malen ließ, als nach
einem Brand die Erneuerung der Interieurs nötig wurde. Im
Lehenssaal pflegten die achtundsechzig fürstbischöflichen
Lehensträger den Vasalleneid abzulegen. Das Fresko stellt
also vier Ereignisse aus der Geschichte des Bistums Olmütz
dar: die Belehnung des Bistums mit Gütern durch König
Ottokar II., die Verleihung der Fürstenwürde durch Rudolf II.
an Bischof Stanislaus Pawlowsky, die Rebellion protestanti-
scher Olmützer Bürger gegen die Domherren im Jahre 1619,
die Schenkung des Gutes Honiowitz an das Domkapitel durch
Kaiser Ferdinand II.

Die Anlage des Illusionsraumes ist den geöffneten Ovalkuppeln
Asams nicht unverwandt. Nur wird bei Maulbertsch alles kausal
noch weniger faßbar, er konzipiert in Farbkompositionen, Asam
in Raumbildern. So bleiben denn Tambour und Ansatz dieses Kup-
pelraumes unerfindlich, das Architektonische verschwindet in einem
unerklärlichen Lichtschein, aus dessen Geflimmer Genien und alle-
gorische Figuren auftauchen. In turbulenten Kurven reichen pracht-
volle Akte, elastisch verschlungene Gestalten mit dem Bildnis des
Auftraggebers, Girlanden, Perlschnüren und Attributen herab auf
die breite Gesimszone. In ihr entwickeln sich nach Wiener Schul-
gewohnheit die vier Hauptszenen, lauter zeitlich verschiedene histo-
rische Ereignisse, in einem einzigen Bildstreifen. Einer derartigen
Vorstellungsweise bemächtigt sich Maulbertsch mit surrealistischen
Mitteln. Das rokokomäßig Gelockerte wird zum Wild-Pittoresken.
Das historische Kostüm gibt genug Anlaß zu malerischen Expressio-
nen; spritzige Lichtflimmer, gleißende Glanzbahnen rieseln über
knittrige Faltenbäusche (die oft mehr Substanz haben als die Ge-
sichter und schemenhaften Körper), über wehende Vorhänge, kecke
Baretts und verwegene Hüte. Der Kanzler Rudolfs II. scheint der

Sphäre Wallensteinscher Lager-Kumpanei entnommen zu sein, und die Strauchgesellen der Verhaftungsszene entstammen einer wohlverstandenen böhmischen Wälder-Romantik: Zwirbelbärtchen, dralle Pausbacken, listige Äugelchen zwischen breiten Wangen sollen ›Mährisches‹ im weiteren Sinne, vom Grotesk-Volkstümlichen her, charakterisieren. Wie so oft bei Maulbertsch, ist es vom Folkloristischen zur Karikatur nur noch ein Schritt. Das historische Element wird nur akzessorischer Wert, deutet ›geschichtliche Ferne‹ und ›Vergangenheit‹, Mittelalter selbst im Renaissancekostüm an. Aber gerade diese Komponente seines Schaffens müssen wir in ihrer urdeutschen Einmaligkeit als Sonderleistung werten und verstehen. Daneben ist die Farbigkeit von vornehmstem Reiz, außer bei Tiepolo ward niemals im europäischen Fresko solch eine Sensibilität beobachtet. Keine Reproduktion läßt die Delikatesse ahnen, mit der etwa das Bischofslila zum gebrochenen Weiß gesetzt ist, wie die Cremetöne zu den vielfach abgestuften Nachbarfarben (etwa der Teppiche) stehen. (Hans Tintelnot)

Der Auftraggeber, der als Herakles im Zentrum des Freskos verewigt ist, holte außer Maulbertsch den Grazer Meister Josef Ignaz Stern nach Kremsier, der Bibliothek und Schloßkapelle freskierte, ebenso den aus Prag stammenden und in Wien tätigen Stukkateur Franz Hiernle, dessen elegante Ornamente den Lehenssaal und die Schloßkapelle zieren. Alle Grazie des Rokoko konzentriert sich im sogenannten *Großen Saal*, auf den der Nikolsburger Maler und Europa-Globetrotter Adolf von Freenthal griechische Halb- und Ganzgötter herunterblicken ließ, über die sich ein zeitgenössischer Kritiker mokierte, sie seien ohne Geist und Leben und säßen auf eiskalten Wolken. Sie schauten zuerst auf die Lustbarkeiten der klerikalen Diplomatie, dann auf den Ernst und Eifer des Achtundvierziger-Parlaments, das hier mit der Forderung »Alle Staatsgewalten haben ihren Ursprung im Volk!« seine Sitzungen begann und sie wenige Monate später unter Militärzwang abbrach, lange danach auf die von tausendjährigen Utopien geschwellten Braunhemden, und heute in flüchtig aufwärts gedrehte Touristenaugen. Eine *Sala terrena*, geschmückt mit Stukkaturen von Fontana und originellen Figuren der griechischen Mythologie von mährischen Modelleuren – besonders reizend ein Narziß, der kopfheister in sein Brunnenspiegelbild stürzt! – öffnet sich zu einem Naturpark, wie man sie um die Wende vom 18. zum 19. Jahrhundert anstelle der Barockgärten anzulegen pflegte.

Spiegel des Barockuniversalismus

Doch in Kremsier gibt es auch einen beispielhaften *Barockgarten* zu bewundern! Karl II. Lichtenstein-Kastellkorn ließ ihn 1666 von seinen beiden Schloßbaumeistern auf der dem Schloß gegenüberliegenden Seite der Stadt erbauen. Es ist ein in Geometrie und Architektur verwandeltes Stück Landschaft mit sternförmig angelegten Wegen, abgezirkelten Blumenbeeten, schnurgeraden Baumkulturen, gekappten Hecken, mit Grotten, Fontänen, Pavillons und Statuengruppen, und mit den beiden grandiosen Bauten einer überkuppelten Rotunde und einer zweihundertdreiunddreißig Meter langen, mit den Büsten römischer Imperatoren geschmückten Arkadengalerie. »Its Doric iteration comes out magnificently on post cards« notiert ein englischer Kunsthistoriker unserer Tage, eine Bemerkung, die zeigt, wie erschreckend weit entfernt wir jenem Universalismus sind, der sich in diesem Garten so sinnfällig offenbart.

Auch der sakrale Barock hat in Kremsier ein bedeutendes Denkmal hinterlassen. Es ist die *Johanneskirche* der Piaristen in der Mitte der Stadt, zwischen 1737 und 1768 entstanden, mithin mehr als dreißig Jahre nach der Wiener Peterskirche, die dem Architekten Cirrani gewiß als Vorbild diente. Bei diesem Zentralbau auf eirundem Grundriß fügen sich alle Teile – die beherrschende Kuppel, die Fassadentürme, die ausgebauchte Portalpartie – zu einer organischen Einheit von wohlbeleibter Kraft. Eine gelassene Bewegung erfüllt das Oval des Innenraums. Von seinem braun-rot-goldenen Grund heben sich rundum an Hauptaltar und an den Seitenaltären helle Steinheilige ab, Arbeiten der Olmützer Paul Troger – nicht zu verwechseln mit dem Tiroler Freskanten P. Troger – und Andreas Zahner und der Brünner Brüder Schartet. Von Zahner stammt auch die schöne Gruppe auf dem Attika-Aufbau der Fassade. Johann Georg Etgens freskierte die Decke mit Szenen aus der Legende Johannes des Täufers, Josef Ignaz Stern vollendete das Fresko nach Etgens' Tod. Das Hochaltarblatt stammt von dem italienisch geschulten Wiener Barockmaler Michael Unterberger.

Ein Zeuge der Reformation

Doch angesichts der luxuriösen und von Zweifeln unbelasteten Religiosität, die sich da allenthalben dartut, darf man den bohrenden Geist der tschechischen Reformation nicht vergessen, der gerade diese Stadt einen leidenschaftlichen Zeugen gebar: Jan Milíč von Kremsier. Dieser Priester, der durch sein Wirken im Sinne der sogenannten ›Devotio moderna‹ zu einem bedeutungsvollen Vorboten der späteren hussitischen Reformbewegungen wurde, trug in Predigt und tätiger Nächstenliebe die Anregungen weiter, die er von seinem Zeitgenossen Konrad Waldhauser empfing, einem aus Oberösterreich stammenden Augustinerchorherrn, der seit 1363 in Prag wirkte und 1365 mit der Teynkirche bepfründet worden war. Milíč folgte dessen nach Auffassung der Zeit als revolutionär und häretisch angegriffenen Bestrebungen, obwohl er, eine glänzende Karriere in Prag absolvierend, seit 1362 Notar der Hofkanzlei Karls IV. und Kanonikus am Prager Dom, daneben Schatzmeister und Leiter eines Erzdiakonats geworden war. Aber der Einfluß Waldhausers und die Er-

kenntnis zunehmenden Sittenverfalls, auch die kraß zutage
tretenden sozialen Gegensätze im Volk bewirkten, daß Milíč
all seiner Ämter entsagte, um sich ganz dem Amt eines Buß-
predigers widmen zu können. Nach dem Tod Waldhausers
(1369) übernahm Milíč zusätzlich zu seinem bisherigen Wirken an der St. Ägidiuskirche noch das Predigeramt an der
Teynkirche, von deren Kanzel er fortan in tschechischer wie in
deutscher Sprache inbrünstig und ekstatisch für die ›Nachfolge Christi‹ warb. Die vom Ungeist weltlicher Interessen
verderbte Gesinnung der kirchlichen Hierarchie jener Zeit
bezeugt sich darin, daß dieser inspirierte Anwalt der Nächstenliebe wiederholt der Ketzerei verdächtigt wurde, schließlich
angeklagt war und nach Avignon reisen mußte, um sich zu
verteidigen. Zwar tat er es mit Erfolg – doch ehe er zurückkehren konnte, starb er (1374).

Von jenem Kremsier, in dem Jan Milíč seine Jugend verbrachte, ist außer der *St. Mauritzkirche* nichts mehr geblieben.
Bruno von Schaumburg hatte diese Kirche angelegt; durch
die Hussitenwirren aber wurde ihr Bau unterbrochen und erst
im 16. Jahrhundert vollendet. Umbauten im historisierenden
›altteutschen Styl‹ des vorigen Jahrhunderts haben ihre äußere
Gestalt beträchtlich und beeinträchtigend verändert, aber im
Inneren präsentiert sich die dreischiffige Halle mit gradlinig
abgeschlossenem Chor in ursprünglicher Form. Zwei erlesene Denkmäler verewigen die hier begrabenen Fürst-
bischöfe Wolfgang Hannibal Schrattenbach und Leopold
Friedrich Egkh. Auf Schrattenbachs Sarkophag sinkt ein weib-
licher Genius in anmutiger Haltung trauernd vor dem Relief-
brustbild des Bischofs nieder, das von einem Putto gestützt
wird. Den wundervoll komponierten Aufbau des Egkh-
Grabmals bestimmt ein von Tuchdraperien umwehter Obe-
lisk, zu dessen einer Seite der Bischof vor seinem Betpult
kniet, zu dessen anderer zierliche Puttos auf sein Wappen
hinweisen. Während der Meister des Schrattenbach-Denk-

mals (1738) nicht gesichert ist – neuerdings wurde Andreas
Zahner genannt –, wird das zweifellos unter dem Einfluß
Raphael Donners stehende Rokoko-Monument Egkhs (1760)
dem Stukkateur Franz Hiernle zugeschrieben.

Auch das *Rathaus* ist eine Erinnerung an die vorbarocke
Zeit. Es ist im 16. und 17. Jahrhundert gebaut worden und
paßt in seiner gediegenen, wenig aufwendigen Art zu den
bequemen, zweistöckigen, dicht aneinandergeschmiegten
Bürgerhäusern, die Zeugnis von einer vergangenen Lebensart geben. Die heutige Lebensart bestimmt die rundum wachsende landwirtschaftliche Industrie, die Hauch für Hauch der
ländlichen Stimmung verzehrt, in der das Städtchen früher
ruhte.

Durch die Hanna

Die Hannaken

Dies war das reiche und fruchtschwere Flachland, das ich kannte,
liebte und desto schmerzlicher ersehnte, je länger ich's nicht gesehen;
umgrenzt von blauen Bergen, so daß nirgends der Eindruck der
Grenzenlosigkeit und der Verlassenheit wach ward; mit den Was-
sern, die träge rinnen, große Bögen und Krümmungen machen, als
könnten sie nicht müde werden, diesen dankbaren Boden zu benet-
zen; mit den eingesprengten dichten Auwaldungen voll friedlicher
Schatten, den steifen Pappeln am Saum der weißen Straßen; erfaßt
und beschworen in allen seinen Stimmungen, mit seiner ganzen
Seele, die sich nicht jedem offenbart, die behorcht und bespäht sein
will, ehe sie erwidert und lohnt. Die Sonne, ihr Spiel und all ihr Wir-
ken, war mit erstaunlicher Kraft und Freudigkeit wiedergegeben.
Es war eine Verlassenheit, eine linde Traurigkeit darüber und den-
noch eine Verheißung von Segen. Ein einsames Haus, farbig ge-
tüncht; rund ums Grüne die goldenen Maiskolben, gleich Festons
niederhangend, im hellsten Lichte aufglühend, es in sich saugend und
rückstrahlend wie Garben Bernsteins, in dem sich die Sonne bricht.

So hat ein Maler der mährischen Landschafterschule, die
sich um die Jahrhundertwende etablierte, das Flachland im
Herzen Mährens gemalt, und so hat Jakob Julius David sein
Bild beschrieben. Diese Ebene – begrenzt etwa von den Orten
Sternberg, Kremsier, Wischau, Mährisch-Weißkirchen – ist
nach dem Flüßchen, das sie durchquert und unterhalb Kojetin
in die March mündet, ›Hanna (Haná)‹ benannt und berühmt
als einer der fruchtbarsten Landstriche Europas. Ihre Erde ist
so fett und schwarz und rein, »daß man sie am liebsten aufs
Brot streichen möchte«, das Korn auf ihren Feldern leuchtet
gelb und hängt schwer wie Gold, und teppichdicht sind die

Wiesen. Kein Wunder, daß sich ihre Bewohner, die Hannaken, das Paradies durchaus hannakisch vorstellen, nämlich so: Sie denken sich einen hohen Berg aus Lebzelten, auf dessen Gipfel der liebe Gott thront und aus hannakischem Mehl Knödel fabriziert, die er den Berg hinab- und in den unten vorbeifließenden Bach aus duftender heißer brauner Butter kullern läßt; darin kochen die Knödel gar und schwimmen den am Ufer liegenden Hannaken in die bereitwillig aufgesperrten Münder hinein.

Das Völkchen, das solche Schlaraffenlandmythen erfand, galt als der ›aristokratische‹ unter den slawischen Stämmen in Mähren. Die Hanna war vorwiegend tschechisch besiedelt, nur an einigen Stellen gab es bis zum Ende des vergangenen Krieges deutsche Einsprengsel, so um Wischau, unmittelbar südlich von Olmütz und im Gebiet der an den Schönhengstgau grenzenden sogenannten ›Kleinen Hanna‹. Das Bild der althannakischen Rund- oder Straßendörfer bestimmten große Dorfplätze, hohe Scheunen mit mächtigen Strohdächern und stattliche, solide, geräumige Häuser, auffallend durch behäbige Vorbauten mit Spitzgiebel und laubenartigem Eingangsgewölbe, die man Sölder nannte. Im vorigen Jahrhundert, als die Verstädterung auch hier um sich griff, verschwanden diese Sölder – wie denn überhaupt an Stelle der eigenartigen Gehöfte uncharakteristische, aber nicht minder ausladende Wohnhäuser von demonstrativem Reichtum traten. Und welchen Prunk entfaltete die Tracht! Die Männer trugen in hohen glänzenden Stiefeln rote oder gelbe Lederhosen und über weißen, pluderärmeligen Hemden grüne Westen, geziert mit einer Halsleiste und Silberknöpfen. Sonntags legten sie einen blauen langen Mantel an und im Winter Pelzwerk. Die Frauen gingen in Röcken aus gefaltetem schwarzem Leinenstoff und blaudunklen Plüschjacken mit gebauschten Ärmeln, dazu nahmen sie allerhand Bunt- und Reichbesticktes. Das schönste Zierstück ihrer Tracht war die steif gestärkte,

breite und kunstvoll gearbeitete Spitzenhalskrause, die sie
durch alle Lebensstufen hindurch und bei der Arbeit ebenso
wie beim Fest begleitete. Den Kopf bedeckten sie mit weißen
oder roten ›Leipziger Tücheln‹, die zu jeder Gelegenheit
anders, und je feierlicher der Anlaß desto komplizierter gebunden wurden. Natürlich variierten die Trachten in den verschiedenen Regionen der Hanna und mit den Zeitläuften.
Mit seltener Hartnäckigkeit hat sich die Sitte des Trachten-
tragens in der deutschen Sprachinsel um Wischau (Vyškov)
gehalten. Indes sie in den anderen Hanna-Gebieten schon
gegen Ende des vorigen Jahrhunderts nicht mehr allgemein
verbindlich war, trugen die Bauern der fünf Dörfer der sogenannten ›oberen Sprachinsel‹ – Lissowitz, Swonowitz, Roster-
nitz, Hobitschau und Kutscherau – ihre Tracht buchstäblich
von der Wiege bis zur Bahre als ausschließliches Kleidungs-
stück noch bis 1945.

Die gravitätische Tracht paßte prächtig zu den breit und
stämmig gebauten Hannaken, denen man nachsagt, sie seien
selbstbewußt bis zum Stolz und gelassen bis zum Phlegma
gewesen. Behäbig und gemütvoll klingt auch ihr Dialekt: er
moduliert alle harten und kurzen Laute des Tschechischen so
lang und flach wie die Linien der Hanna-Landschaft gezogen
sind. In diesen beiden Feststellungen stoßen sich Vergangenheit und Gegenwart – wie in der heutigen Wirklichkeit. Denn
heute wohnen in den hannakischen Bauernpalästen Fabrik-
und Kolchosenarbeiter, die sich Eigenschaften wie Stolz und
Phlegma schwerlich leisten können. Die Trachten sind ethno-
graphische Reliquien geworden, die zu anberaumten Folk-
lore-Festen zur Schau getragen oder in Heimatmuseen zur
Schau gestellt werden. So gibt es alljährlich ein Erntefest in
dem eigens dafür gebauten Amphitheater bei Schloß Namiest
in der Hanna und im Museum von Littau eine erlesene Trach-
tensammlung. Das Autochthone nimmt allmählich die Züge
des Anonymen an. Daß es museal konserviert wird, ist ein

Zeichen dafür. Auch uns ist freilich diese Entwicklung nicht fremd.

Unverändert blieben die wirtschaftlichen Produkte des Landes: Weizen, Gerste, Zuckerrübe stehen obenan. Nördlich Prerau gedeiht der Hopfen, darum erzeugt man in Prerau, Olmütz, Littau ein gutes Bier; den Namen Proßnitz wiederum schmecken Liebhaber harter Getränke als kräftigen klaren Kornschnaps auf der Zunge, ›Prostějovská Režná‹ genannt; auch ein besonders würziger Schinken ist die Spezialität dieses Ortes. Und natürlich gibt es noch die einst in der ganzen Donaumonarchie berühmten Olmützer Quargeln, doch kann es dem Fremden scheinen, als führten sie heutzutag in Olmütz ein Untergrunddasein, denn man muß sich schon einige Mühe geben, um sie zu ergattern. Wichtiger als diese Delikatessen ist für die Hanna-Städte natürlich die Industrie. Man stellt in Olmütz, Prerau und Proßnitz heute vor allem Maschinen für die Landwirtschaft und Nahrungsmittel her; Proßnitz ist außerdem seiner Tradition treu geblieben und fabriziert Bekleidungsgegenstände, die es früher im Hausgewerbe produzierte.

Unter den Wappen der Mächtigen

Reiche Adelsherren herrschten einst über diese Gebreiten und prägten die Physiognomie ihrer Orte. Das alte *Proßnitz (Prostějov)* war zuerst im Besitz der Wenzelskathedrale in Olmütz; dennoch richtete es bis zum beginnenden 15. Jahrhundert nicht nach norddeutschem, also Magdeburger Recht, wie Olmütz, sondern nach süddeutschem, das heißt Nürnberger Recht. Und indes Olmütz den Kräften der Reformation weitgehend widerstand, zog sie Proßnitz an: Mährische Brüder, Lutheraner, Utraquisten, Waldenser sammelten sich in diesem ›hannakischen Jerusalem‹ – wie es genannt wurde – und gründeten Schulen und Buchdruckereien. Ihre Protektoren waren die hussitenfreundlichen Herren von Krawař, denen Proßnitz damals gehörte. Unter dem merkwürdigen Wappen dieser Familie stand lange Zeit die halbe Hanna und weite Landstriche in Ost- und Südostmähren. Das Wappen zeigt einen Schnurrbart mit einem Mund, durch den, wie durch ein geknotetes Tuch, ein Pfeil gezogen ist. Ein Ahnherr dieses draufgängerischen Geschlechts böhmischen Ursprungs hatte nämlich im Zweikampf seinem Gegner Schnurrbart und Oberlippe abgehauen und die Siegestrophäen auf seinen Pfeil gespießt. Den Grund zur Macht des Hauses Krawař in Mähren legte Wok I. von Krawař, ein Günstling Ottokars II., der ihn reich mit Besitzungen beschenkte.

Neben den Krawař, und mit ihnen verwandtschaftlich und freundschaftlich eng liiert, herrschten in diesem Landstrich vor allem die Familien Pernstein und Cimburg. Das Haus Pernstein besaß Proßnitz und *Prerau (Přerov)* während des ganzen 16. Jahrhunderts; aus jener Zeit stammen die Schlösser in beiden Städten, ebenso das Proßnitzer Renaissance-Rathaus, das sich an das Schiff der Stadtpfarrkirche lehnt und deren Turm mit Uhr sozusagen ›mitbenützt‹. Wie das Schloß, prunkt es mit einem üppigen Portal – ein Charakteristikum der Pernstein-Bauten. In der barocken Klosterkirche der Barmherzigen Brüder in Proßnitz hat sich einer der produktivsten Freskanten des mährischen Raums, Franz Anton Sebastini – schlicht deutsch Sebastian und tschechisch Schebesta genannt – mit einem großen Wurf wienerisch geschulter dekorativer Deckenmalerei ausgezeichnet.

Die Familie Cimburg hatte ihren Stammsitz auf der *Burg Tobitschau (Tovačov)* östlich Proßnitz, deren Name durch das sogenannte ›Tobitschauer Rechtsbuch‹ in die mährische Geschichte eingegangen ist. In diesem Buch hat Ctibor III. von Cimburg, ein glänzender Politiker und Rechtsgelehrter der nachhussitischen Zeit, das mährische Gewohnheitsrecht zusammengefaßt; es ist heute ein wertvolles Dokument für die

Forschung. Über die gotischen und barocken Elemente des Burgschlosses Tobitschau dominiert der Stil des Historismus, in dem es im ausgehenden vorigen Jahrhundert umgebaut wurde.

Als die Familie Pernstein 1646 ausstarb, gingen viele ihrer Besitzungen in die Hand der Liechtenstein über. Dazu gehörte auch das *Bergschloß Plumenau (Plumlov)* westlich Proßnitz. Der hohe, breite, aber sehr flache Bau, der über einem steil zu einem Teich abfallenden Felsen aufragt, wirkt von ferne wie eine Theaterkulisse in realer Landschaft. Indes die dem Teich zugewandte Südseite schmucklos gehalten ist, glaubt man sich angesichts der höchst effektvollen Hoffront des Palastes vollends vor eine Barockbühne versetzt. Der Fassade sind dicht gereihte antikische Säulen vorgelagert, die nach klassischem Kanon übereinander angeordnet sind: im Parterre dorische, im ersten Stock ionische, im zweiten Stock korinthische Ordnungen. Wie beim Prager Czerninpalais bestimmt das Prinzip der Reihung und Vertikalgliederung diese Schaufront von kühlem Pathos, »deren Aufwand durch die innere Raumorganisation« nicht gerechtfertigt wird«, wie Erich Bachmann bemerkt.

Das Schloß wurde unter Johann Adam Andreas von Liechtenstein 1680–1685 erbaut, wobei sich der Fürst der Entwürfe seines Vaters Carl Euseb bediente. »Geld ist nur, um schene monumenta zu hinterlassen«, lautete dessen Parole, und in seinem bemerkenswerten Traktat ›Das Werk von der Architektur‹ hat er diesen Leitsatz begründet:

Denn was ist dauerhaftiger, stärker und wehrender als ein recht erbautes Werk, so bis zu Endt der Weldt stehen thue, bis alles vergehen wiert und, da es wegen unbewonsamb eingehen solte, dennoch die Rudera verbleiben, wie bei denen alten rehmischen und kriechischen, solche noch nach zu großer Zeit vorhanden und stehen werden; also dergleichen das zum lengsten wehrendes Werk ist, deme nichts so lang Wehrendes kan verglichen werden, in animali-aut vegetabili-

bus, nichts ist auch Kestlicheres als ein vornehmes Gebeu, dan es im
Wehrt alle rareste Edelgestein und Rariteten ibertrefen thuet.

Das nördlich Plumenau liegende *Schloß Čech (Čechy pod*
Kosiřem) spielt in der Biographie des Malers Josef Mánes eine
Rolle, den die tschechische Kunstgeschichte als Begründer der
modernen tschechischen Malerei verehrt. Der Landsitz gehörte bis 1945 den Grafen Silva-Tarouca, einer portugiesischen
Familie, deren in den Türkenkriegen zu Ruhm gekommener
und zum Ratgeber Maria Theresias avancierter Vorfahr
Manuel Teles da Silva sich in Mähren angekauft hatte. Mánes
lebte in den Jahren 1849–50 als Gast der Familie in diesem
Schloß, er porträtierte seine Gastgeber, er konterfeite zugleich
auch die Parlamentarier, die zu jener Zeit in Kremsier tagten,
und er malte und skizzierte mit patriotischem Enthusiasmus
und volkskundlicher Akribie Szenen aus dem Leben des
Landvolks. Die sprichwörtlich schönen Hannakinnen waren
seine ganze Augenweide, sie erschienen ihm wie ›lauter
Madonnen‹, was ihn aber keineswegs hinderte, seine Maler-
augen recht irdisch auf ihre Beine zu heften und diese als
wohlgeformte ›piškotky‹ – Bisquits zu preisen. »Kdyby nebylo
Hanáček, byl by z něho panáček«, reimte der Volksmund über
Manés, was ungereimt heißt: Wenn's keine Hannakinnen
gegeben hätte, wär' er ein Mönchlein geworden. Das Schloß
bewahrt viele Erinnerungen an ihn und seine Gastgeber. Die
schönsten Porträts, die er von Emanuel und Jana Amabilia
Silva-Tarouca schuf, hängen indessen nicht mehr hier, sondern
befinden sich auf *Schloß Namiest in der Hanna (Námiěšt ná Hané)*,
einem einstigen Kinsky-Besitz, der heute der Olmützer
Museumsverwaltung untersteht, die hier Volkskunstsamm-
lungen aller Art, Werke der tschechischen Malerei des 19. Jahrhunderts sowie eine Kollektion der sogenannten ›Goldenen
Kaleschen‹ aus theresianischer Zeit zur Schau stellt.

Tropfsteinhöhlen und Deutschordensburgen

Das von Garten und Wald umgebene Schloß Namiest ist auf der Autostraße Proßnitz–Littau zu erreichen, es liegt am Rande der sogenannten ›Kleinen Hanna‹, jener Tallandschaft zwischen der Drahaner Hochfläche und dem Vorgebirge des Schönhengstkammes, die man etwa mit den Orten Littau, Markt Türnau und Boskowitz begrenzen kann. Unter dem roten Ackerboden und den fichten- und tannengrünen Bergkuppen der Kleinen Hanna schichten sich Vor- und Frühzeitkulturen. Bei *Klein Hradisch (Malé Hradisko)* westlich von Proßnitz hat man zwei Kilometer lange Wälle und Gräben einer keltischen Burgstätte aus dem 1. Jahrhundert v. Chr. freigelegt. Bei *Lautsch (Mladeč)* westlich von Littau (Litovel) wurde eine Karsthöhle entdeckt, in der Eiszeitmenschen gehaust haben. Die reichen Funde dieser Stätten kann man in den Museen von Proßnitz, Boskowitz und Littau betrachten. Bei dem Dorf *Javořičko* gibt es reizvolle Tropfsteinhöhlen; die größte davon, der sogenannte ›Gigantendom‹, hat eine Ausdehnung von dreiundfünfzig Meter Länge, vierunddreißig Meter Breite und achtzehn Meter Höhe. Leider ist der Name dieses Dorfes nicht nur mit dieser Attraktion für Touristen, sondern auch mit einer Bluttat der deutschen Besatzung am letzten Tage des Zweiten Weltkriegs verbunden, als ein Großteil der männlichen Einwohner des Ortes einer privaten Vergeltungsmaßnahme zum Opfer fiel.

Auf der nahegelegenen Burg *Busau (Bouzov)* hatte sich während des Krieges die schwarze Garde Himmlers eingenistet. Der auf historischen Pomp versessene SS-Gewaltige wollte die Burg zu seiner Residenz machen und sie in eine Art Gralsburg verwandeln, ähnlich wie er es mit dem Schloß Konopischt in Böhmen im Sinn hatte. Der Gründerzeithistorismus des Monumentalbaus von Busau mochte seinen Größenwahn-Phantastereien willkommene Stütze bieten. Der

Deutsche Ritterorden, dem die aus dem 14.Jahrhundert stammende Burg von 1696 bis 1945 gehörte und der sie als Hospiz des Ordens benützte, hatte am Ende des vorigen Jahrhunderts den Erbauer des Münchener neogotischen Rathauses, Georg Hauberrisser, mit der Nachbildung der einstigen Ritterveste betraut. Die Rekonstruktion geriet zwar weit mehr romantisch idealisierend als historisch exakt, doch vermittelt sie einen stimmungsvollen Eindruck vom Charakter einer mittelalterlichen Burganlage. Die zum Großteil stilgerecht nachgebildete, doch qualitätsvolle Einrichtung gibt einen Einblick in Tradition und Lebensart des Ordens, der sich – wie der Name anzunehmen nahelegt – keineswegs nur aus Deutschen rekrutierte, sondern auch tschechischen Adel aufnahm.

Der großzügige Bauherr von Busau, Hochmeister Erzherzog Eugen, hat auch die Burg *Eulenberg (Sovinec)* zwischen Olmütz und Römerstadt in der zweiten Hälfte des 19.Jahrhunderts nach alten Plänen erneuern und erweitern lassen. Die Anlage ist vor allem interessant, weil sie eine Kombination von mittelalterlicher Burgarchitektur und barockem Fortifikationssystem darstellt. Der Orden hatte die uralte Burg, als er sie im Dreißigjährigen Krieg erwarb, zur ›Reichsfeste‹ ausbauen lassen. Ihren Namen trägt sie von dem Geschlecht der Sovinec, deren Stammsitz sie von 1300 bis 1545 war. Deutsch nannte sich dieses Geschlecht Ailnberg (Eulenberg). Da der tschechische Adel im frühen Mittelalter deutsche Sprache und Sitte zu favorisieren begann, gab er seinen Residenzen fast durchweg deutsche Namen, die er dann in vielen Fällen als erbliche Familiennamen übernahm. Auch Sternberg leitet von dieser damals herrschenden Mode seinen Namen her.

Kostbare Kunst in Sternberg

Sternberg (Šternberk) sei der Lohn gewesen, den der ›Retter des Abendlandes‹, Ritter Jaroslaw von Sternberg, von König Wenzel I. für seinen Sieg über die Mongolen empfing – so erzählt die Sage, und sie schmückt die Vorgeschichte dieser Schenkung, den Zweikampf zwischen Jaroslaw und dem Mongolenführer Peta, höchst dramatisch aus. Die Geschichte hingegen weist nach, daß es der Hofmarschall Zdislaw von Sternberg war, der die Burg baute und die Ansiedlung zu ihren Füßen förderte. Dieser Hofmarschall hatte sich im Dienste König Wenzels I. hervorgetan und war dafür mit Ländereien in Mähren belohnt worden. Seine Ahnherren stammten aus dem böhmischen Diwišow und hießen auch nach diesem Ort. Erst Zdislaw nannte sich ›de Sternberg‹, nachdem er einen achteckigen goldenen Stern im blauen Feld als Stammwappen erkoren und 1242 die Burg Sternberg in Böhmen an der Sazawa erbaut hatte. Den Namen dieser Burg übertrug er dann auf die spätere mährische Gründung.

Den Anstoß zu dieser Gründung gab die Lage des Ortes an der einst so wichtigen Straße nach Schlesien, die hier aus der Ebene in die damalige Waldwildnis des Gebirges eintrat. Denn rund um diesen nördlichsten Ort der Hanna steigt die Marchebene zum Vorgebirge des Niederen Gesenkes empor; das Städtchen selbst klimmt aus einer Talbucht sanft den Hang hinauf und hält weithin sichtbar Burg und Pfarrkirche auf der Schulter. Die Bürgerhäuser, straßenweise einheitlich biedermeierlich, verraten Wohlstand der Bewohner in früheren Zeiten. Vom 16. Jahrhundert ab hatte sich Sternberg zur Weberstadt entwickelt, deren Manufakturen zuerst den rundum angebauten Flachs, vom 19. Jahrhundert an importierte Baumwolle verarbeiteten. Heute ist die Uhrenindustrie hier heimisch – und ein Uhren-Museum zeigt, wie man die Zeit im Laufe der Zeiten gemessen hat.

In der *Burg* aber ist der Lauf der Zeiten Stein geworden. Ein walzenförmiger Bergfried weist auf das 13. Jahrhundert, als die Burg zur Verteidigung der Nordstraße angelegt wurde. Der gotische Burgkern mit der Kapelle entstand in der zweiten Hälfte des 14. Jahrhunderts. Ihr Bauherr war Albert II. von Sternberg, ein hochgebildeter und weitgereister Mann, dreifach mit dem Doktorgrad geziert, dreimal zum Bischofsamt berufen, geehrt mit der Freundschaft Karls IV. Er brachte große höfische Kunst nach Sternberg: die Architektur der Burgkapelle und die Reste von Wandmalereien darin deuten es an. Die Vorburg unterhalb der Burg stammt vom Ende des 15. Jahrhunderts; damals saßen die Berka von Dub und Lipa hier, ein reiches nordböhmisches Herrengeschlecht, dessen Wappenzeichen der gekreuzten Eichenäste man allenthalben im Schloß begegnet. In der Mitte des 16. Jahrhunderts baute diese Familie die Burg in ein Renaissanceschloß um, mit weiten Sälen, luxuriösen Holzkassettendecken, üppigem Wandschmuck, schwingenden Netzgewölben. So blieb das Schloß – bis Fürst Johann II. Liechtenstein an der Wende vom 19. zu unserem Jahrhundert den ganzen Komplex durchgreifend restaurieren ließ, eine Aufgabe, die der Wiener Architekt Karl Gangolf Kayser mit seltener Einfühlungsgabe löste. Die Fürstenfamilie hatte Sternberg von 1705 bis 1945 in Besitz. Was sie an Mobiliar und Antiquitäten, Bildern und Plastiken hier sammelte, hat die tschechische Denkmalpflege nach 1945 durch entsprechende Bestände aus anderen Schlössern ergänzt. So ist eines der erlesensten Museen der Tschechoslowakei entstanden. Kostbare Möbel aller Stile sind sparsam auf Säle und Gelasse verteilt, und an den Wänden funkeln wahre Edelsteine der Malerei: Lukas van Leyden, Gerard David, Jan Brueghel d. Ä., Beschey, Dubbels, Rujsdael, Bellini, Ghirlandajo, Canaletto, Locatelli, Poussin, Rugendas, Skreta, Kupetzky, Waldmüller.

In der *Burgkapelle* sind bedeutende gotische Plastiken und

Tafelbilder böhmisch-mährischer Herkunft versammelt: die anmutvolle Sternberger Madonna (um 1400), die schmerzvolle Pieta aus Lutin (Ende 14. Jahrhundert), die bäuerliche Pieta aus Olmütz (Anfang 15. Jahrhundert), das flachgeschnitzte spätgotische Relief ›Tod Mariens‹ aus der Sakristei der Olmützer Mauritiuskirche und andere, teils jüngst erst aufgefundene Stücke mehr.

Ein kleiner Kreis nur hat sich der Führung angeschlossen, der Zufall hat Gleichgestimmte zusammengeführt, es gibt Gespräche, gar hitzige Debatten vor den Bildern, über deren Herkunft, deren Meister. Die Augenblicke sind selten, da man in den zu Museen stilisierten, um nicht zu sagen: sterilisierten Schlössern Mährens ein derart spontanes, allein dem Kunstwerk zugewandtes Interesse erlebt, Augenblicke, in denen die disparate Gegenwart vor dem verloren geglaubten Glanz europäischer Tradition versinkt.

Am Aufgang zum Burgberg thront auf abgetreppter Terrasse die *Pfarrkirche* und wendet der Stadt ihre großflächige, schon klassizistisch ernüchterte Barockfassade zu. Ihr festlich breiter, einschiffiger Saal geht in einen etwas schmäleren Chorraum über. Der zwischen 1775 und 1783 für die schon unter Albert II. von Sternberg hier ansässig gewordenen Augustiner-Chorherren errichtete Bau und seine Innenausstattung ist das Werk einheimischer Künstler: ihr Architekt war Nikolaus Thalherr, Sproß einer nordmährischen Baumeisterfamilie, als Freskant betätigte sich der Proßnitzer Franz Anton Sebastini, die Stuckfiguren schuf der Brünner Andreas Schweigel, die Altarbilder malten Joseph Winterhalter und – der einzige Auswärtige – Leopold Kuppelwieser, ein Wiener ›Nazarener‹. ›Die Anbetung der Könige‹ im Kreuzgang ist ein Werk von Meister Handke, den lebenslange Freundschaft mit dem Prälaten des Stifts verband und der hier sehr viel gemalt hat, doch ist das meiste davon durch die Aufhebung des Klosters in der Säkularisation zugrunde gegangen.

Bewaldete Höhenzüge mit gepflegten Wanderwegen, Täler mit Teichen und gewundenen Bächen, weite Feld- und Gartenfluren umgeben Sternberg: eine Landschaft, in der man sich mit Augen und Spazierstock so recht ›ergehen‹ kann. Die zarte Bewegung der Hügelwellen begrenzt im Bogen den ganzen Osthorizont der Hanna. Von Sternberg nach Mährisch-Weißkirchen (Hranice) zieht quer das Odergebirge herüber, vom Süden kommen bei Mährisch-Weißkirchen die Ausläufer der Beskiden herein. Der schmale Durchlaß, wo die beiden Gebirge voreinander zurückweichen, heißt ›Mährische Pforte‹ (Moravská brana), sie ist das Einfallstor vom Osten und also, wie die Geschichte bewiesen hat, ein neuralgischer Punkt in der Geographie dieses Landes.

Burg Helfenstein und Berg Hostein

Wo die Berge nochmals ganz nah an den Fluß Betschwa (Bečva) herantreten, bevor sie ihn in das sich immer weiter mit Wiesen und Gärten ausdehnende Hanna-Tal entlassen, liegt am linken Ufer das kleine Bad Teplitz (Teplice nad Bečvou) mit seinen lauen, erdigen Stahlquellen; daneben die ›Aragonit-Grotten‹ von Sbraschau (Zbrašov) mit Geysir-Tropfsteingebilden und Seen aus warmem Mineralwasser, und gegenüber am anderen Ufer der siebzig Meter tiefe Erdsturz ›Gevatterloch‹ (Macuška), auf dessen Grund ein Mineralwassersee steht, dessen Pegel mit dem der Betschwa kommuniziert.

Westlich davon erhebt sich auf einem schroffen bewaldeten Felsen die *Ruine Helfenstein (Helfštýn)*. Die einst gewaltige Burg hatte eine wilde Geschichte: sie war ein Raubnest, gebaut von einem berüchtigten Raubritter im späten 13. Jahrhundert und in Schreckenszeiten immer wieder von seinesgleichen behaust und heruntergebracht, sie war eine Prunkresidenz, gehätschelt als Lieblingsburg von den Reichsten der Reichen,

den Krawař, den Pernstein, den Rosenberg, den Dietrichstein,
sie war eine Bastion, die jeder Soldateska gelassen trotzte, und
sie wurde nach dem Dreißigjährigen Krieg schließlich ein
ewiger Zankapfel zwischen Regierung und Privatbesitzern.
Spektakulär wie ihre Historie war ihr Ende: auf Befehl des
kaiserlichen Hofkriegsrats schossen sie im Jahre 1817 sechzehn
Kanonen mit hundertdreiundvierzig Schüssen vor den Augen
geladener hoher Gäste zum Trümmerhaufen.

Auf dem *Hosteinberg bei Bistritz (Bystřice)* – südlich von
Helfenburg –, der aus siebenhundertfünfunddreißig Metern
Höhe einen weit schweifenden Blick über die Ebene gewährt, wollen wir uns von der Hanna verabschieden. Auch
der Hostein ist ein ›Heiliger Berg‹. Er trug schon in heidnischer
Zeit eine Kultstätte auf seinem Gipfel, und als die Slawenapostel Mähren missionierten, errichteten sie an deren Stelle
eine Kapelle mit einem Marienbild. Der Wunderwirksamkeit
dieses Bildes schrieben die Gläubigen später zu, daß die Tar-
taren aus dem Land vertrieben wurden. Seither trägt die
Gottesmutter vom Hostein den Beinamen ›Schutzfrau
Mährens‹. Die blitzeschleudernde Himmelskönigin im
Strahlenkranz, zu der die Wallfahrer beten, ist in einer überkuppelten Rundkirche geborgen, die über einer langen, steilen Treppe weithin sichtbar auf der Höhe steht. Der mächtigere Bau, der vorher an ihrer Stelle stand, war durch ein
josephinisches Dekret der Zerstörung preisgegeben worden.
Doch die Hartnäckigkeit und die Hilfe der Gläubigen brachten
es zuwege, daß 1841 diese neue Kirche entstehen konnte.

Dichter allerorten

Nicht ohne einen kleinen literarischen Exkurs können wir
unseren Streifzug durch die Hanna beenden: denn das früchte-
reiche war auch ein dichterreiches Ländchen. Dem für
Musik und Lyrik so begabten tschechischen Volk ist hier der

›Garcia Lorca der tschechischen Literatur‹ erwachsen: Jiří
Wolker. Seine Biographie ist lapidar: er ist 1900 in Proßnitz
geboren und 1924 in Proßnitz gestorben, und er hat zu Lebzeiten zwei Gedichtbändchen veröffentlicht. Aber seine Wirkung war weitreichend. Josef Mühlberger schreibt darüber:

*Mit dem schmalen Werk Wolkers erreicht die tschechoslowakische
Lyrik einen Höhepunkt. Mit Garcia Lorca ist Wolker insofern verwandt, als er die folkloristische Thematik und Buntheit, die böhmische Musikalität und die Gefühls- und Gedankenwelt seines Volkes in seinen Versen verkörpert: mitfühlend, menschlich, von bäuer-
lich-schlichter Frömmigkeit, und in der Fähigkeit, das Alltägliche zu
poetisieren. Inbrunst und Schwermut sind die Grundmelodie, beide
getragen von einer innigen Herzlichkeit. Ohne bewußte Vorbilder,
erreicht er den Zusammenklang mit der europäischen Kunst.*

Der frühvollendete und frühverstorbene Poet hat sich sein
Epitaph selbst gesetzt:

> Hier liegt Jiří Wolker, Dichter,
> konnte die Welt nur lieben,
> lebt' aus der Hoffnung
> nach künft'gen gerechteren Tagen.
> Bevor er zu kämpfen begann,
> hörte sein Herz auf zu schlagen,
> vierundzwanzig Jahre jung
> ist er verschieden.

Der Spruch war früher auf Jiří Wolkers schönem Grab im
Proßnitzer Friedhof zu lesen; doch ist er leider entfernt worden, als Jiřís Bruder Karel 1932 hier ebenfalls bestattet wurde.

Zur Wolker-Generation der Talente, die der tschechischen
Lyrik stürmisch Auftrieb gaben, gehört auch der aus Prerau
stammende Oldřich Mikulášek, dessen schwermütige Verse
um die gesegnete Wirklichkeit der Erde und die unfaßbare
Traumhaftigkeit des Lebens kreisen. Die tschechische Lyrik
ist ja seit jeher gekennzeichnet durch ihr unmittelbares Ver-
hältnis zum Autochthonen und zur Tradition von Volkslied

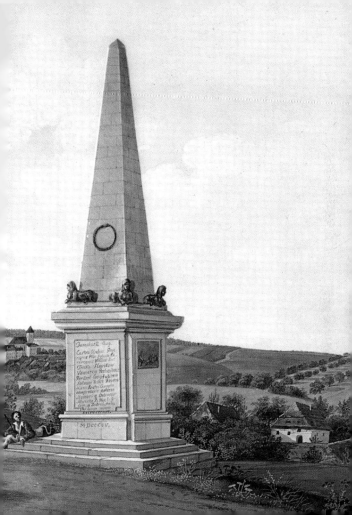

LANDSCHAFT IN MITTELMÄHREN
(Das Denkmal erinnert daran, daß Joseph II. hier 1769
eigenhändig eine Ackerfurche zog)
Tempera von Franz Richter, 1827
Sammlung Liechtenstein, Vaduz.

und Sage, um so weniger kann es hier als Zufall verstanden
werden, in welchem Landstrich ihre Dichter zu Hause sind.

Die beiden Herzstädte der Hanna, Proßnitz und Prerau,
haben überhaupt erstaunlich viele bedeutende Persönlichkeiten hervorgebracht oder beherbergt. Nennen wir nur als
herausragende Gestalten den in Prerau tätig gewesenen
Bischof der Mährischen Brüder, Johann Blahoslaw, durch
dessen literarisches Wirken die geistliche Lyrik der Reformation vielerlei Inspirationen empfing, und den 1859 in Proßnitz
geborenen Philosophen Edmund Husserl, der mit seiner
Phänomenologie eines der vier großen Systeme der modernen
Philosophie schuf.

Jener Jakob Julius David, aus dessen Erzählband ›Die Hanna‹
wir weiter vorne ein Stück zitiert haben, stammte vom Rande
der Hanna, aus *Mährisch-Weißkirchen*; der deutsch-jüdische
Erzähler hat in Wien gelebt und in seinen Romanen die
Schicksale der Einsamen und Fortgeworfenen der Großstadt
geschildert – aber von der Sehnsucht nach seiner Heimat ist
er nie losgekommen. Auch für seine Zeitgenossin Marie von
Ebner-Eschenbach, die wie er in Wien lebte, blieb ›die einzige
wahre Herzensheimat‹ jenes Dorf *Zdisslawitz* südwestlich von
Kremsier, in dessen Schloß sie 1830 zur Welt kam und in das
sie zeitlebens fast allsommerlich wieder einkehrte. Das Schloß
dient heute als Pflegeheim für Kranke, die Bibliothek wurde
nach Schloß Lyssitz in Böhmen überführt. Nur das Mauso-
leum im Schloßpark erinnert noch an die einst so vielgelesene
Erzählerin und nur deren Memoiren noch an das alte Zdisslawitz, wo die hannakische Amme Anischa der kleinen Marie
Gräfin von Dubsky wilde und süße Märchen erzählte:

Ein Märchen gab's, das erzählte Anischa nur mir allein, weil ich
so couragiert war. Meine Schwester, die kleinen Brüder durften
nichts hören von der ›zlá hlava‹; sie hätten lange nicht einschlafen
können und schwere Träume gehabt. Diese ›hlava‹, das war ein Kopf,
nichts weiter als ein Kopf, ohne alles Zubehör. Er hatte struppige

Haare und einen struppigen feuerroten Bart, Teufelsaugen und Ohren so groß, daß er sie als Flügel gebrauchen konnte. Aber nicht lange, weil er sehr schwer war und bald wieder zu Boden plumpste. Der Kopf war ein König und hatte ein Heer, und im Kriege rollte er ihm voran, eine fürchterliche Kugel, und biß den Menschen und den Pferden in die Füße, daß sie reihenweise tot hinfielen. Er hatte auch eine Königin, die neben ihm schlafen mußte auf demselben Polster und vor Schrecken über seinen Anblick ganz weiß wurde, immer weißer, und endlich selbst ein Gespenst. Greuliche Untaten beging die ›hlava‹, und eine ihrer schlimmsten war, daß sie der Großmutter Anischas, als diese einmal des Nachts von einem Botengang heimkehrte, auf der Hutweide nachgerollt kam. Die Großmutter hörte sie pusten, knirschen und schnauben und rannte! rannte! Bis zu ihrem Hause rannte sie; dort aber stürzte sie zusammen und wußte nichts mehr von sich, eine Stunde lang – o länger als eine Stunde! Am nächsten Tag ging der Großvater und mit ihm das halbe Dorf auf die Hutweide, und an der Stelle, wo die Großmutter das Scheusal zuerst gehört, lag ein großer, runder, weißer Stein, den – man schwor darauf – noch niemand da gesehen hatte. Nur der Hirtenbub behauptete steif und fest, daß der Stein von jeher dagewesen sei. Aber der Hirtenbub war dumm und ein halber Trottel. Der Stein wurde eingegraben, und heute noch machen die Leute einen Umweg, wenn sie an dem Platz, wo er liegt, vorüberkommen.

In diese Landschaft der ›kochenden Weizenfelder‹ gehört auch das von der Brünner Lyrikerin Maria Hauska verfaßte Gedicht ›Erinnerung an mährische Sommer‹:

> Die Mittagsfrau Klekanitza,
> vor der die Kinder schreien,
> mir war sie lieb,
> die mütterliche Hexe.
>
> Über dem kochenden Weizenfeld
> hing ihr Gewand voll Gewitter
> und eine Glocke wehklagte Mittag
> in weiter Ferne.

Ich sah,
wie sie sacht ihre Zehen
in die Kelche der Heckenrosen setzte
beim leisen Gang durch die Luft.

Die blaue Schürze
der Schnitterin
trug sie steil vor dem Leib,
der wie Brot war.

Klekanitza,
die mit Lehmbrocken nach den Vögeln warf,
um das Korn in der Ähre zu schützen,
Klekanitza,
die mit einem dünnen Sonnenstrahl
ins Hirn stechen konnte,
so daß Männer dran starben,

Klekanitza,
die es im Herbst nicht mehr gab,
die wie Dunst war am Abend und Morgen,
– immer noch schreitet sie barfuß
und schwangeren Leibes
durch den Sommermittag,
fern von mir.

Am Rande der Karpaten und Beskiden

Ein Zentrum des Großmährischen Reiches

Ruhig gleitet die Straße durch das stille, weithin ausgebreitete Land: üppige Wiesenflächen, locker bestanden von Baumgruppen und Buschwerk, gelbe Felder, zwischen denen Streifen roten Mohns aufglühen, langgezogene Dörfer mit bescheidenen frischgetünchten Häusern, und noch in den armseligsten ihrer Vorgärten blühen weiße Lilien in verschwenderischer Fülle. Diese gotische, diese aristokratische Blume ist die Blume Mährens. In der Ferne zeichnen die Waldberge weiche Linien in den Horizont. Noch verstellen sie ihn nicht. Noch herrscht hier die grüne Weite der Marchebene.

Das Marchgebiet am Rande der Karpaten zwischen Lundenburg und Ungarisch-Hradisch – man nennt es ›mährische Slowakei‹ – hütet in seiner Erde die ferne Glanzepoche des Großmährischen Reiches. Wir haben im einleitenden Abriß der Geschichte Näheres über Aufstieg und Niedergang dieses Fürstentums berichtet, das auf der Höhe seiner Macht ganz Böhmen, große Gebiete an Oder und Weichsel, weite Teile des Donauraums mit ganz Pannonien umfaßte. Wo aber lagen seine Zentren? Geführt von historischen Quellen, begannen die Archäologen vor einigen Jahrzehnten zu graben und entdeckten bei Znaim, Wischau, Raigern, Lundenburg und Ungarisch-Hradisch sowie bei Neutra in der Westslowakei Burgwälle aus dem 9. Jahrhundert. Vor rund zwanzig Jahren wurden die bis dahin recht unsystematischen Grabungen in großem Ausmaß erweitert und zeitigten spektakuläre Ergebnisse. Man fand auf dem Gebiet von Altstadt (Staré Město), Ungarisch-Hradisch (Uherské Hradiště), Mikultschitz (Mikulčice) bei Göding und Pohansko bei Lundenburg Reste

von ausgedehnten Siedlungen aus vorgroßmährischer und
großmährischer Zeit, denen die tschechischen Forscher land-
wirtschaftlichen oder städtischen Charakter zusprechen.

Seit 1954 wenden die Archäologen unter Leitung Josef
Poulíks dem Grabungsfeld bei *Mikultschitz* besonderes
Interesse zu, nachdem Vilém Hrubý in Altstadt bei Ungarisch-
Hradisch ein weit über tausend Skelettgräber umfassendes
Gräberfeld mit einer Kirche ausgegraben hatte, das auch sehr
viele ungewöhnlich reich ausgestattete Gräber enthielt. Dort
kamen die großmährischen Funde mitten im heutigen Weich-
bild der Stadt zutage und konnten daher nur unter sehr
schwierigen Umständen geborgen werden. In Altstadt selbst
und in der unmittelbaren Umgebung wurden außer verschiedenen Siedlungsspuren weiter die Fundamente mehrerer
großmährischer Kirchen freigelegt, darunter in Dörfl (Sady)
ein bemerkenswerter Kirchenkomplex. Gestützt auf eine
altertümliche örtliche Tradition meinten daher einige Forscher, daß hier an der mittleren March die ›alte Stadt‹ Rostislavs gelegen sei. Die bisher vorliegenden Ergebnisse der
Untersuchungen Poulíks bei Mikultschitz, wo eigentlich nur
das Grundwasser einige Schwierigkeiten bereitete, zwingen
freilich, diese Auffassung zu revidieren.

Das weitläufige, von Auwäldern umgebene Gelände im
Überschwemmungsgebiet der March, nordöstlich von Lundenburg, erweckt von fern den Eindruck, als sei hier eine
Goldgräberstadt im Aufbau begriffen. Große Holzbaracken
sind in weiten Abständen über das Areal verteilt, Bagger
stehen mit gierig aufgerissenen Mäulern im Feld, Frauen
hocken in Rinnen und Gräben und handhaben vorsichtig
Kratzer und Schäufelchen, aus einer Erfrischungsbude tönt
Radiomusik, und eine Schar Halbwüchsiger trabt in loser
Formation und zu Munterkeit aufgelegt hinter einer Führerin
her, die sich später sehr liebenswürdig auch unserer annimmt.

Nach Ansicht Poulíks war Mikultschitz wahrscheinlich schon

im 7. und 8. Jahrhundert Sitz eines mährischen Stammes-
fürsten und seiner Gefolgschaft. Um die Wende des 8. zum
9. Jahrhundert wurde dann hier eine neue Fürstenburg angelegt, zu der eine befestigte Siedlung mit Gehöften und Eigen-
kirchen der adeligen Gefolgsleute mit Werkstätten und Wohn-
häusern gehörte. Bisher hat man innerhalb der Burg die
Grundmauern von fünf Sakralbauten und einem – wie man
annimmt – Palast freigelegt und innerhalb der Vorburg die
Reste von fünf weiteren Kirchen entdeckt. Zum Schutz der
ausgegrabenen Bauteile wurden vorläufig die erwähnten
Holzbaracken errichtet.

Die *Kirchen* hatten, wie die Ausgrabungen bezeugen, in der
Mehrzahl langgestreckte, rechtwinklige Presbyterien, wie sie
seit dem frühen Mittelalter eine Eigenart der Kirchenbauten
des keltischen Christentums auf den britischen Inseln waren.
Der 1968 verstorbene Altmeister der tschechischen Archäologie, Josef Cibulka, auf dessen Erkenntnisse wir uns im folgenden stützen, führt diese überraschende Verpflanzung des
keltisch-insularen Grundrisses nach Mähren auf die Tätigkeit
bayerischer Missionare zurück, die an den seit dem 7. Jahrhundert in Bayern verbreiteten Bräuchen der iroschottischen
Mission orientiert waren. Aber auch ›welsche‹ Geistliche
müssen damals hier missioniert haben. Darauf lassen wiederum die drei freigelegten Rotunden schließen, Zentralbauten,
die auf spätrömischen Bauideen fußen und also vermutlich
aus ehemaligen römischen Donauprovinzen, wo die römische
Architektur noch weiterlebte oder neu erwacht war, hierher
importiert worden waren. Es muß ein bedeutender Meister
gewesen sein, der den kühnen Rundbau mit den in der Längs-
achse zum Hauptraum angefügten beiden hufeisenförmigen
Apsiden schuf – es handelt sich wahrscheinlich um die Sonder-
kirche eines Herrensitzes – und der das formvollendete runde
Baptisterium mit seinen kleeblattartig angeordneten Nischen
im Inneren baute. Schließlich finden wir hier auch den Einfluß

der spätrömischen Kunst Aquilejas belegt, sichtbar an den Fundamenten einer fünfunddreißig Meter langen und neun Meter breiten dreischiffigen Basilika mit runder Apsis und trennenden Wänden zwischen dem Hauptschiff und den Nebenschiffen. Diese Kirche ist doppelt so groß wie die gewöhnlichen großmährischen Sakralbauten. Alle Mikultschitzer Kirchen sind im ersten Viertel, spätestens in der ersten Hälfte des 9. Jahrhunderts entstanden, wie denn überhaupt keine der bisher ausgegrabenen großmährischen Kirchen von der byzantinischen Architektur beeinflußt ist. Cyrill und Method haben also, als sie nach Mähren kamen, bereits eine große Anzahl Gotteshäuser vorgefunden, die sie für ihre Missionsarbeit benutzen und herrichten konnten.

In den Gräbern rund um die Kirchen, von denen etwa die Hälfte keine Beigaben enthielten, einige aber reich ausgestattet waren, fand sich manch erlesene Kostbarkeit. Die goldenen und silbernen Ohrgehänge, Ringe, Halsketten und Broschen, die man den Damen und Kindern der höheren Gesellschaftsschicht ins Grab legte, sind von einer so taufrischen, filigranen Schönheit und bestechenden Eleganz, daß man allen Schmuck, der sich heutzutage bei einer Opernpremiere versammelt, dafür herschenken möchte. Aber auch die edlen Herren und ihre Söhne haben die großmährischen Juweliere reichlich verwöhnt. Vor allem an die Verzierungen der vergoldeten Sporen und der eisernen, silbernen oder bronzenen Riemenzungen haben sie ihre ganze Kunst gewendet. Da tauchen Ziermotive vielfältigster Art auf, über deren genauere Herkunft sich Archäologen und Kunsthistoriker wohl noch geraume Zeit den Kopf zerbrechen werden. Bisher haben sie festgestellt, daß die heimischen Werkstätten Kontakte mit Werkstätten im byzantinischen, karolingischen und adriatischen Kulturgebiet hatten. Doch gibt es auch originale Erzeugnisse, für die sich keine Analogien finden lassen. Am eigenartigsten sind kastaniengroße kugelförmige hohle Zierknöpfe, die die Gewänder von Frauen, Kindern und Männern schmückten. In vergoldeter Bronze, in Silber, manchmal auch in Gold gearbeitet, prunken sie mit geprägtem und graviertem Pflanzendekor oder geometrischen Ornamenten, mit feinsten Granulationen und Inkrustationen aus Glas und Email und vielerlei anderen Verzierungen von technisch vollendeter Ausführung, die den hohen Stand des großmährischen Kunstgewerbes verraten. Diese Kugelknöpfe werden ›gombíky‹ genannt.

Ein halber Tag ›na valách‹, wie der Burgwall und seine Umgebung bei Mikultschitz heißt, ist im Nu verflogen. Die ausgegrabenen Fundamente, die Funde an Skeletten, Waffen, Keramiken, Schmuck, und die Verteilung der Anlagen in dem weiten Gelände bewogen J. Poulík, die Vermutung auszusprechen, daß hier das politische und kirchliche Zentrum Großmährens gewesen sein könnte, jene »unvergleichliche Festung Rostislavs«, von der die Fuldaer Annalen zum Jahr 869 berichten. All dies ist hier mit dem gleichen didaktischen Geschick präsentiert, das auch die seit einigen Jahren durch Europa wandernde Ausstellung ›Großmähren‹ auszeichnet. Natürlich müssen wir es uns versagen, auch die anderen Grabungsorte in Mähren zu besuchen; doch gibt Mikultschitz dem Nichtfachmann ausreichend Einblick in den ganzen Forschungskomplex.

Indes die Prospekte, die man in Mikultschitz verteilt, mit stolzen Äußerungen über die ruhmreiche Vergangenheit der Nation nicht geizen, wird dem Andenken des Mannes, der 1850 im nächstgrößeren Ort *Göding (Hodonin)* geboren ist und der eigentliche Gründer der Tschechoslowakei wurde, Tomas Garrigue Masaryk, seit zwanzig Jahren die Verehrung versagt, mit der man ihn vorher überschüttete. Dabei ist dieser Sohn einer deutschen ›Herrschaftsköchin‹ und eines tschechischen ›Roßwärters‹, der sich eine weltbürgerliche Bildung aneignete, als Philosoph und Soziologe das tschechische Denken

seinerzeit entscheidend beeinflußte und als langjähriger
Staatspräsident einem Programm der Humanität und Demo-
kratie das Wort redete, eine »Schlüsselerscheinung des modernen Tschechentums«, wie Johannes Urzidil schreibt. Kom-
munistisch orientierte Historiker versuchten bisher, Masaryk
die hohe Bedeutung für die tschechoslowakische Geschichte
abzusprechen, da er ein Kritiker des Marxismus war. Im
Zuge der jüngsten Entwicklungen in der Tschechoslowakei
aber kommt sein Name langsam wieder zu Ehren.

Allenthalben lebendige Folklore

Die mährische Slowakei ist übersät mit Blumenornamenten.
Sie ziehen sich unter den Gesimsen der Hauswände entlang,
sie zieren die Türlauben und Fensterstürze, sie bedecken
Truhen und Holzbetten, sie blühen am Wams der Burschen
und an den Röcken, Schleifen und Schürzen der Mädchen.
Wenn ihr einst leuchtendes Grün, Gelb und Rot heute ein wenig matt geworden sein mag, so ist das nur eine Frage der wirtschaftlichen Lage, kaum der Tradition. Denn die Bevölkerung
dieses Landstrichs, früher recht eigentlich einer slowakischen
Sprachinsel diesseits der Weißen Karpaten, hält zäh am Althergebrachten fest. Gesellschaftliche und wirtschaftliche
Veränderungen fallen hier kaum ins Auge. Der anderswo so
versehrte pastorale Charakter Mährens ist hier heil geblieben.
   Wie herzerfrischend ist es, allerorten und alltags wie sonntags Frauen und Männern in Trachten zu begegnen! So eine
Versammlung junger Weibchen und alter Weiblein auf dem
Dorfplatz, allesamt rundherum rundlich, allesamt mit ge-
bauschten Blusen, weit abstehenden Miniröckchen und hohen
Stiefelchen angetan, allesamt den Kopf in ein weißes Tuch
gebunden, nimmt sich aus wie eine Konferenz von Stehauf-
figuren. Am Werktag bleibt noch alles in helleren Farben.
Aber sonntags beim Kirchgang tritt ein kräftiges Kolorit

hinzu. Da kann man dann vereinzelt noch jenen Aufwand an Stickereien und Spitzen entdecken, der die Tracht der mährischen Slowakinnen als so pittoresk bekannt gemacht hat. Wie die ›Miniröcke‹ der Frauen erinnern auch die sehr eng anliegenden schwarzen oder roten Hosen der Männer an den derzeitigen westlichen ›Mode-Look‹. Die Taille ist in einen breiten Ledergürtel geschnürt, ein kurzes Westchen bedeckt das schneeweiße Hemd, dieses wie jenes bestickt, auf dem Kopf sitzt ein kecker schwarzer Hut, und die hohen Lederstiefel glänzen wie Jett. Wenn dann über diesem bunten Bild der Weihrauch zu den verblichenen Fresken aufsteigt und schwermütige Gesänge ertönen, in denen etwas Uraltes mitschwingt, wähnt man sich recht fern von unserem so uniform gewordenen Europa.

Was an alter Volkskultur hier fortlebt, stellt sich bei althergebrachten oder neu eingerichteten Festlichkeiten dar. Ein traditionelles Fest der mährischen Slowaken, das früher in jedem Dorf gefeiert wurde, seit der Jahrhundertwende aber nur noch an einzelnen Orten stattfindet, ist das sogenannte ›Königsjagen‹ oder ›Königsreiten‹ zu Pfingsten. Ursprünglich verlief es so: Am Pfingstsonntag erkoren die Burschen eines Ortes einen halbwüchsigen Knaben aus angesehener Familie als ›König‹, ernannten aus ihrer Mitte ›Adjutanten‹, ›Abgesandte‹, ›Ausrufer‹ und ›Einnehmer‹ und formierten auf prächtig geschmückten Rössern einen ›Königszug‹, in dessen Mitte der König, als Mädchen verkleidet und durch eine Rose zwischen seinen Zähnen während der ganzen Festlichkeit zum Schweigen gezwungen, auf einem Schimmel ritt. So zogen sie in die Nachbardörfer, um dort in zeremoniösen Handlungen für ihren »ehrenwerten, aber durch einen Raubüberfall arm gewordenen« König Geschenke in Form von Selchwaren zu erbitten. Wenn es vorkam, daß sich zwei Königszüge in einem Dorf trafen, versuchte einer dem anderen den König zu entreißen. Gelang es, so mußte der gefangene

König mit hohem Lösegeld freigekauft werden. Abends kehrte der ganze Zug ins Heimatdorf zurück, und es gab einen großen Schmaus, bei dem die Geschenke samt und sonders verputzt wurden. In abgewandelter Form kann man dieses Fest heute noch in Vlčnov bei Ungarisch-Hradisch erleben.

Eher ein Festival für Fremde als ein Fest der Einheimischen sind die alljährlich Ende Juni in Strážnice stattfindenden Tage des Volkstanzes und der Volksmusik. Da treffen sich Tanz-, Gesangs- und Musikgruppen aus der ganzen Tschechoslowakei und auch aus dem Ausland und verzaubern das Städtchen zwei Tage und zwei Nächte lang in ein farbenprächtiges, melodieverzücktes Folklore-Paradies. Die einheimischen Gruppen erkennt man an ihren verzehrend elegischen und cholerisch aufbrausenden Liedern, die von zwei Violinen, einer Viola, einem Baß und einem Cimbal intoniert werden, und an den suggestiven Drehtänzen, deren stampfender und klatschender Wirbel sich an der immer gleichen, in fortwährenden Variationen wiederholten Melodie steigert. In Luhačovice, Velká nad Veličkou und Starý Hrozenkov werden regelmäßig ähnliche Wettbewerbe von Volkstanzgruppen veranstaltet. Wer die Stickereien, die Keramiken, die Ostereier und all die anderen alten Erzeugnisse der einheimischen Volkskunst in Ruhe studieren will, wird in den Museen von Strážnice und Ungarisch-Hradisch ein reiches Feld finden. Und wer das Glück hat – oder sucht –, gerade am Wallfahrtstag in Welehrad zu sein, dem bietet sich ganz beiläufig eine Trachtenschau aus erster Hand.

Welehrad: Ein Dom im Keller

Als sich am Palmsonntag alles Volk versammelte, ging Methodius in die Kirche und, selbst krank, sprach er den Segen für den Kaiser und den Fürsten, die Geistlichkeit und das Volk.

Wie das 885 in altslawischer Sprache abgefaßte ›Leben des

Methodius‹berichtet,war diesdie letzteHandlung des Slawen-
apostels, bevor er das Zeitliche segnete. Der Sage nach stand
die Metropolitankirche, in der er zu Ostern 885 begraben
wurde, in *Welehrad*. Zwar haben Ausgrabungen in Modra und
Altstadt bei Welehrad Kirchenanlagen aus großmährischer
Zeit zutage gefördert, doch ist die Metropolitankirche mit dem
Grab des Methodius bis heute nicht gefunden worden. Da sich
aber der Glaube an die Überlieferung mühelos über den
Zweifel der Wissenschaft hinwegzusetzen pflegt, gilt Weleh-
rad dem Volk bis heute als die altehrwürdige Stätte seines
Wirkens und seines Todes. Am 7. Juli, dem Fest Cyrill und
Method, gedenken hier alljährlich Zehntausende von Wall-
fahrern der beiden Brüder aus Thessaloniki, die Mähren den
Glauben gebracht haben.

An gewöhnlichen Tagen herrscht abseitige Stille in dem berühmten Markflecken, der so anmutig in einem zu den Hügeln
des Marsgebirges aufsteigenden Tal liegt. In dem offenen,
großen Hof zwischen der *Wallfahrtskirche* und dem *Klostergebäude*, das heute als Sanatorium dient, genießen imbezile
und unheilbar Kranke die Nachmittagssonne. Ein bedrücken-
des Bild. Vermag sie die nahe Gegenwart der Heiligen in ihrem
Elend zu trösten? Dann und wann huscht eine Nonne – seltener Anblick in der heutigen Tschechoslowakei – über den Hof
und verschwindet in der Kirche. Hinter der großflächigen
Barockfassade mit den zwiebelbehelmten Türmen tut sich
ein Raum auf, der den Eintretenden ganz in die Wärme seiner
Goldtöne hüllt. In großen, ruhigen Proportionen hat sich der
Barock hier an die spätromanischen Formen seines Vorgänger-
baues angelehnt. Auch die Bewegung, mit der Stuck und
Schmuck den Raum erfüllen, hat einen gelassenen Atem. Die
Baumeister, die Schiff und Fassade in der zweiten Hälfte des
17. Jahrhunderts umgestalteten, kennen wir nicht. Bei der
Ausschmückung aber waren Mährens bewährte Barock-
künstler am Werk: Baldassare Fontana als Stukkateur, Franz

Eckstein als Freskant des Hauptschiffs, Johann Georg Etgens
als Freskant der Seitenkapellen, Franz Raab als Maler der
Altarblätter in den vierzehn Kapellen, Anton Riga als Bildhauer des Hochaltars, Johann Martin Heyden als Schnitz-
meister des herrlichen Chorgestühls. Cyrill und Method,
Benedikt und Bernhard sind die Heiligen, die im Bildpro-
gramm dominieren. Benedikt von Nursia war bekanntlich
der Gründer des Benediktinerordens, Bernhard von Clair-
vaux der Stifter des als Zweigorden der Benediktiner entstandenen Zisterzienserordens.

Stift Welehrad wurde 1198 vom Markgrafen Heinrich von
Mähren für die Zisterzienser gegründet und war rund sechshundert Jahre lang in deren Besitz. Die großartige *Basilika*, die
sich die weißen Mönche am Anfang des 13. Jahrhunderts hier
bauten, lag drei Meter tiefer als die heutige Kirche. Steigt man
in den feuchtkühlen Keller unter dem Barockbau, steht man
vor ihrem Mauerwerk! Man kann die freigelegte romanische
Anlage von Dom und Kreuzgang unter der Erde umwandern,
kann alle ihre Details studieren, sich anhand der vielfältig
ornamentierten Portalprofile, Rundbogenfriese, Konsolen
und Schlußsteine die ganze Pracht dieses Baues vorstellen.
Bei diesem faszinierenden Rundgang tritt eine merkwürdige
Bewußtseinsverschiebung ein: die Fragmente eines vergangenen Kunstwerks vor Augen, glaubt man doch zugleich,
dessen allmählichem Wachstum zuzusehen. Dieser ursprünglichen Basilika gehören auch die am gegenwärtigen Bau noch
erkennbaren romanischen Apsiden an.

Die Burg des Philantropen

*Sie kennen doch größtenteils den Hradischer Kreis, diesen so schönen
Kreis, in welchem der liebe Weinvater Lyäus die schönsten Reben, und
die gute Obstmutter Pomona die köstlichsten Baumfrüchte hingepflanzt? An der östlichen Seite der uralten Burg Buchlau, dieses*

noch einzigen herrlichen Überbleibsels des vom baltischen bis zum
schwarzen Meer weiland ausgebreiteten großen mährischen Reiches;
nur eine Stunde vom berühmten schönen Stift Welehrad, und der
königlichen Stadt Hradisch entfernt, in einem mit angenehmen Ge-
büschen halb umschlossenen Thale quillt ein Bad aus einem Felsen-
berge, zwar kalt, wie die meisten mährischen Gesundheitswässer,
aber so hell wie die reinsten Kristalle, hervor.

So beschrieb der k.u.k. Physikus Aloys Ferdinand Kiesewetter 1781 einem Freund das damalige Bad *Buchlau (Buchlov)*.
Seiner Begeisterung über die bukolische Landschaft muß man
von Herzen zustimmen. Darin aber irrte er sich: nur der Ort
bei der Burg Buchlau reicht vermutlich bis in die Zeit des
Großmährischen Reiches zurück. Die *Burg* selbst wurde, ebenso wie die befestigte Stadt Ungarisch-Hradisch, zum Schutze
gegen die hier häufig einfallenden Ungarn Mitte des 13. Jahrhunderts unter Ottokar II. angelegt.

In den folgenden Jahrhunderten immer von neuem erweitert und umgebaut, bietet sie heute eine Sammlung ver-
schiedenster Stile. Den Gesamteindruck bestimmt jedoch die
Renaissance. Damals lebte hier die Familie Zástřizl, von deren
Wirken für die Verbreitung des Humanismus wir bereits in
Boskowitz sprachen. Die in jener Zeit durchgeführte eingreifende Umgestaltung verwandelte die Veste in eine Wohn-
burg. Die nachfolgenden Burgherren im 17. und 18. Jahrhundert, die Freiherren Peterswaldsky von Peterswald, griffen
zwar auch noch verändernd ein, doch entsprach die Burg
immer weniger ihren Bedürfnissen nach Komfort, deshalb zogen sie gegen 1700 ins neuerbaute Schloß Buchlowitz hinunter.
Unter den Grafen Berchtold, denen im Jahre 1765 durch Erb-
schaft die ganze Herrschaft zufiel, wurde die Burg nach und
nach ein Hort naturwissenschaftlicher und exotischer
Sammlungen.

Denn die Stiefbrüder Leopold (1759–1809) und Friedrich
Berchtold (1781–1876) waren Gelehrte weitschweifendster

Art, weitschweifend nicht nur in ihrer Forschertätigkeit, sondern auch auf ihren Lebenswegen, die sie in alle Welt führten. Und es konnte kaum einen geeigneteren Ort geben als die stille Burg am Berg, um die Früchte der Arbeit und die Ausbeute der Reisen am Lebensabend zu sammeln und zu sichten. Doch war es alles andere als ein beschaulicher Lebensabend, den der Arzt Leopold Berchtold von 1800 bis 1809 auf Buchlau verbrachte. Dieser energische Mann von höchst fortschrittlichem Geist neigte mitnichten zur Beschaulichkeit. Er führte auf seinen Besitzungen Reformen im Schulwesen, in der Wirtschaft und im Gesundheitswesen ein, stiftete Krankenhäuser und Armenversorgungsanstalten, kümmerte sich um das Wohl jeden Bittstellers, der zu ihm kam, mehr noch: forderte seine Untertanen auf, ihm alle Sorgen vorzutragen. Als es nottat, verwandelte er sein Schloß Buchlowitz kurzweg in ein Kranken- und Siechenhaus, das er nach seinen eigenwilligen, unkonventionellen Auffassungen führen ließ. An den Grenzen der Herrschaft Buchlau ließ er Tafeln anbringen, auf welchen in beiden Landessprachen kundgetan war, daß jeder Erkrankte im Buchlowitzer Schloß unentgeltlich Aufnahme finden könne. Seine Bittgesuche an den Wiener Hof, die etwa um billigere Arzneien für das Landvolk, um Abstellung der Tierhetzen, um Schiffbarmachung der March, um Untersuchung der Soldaten auf syphilitische Infektionen und vielerlei andere Abhilfen und Hilfen ersuchten, waren Legion. Seine sozialreformerischen Schriften wirbelten Staub auf. Kein Wunder, daß die Menschen, die im Bereich seiner Herrschaft lebten, ihn liebten und verehrten, daß sein Ruf weit über die Grenzen des Landes drang. Interessante Dokumente illustrieren Leben und Werke dieses edlen Mannes. Die Herbarien, Lapidarien und Exotika, die auf der Burg ausgestellt sind, stammen wiederum aus dem Besitz seines Stiefbruders Friedrich, eines Mediziners, Botanikers und Ethnologen, der noch weiter in der Welt herumgekommen

war als Leopold. Gar ein ganzes ägyptisches Königsgrab ist in
einem Gemach dieser an Kuriositäten wie Kunstwerken so
reichen Veste installiert!

Die in manchen Sälen wandhoch getürmten Bücher dürften
Bibliomanen vermutlich Tantalusqualen bereiten. Auf crème-
farbenen Lederrücken leuchten da in goldener Schrift Titel,
die alle Geister der Gift- und Goldküchen beschwören: Raris-
sima der dämonologischen und alchimistischen Literatur. Ein
Sproß der Zástřizl hatte in Genf bei dem Calvin-Nachfolger
Theodor Beza studiert und später dessen Bilbiothek gekauft
und nach Buchlau bringen lassen. Zu den wertvollen Renais-
sance-Beständen gesellten sich die Sammlungen vor allem an
naturwissenschaftlicher Literatur aus dem Besitz der Brüder
Berchtold sowie eine Reihe von Hungarica, die der k. und k.
Husarenleutnant Sigismund, Leopolds Sohn, während seiner
Militärzeit in Ungarn gesammelt hatte. Auf Sigismunds
Initiative wurde die Burg bereits um die Mitte des vorigen
Jahrhunderts zum Museum umgewandelt.

Von ihrer Zinne genießt man einen wundervollen Blick auf
die dunkelgrünen Hügel des Marsgebirges und über die
Fluren und Auen des Marchtales bis hinüber zu den blaß-
blauen Ketten der Karpaten. Auf der benachbarten Höhe
haben die Freiherren von Peterswald 1672 ein barockes *Gruft-
kirchlein* bauen lassen, das die Einheimischen ›Barborka‹ oder
›Baba‹ nennen, weil es der heiligen Barbara geweiht ist, und
das sie heute noch verehren, weil hier Leopold Berchtold begraben liegt. Ursprünglich hatte die Familie Peterswald den
Friedhof von Strilek (Střilky) nordwestlich von Buchlau zu
ihrem Begräbnisort bestimmt: einen überaus eigenartigen
Friedhof, mehr Bauwerk als Gartenanlage und darin sehr
italienisch, den der Donner-Schüler Josef Anton Fritsch um
1750 entwarf und mit klassisch schönen Engelgestalten und
zärtlichen Puttos ausstattete. Wer Zeit hat, sollte an ihm nicht
vorbeifahren.

Als ungebetener Gast in Buchlowitz

Die Morgengabe, die Johann Dietrich Peterswald seiner italienischblütigen Gemahlin Agnes Eleonora Colonna darbrachte, eine Luxus-Landvilla am Abhang der Marshügel, ist ein Juwel barocker Baukunst. Mit halbkreisförmig geschwungener Front öffnet sich *Schloß Buchlowitz* auf der einen Seite ebenerdig zu einem Ehrenhof; mit einem überkuppelten ovalen Saaltrakt, der von zwei einstöckigen Flügeln flankiert ist, ragt es auf der anderen Seite in den Park hinein. Der selbständige, ebenfalls hufeisenförmige Trakt der Wirtschaftsbauten liegt der Hoffront des Hauptgebäudes gegenüber. Gitter und Balustraden setzen das Spiel der Halbkreise und Ovale fort. Ein bedeutender Architekt muß hier den Stift geführt haben! Die Kunstforschung denkt seit kurzem an Johann Bernhard Fischer von Erlach und nennt Domenico Martinelli und Domenico Egidio di Rossi als mögliche Redaktoren der Fischerschen Idee. 1710 war das Schloß vollendet.

Die verschiedenen Besitzer aus der Familie Berchtold, die Buchlowitz durch Einheirat 1765 erwarb und bis 1945 behielt, statteten die Interieurs je nach dem gerade herrschenden Zeitgeschmack im Stil des Rokoko, des Empire oder des Zweiten Rokoko aus und ließen den französischen Park in einen englischen umgestalten und mit seltenen einheimischen und ausländischen Gewächsen bepflanzen. Am Beginn unseres Jahrhunderts wurde der Landsitz häufig zum Treffpunkt hochpolitischer Beratungen, denn der Urenkel des Philantropen von Buchlau, Graf Leopold Berchtold, wirkte von 1907 bis 1915 als Botschafter in Petersburg und Außenminister Österreichs.

Heute geht man durch die Salons und Wohnräume, bewundert Gegenstände von erlesenem Geschmack, verharrt vor Familienporträts, die ausnehmend wohlgestaltete Menschen zeigen, nimmt nur mit halbem Ohr die detailgetreuen

Erklärungen der Schloßführerin wahr und wird von Minute
zu Minute mehr von dem Gefühl irritiert, daß man als un-
gebetener Gast hier eingedrungen ist. Denn es scheint, als
seien die Schloßbewohner nur für kurze Zeit verreist, als sei
ihre Gegenwart hier noch spürbar, als hätten die Wände ihren
Atem und ihre Worte noch nicht aus sich entlassen. In manchen der mährischen und böhmischen Herrenhäuser intime-
ren Charakters, die bis 1945 oder 1948 noch bewohnt waren,
geht es dem Besucher so – und die peinliche Empfindung,
Schlüssellochgucker zu spielen, macht ihm bewußt, daß sich
eine ganz persönlich-familiär geformte Kultur wohl nicht von
heute auf morgen in ein ›nationales Kulturdenkmal‹ (wie der
offizielle Titel hier lautet) überführen läßt.

Übrigens scheint die Sehnsucht nach der ›guten alten Zeit‹
auch modernen Republikanern tief in den Knochen zu
stecken. Denn als wir den opulenten Repräsentationssaal
betreten, sind drei Musikanten offensichtlich gerade dabei,
sich auf ein Ständchen vorzubereiten, indes im Ehrenhof ein
Hochzeiterpärchen vor einer kleinen Schar von Begleitern
zeremoniös Aufstellung nimmt. Schon naht der Standes-
beamte – und während die biedere Equipe durchs Haupt-
portal in den zur Trauung gemieteten Schloßsaal marschiert,
schleicht sich durch die Hintertür mit Koboldlächeln hoch-
feudale Romantik ein.

Die Heimat des Comenius

In dem stillen Städtchen *Ungarisch-Brod (Uherský Brod)* im
linksseitigen Flußgebiet der March weht ein kühler Wind. Er
kommt aus den Weißen Karpaten, die hier nahe heran-
rücken. Aber die Berge haben dem alten Ort einst keinen
Schutz geboten. Immer wieder, bis ins 17. Jahrhundert hinein,
haben die Ungarn dieses Grenzgebiet, wo sich slawische,
magyarische und deutsche Elemente mischten, hart bedrängt,

haben sie das hochbefestigte Ungarisch-Brod belagert, ge-
stürmt, gewonnen und verloren. Vor dem Hintergrund der
Kriegsbrände, die dieses Städtchen erduldete, und der zwie-
trächtigen Eintracht, in der ihre national und religiös zer-
splitterte Einwohnerschaft lebte, steht das Bild des größten
Geistes des tschechischen Volkes: Johann Amos Comenius.

Als Jan Amos Komenský – wie sein tschechischer Name
lautet – am 28. März 1592 hier (oder möglicherweise im nahen
Nivnice) als Sohn wohlhabender Bürger geboren wurde, war
Ungarisch-Brod eine Hochburg der Mährischen Brüder. Nach
ihren Lehren erzogen, entschied er sich dafür, ihr Priester und
Prediger zu werden. Dieses Amt zwang ihn in jener apokalyp-
tischen Zeit bald zu einem Leben im Verborgenen und schließlich zur Emigration. Durch halb Europa getrieben, wirkte er
als Bischof der Unität und als Lehrer der Brüderschulen in
Polen und Ungarn, arbeitete er, von Mäzenen unterstützt, in
England und Schweden an seinem Entwurf einer ›scientia uni-
versalis‹, fand er endlich in Amsterdam einen sicheren Port
für seinen Lebensabend. Dort ist er 1670 gestorben.

Wiewohl im Gemeinwesen der Brüderunität verwurzelt,
das seinem Denken und Tun die Richtung gab, reichte die
Wirkung dieses Mannes weit darüber hinaus. Seine geistliche
Lehre »weitete die Botschaft der böhmischen Reformation zu
einer Botschaft der Weltreformation aus«; seine Philosophie,
einerseits ganz vom Geist des barocken Universalismus geprägt, kündigte andererseits bereits mächtig das Denken der
Aufklärung an, seine Pädagogik wurde die Grundlage moderner Erziehung und Bildung. Die größten Geister des Abend-
lands, allen voran Leibniz, Herder und Goethe, bekannten
sich zu dem Einfluß, den dieser ›Lehrer der Nationen‹ auf ihre
Ideen geübt hat. Sein eigenes Volk, das anzurufen er aus der
Ferne des Exils nie aufhörte, verehrte ihn durch die Jahrhunderte als einen mahnenden und segnenden Patriarchen.
Freilich, des Comenius Weisungen, wie die Menschheit zum

Weltfrieden gelangen könne, bleiben immer noch in den Bereich der Utopie verwiesen, so verstandesklar sie auch sind. Doch mag man nicht müde werden, mit Herder zu hoffen: »Fromme Wünsche dieser Art fliegen nicht in den Mond; sie bleiben auf der Erde und werden zu ihrer Zeit in Taten sichtbar!«

Mit redlicher Mühe hat Ungarisch-Brod dem Andenken seines großen Sohnes ein Museum gewidmet, wo Faksimiles und Kopien seiner lateinischen, tschechischen und deutschen Schriften und Dokumente aus seinem Leben zusammengetragen sind. Aber das Bild, das hier zustande kommt, ist ein wenig fahl. Es zeigt eher die Erscheinung eines sanftmütigen und hochgelehrten Vaters, nicht die eines ewigen Ahasver, der sehnsüchtig, unglücklich und doch unbeirrt zu einem Reich der Wahrheit aufbrach.

Bad Luhatschowitz

Im ›de luxe‹-Hotel von *Bad Luhatschowitz (Lázně Luhačovice)* zelebrieren die Kellner den Service mit einer Eleganz, die das Zerlegen einer Forelle zum Schaustück stilisiert, und mit Politesse von guter alter Schule, wie sie in den Excelsior, Bristol und Windsor des einstigen Europa geübt wurde. Der ganze in üppiges Grün gebettete Badeort mit seinen gepflegten Parks, schattigen Promenadewegen, schmucken Kurhäusern und freundlichen Villen atmet die Behaglichkeit alten Stils. Auf den ersten Blick könnte es scheinen, als sei die Zeit noch nicht so fern, da ein Reiseführer berichtete:

Luhatschowitz ist von Ungarisch-Hradisch 18 Kilometer entfernt und dauert die Fahrt eineinhalb bis zwei Stunden je nachdem es warm oder kalt ist, wie der Kutscher sagt. Die Preise des Kurortes sind nicht gerade niedrig, aber doch erträglich. In den letzten Jahren wurde das Bad durchschnittlich von tausend Gästen besucht. Luhatschowitz besitzt vier Freiplätze für Offiziere der österreichischen

Armee und Marine vom Hauptmann abwärts und vergibt acht Frei-
plätze an mittellose Universitätshörer.

Die Scharen abgespannter Arbeiter, die vor einem monumentalen Kurheim der Kurkapelle lauschen, und die Tou-
ristengruppen, die sich zu eiliger Labung in das erwähnte
Luxus-Restaurant ergießen, rücken die Idylle unseres ›Kaiser
Ferdinands-Nordbahn-Reiseführers‹ jedoch unabweisbar achtzig Jahre zurück. Die heutigen Heilsuchenden kommen hauptsächlich aus dem Ostrauer Kohlenrevier. Denn die elf Mineral-
quellen von Luhatschowitz bewähren sich vor allem bei
Krankheiten der Atemwege, so bei Silikose, Lungen-Emphy-
sem, Bronchial-Asthma und chronischen Bronchialkatarrhen.

Verhältnismäßig spät, erst um die Mitte des 17. Jahrhunderts, wurde die Heilkraft der hiesigen salzig-säuerlichen
Mineralwässer entdeckt und nutzbar gemacht. Der Arzt
Hertod von Todtenfeld war der erste, der in seinem 1669 in
Wien erschienenen Werk ›Tartaro Mastix Moraviae‹ auf die
›Salzwässer‹ von Luhatschowitz hinwies, welche die Einheimischen gern zum Kochen der Nahrungsmittel verwendeten,
ohne ihren weit höheren Wert zu ahnen. Die Grafen Serenyi,
damals Grundherren des Ortes, beeilten sich daraufhin zwar,
die Quellen therapeutisch nutzbar zu machen, aber es
dauerte doch noch mehr als hundert Jahre, bis Luhatschowitz
ein richtiger Kurort wurde, der auch den Ansprüchen eines
verwöhnten städtischen Publikums genügen konnte. Das
heutige Gesicht des Badeortes bestimmen die Bauten vom
Anfang unseres Jahrhunderts, die teilweise in sehr reizvoller
Weise Elemente volkstümlich slowakischer Bauart mit dem
Sezessionsstil verbinden.

Die Stadt des Schuhkönigs

Als ich sechs Jahre alt war, begann ich aus wertlosen Lederabfällen auf eigenen Leisten Schuhe zu erzeugen. Aus solchen Abfällen gemachte Schuhe konnten natürlich nicht größer sein als ein Daumen, aber es waren Schuhe und sie erfreuten sich der Nachfrage vieler Verehrer dieses jugendlichen Unternehmens. Als ich später für meinen Vater auf den Jahrmarkt gehen durfte, erweiterte sich der Kreis meiner Unternehmungen. Anfangs waren das verschiedene Dienste an den Käufern: Ich war ihnen beim An- und Ausziehen der Schuhe behilflich und trug dieselben fort. Diese Dienste wurden in Form von Trinkgeld bezahlt. Die Belohnungen begannen bei Null und endeten mit zwei Kreuzern.

So begann, nach seinen eigenen Worten, die Karriere des Schuh-Königs Thomas Bat'a. Als der Schusterbub sechs Jahre alt war, hieß *Gottwaldov* noch Zlin und zählte kaum dreitausend Einwohner. Seine Vorfahren saßen seit dreihundert Jahren am Ort und einer hatte dem anderen den Schusterschemel weitergegeben. Mit dem Schemel hatte es bei Thomas Bat'a aber nun ein Ende. Jetzt traten die Maschinen an dessen Stelle. In einem schmalbrüstigen, stockhohen Häuschen am Marktplatz entstanden um die Jahrhundertwende die ersten ›Batovky‹, leichte Leinenschuhe, die so billig waren, daß sie jedermann kaufen konnte. Sie kosteten nicht runde zehn, sondern neun Kronen und etwas – ein psychologischer Trick, der schnell Furore machte und heute aus dem Geschäftsleben überhaupt nicht mehr wegzudenken ist.

Der Mann, der vom einfachen Leben Tolstois träumte, inbrünstig an den Segen der Maschine glaubte und von einer Zukunft überzeugt war, die Wohlstand für alle bringen werde, führte amerikanische Fertigungsmethoden in der europäischen Konsumgüterindustrie ein und gründete ein System, das Arbeiter und Angestellte am Gewinn beteiligte. Als er 1932 mit seinem Privatflugzeug bei Zlin abstürzte und

dabei den Tod fand, hinterließ er seiner Familie die größte
Schuh- und Lederfabrik Europas. Sie beschäftigte damals
dreiundzwanzigtausend Menschen und spuckte täglich
hundertsechsundsiebzigtausend Paar Schuhe aus.

Einheimische und ausländische Architekten schufen in jenen
Jahren die parkartige *Industrie-City* mit Fabrikgelände, Schul-
viertel und Wohnhaus-Kolonie – eine große, lichte und luftige
Anlage langgestreckter und hochaufragender Würfelbauten
aus Beton, Ziegeln und Glas. Die Konzeption dieser City beeinflußte und bestimmte anfänglich Le Corbusier. Ihr Haupt-
schöpfer aber war der aus Zlin selbst stammende, in Prag aus-
gebildete Architekt Franz Gahura. Sein langjähriger Mitarbeiter V. Karfik führte dann nach dem Krieg – durch den die
Stadt sehr gelitten hat – sein Werk fort. Die inzwischen auf
sechzigtausend Einwohner angewachsene Schuhmetropole
nimmt sich in steigendem Maße auch anderer Industrie-
zweige an: vor allem des Maschinenbaues. Nebenbei hat sie
sich zu einem Cineasten-Zentrum entwickelt. Die Avantgarde
des tschechischen Films dreht hier Trick-, Puppen-, Zeichen-
und allerlei Experimentalfilme, und regelmäßig stattfindende
Filmfestivals erfreuen sich lebhaften Zustroms. Seit 1948 heißt
die Stadt nach dem verstorbenen kommunistischen Partei-
chef Gottwaldov. Doch weder dieser noch der frühere Name
ist im Ausland recht eigentlich ein Begriff geworden. Dort
war und ist heute noch ihre Erkennungsmarke ›die Bat'a-
Stadt‹. Nach der Verstaatlichung der Bat'a-Werke im Jahre
1947 gründete Thomas Bat'as Stiefbruder Jan Antonin in
Brasilien ein neues Unternehmen der Schuhindustrie.

Daß der kleine Ort *Wisowitz (Visovice)* östlich von Gottwaldov ebenfalls ›weltbekannt‹ sei, ist allerdings eine gelinde
Übertreibung der Reiseführer. Weltbekannt allein ist der
Schnaps, den man hier braut, nämlich der duft- und heiz-
kräftige Slivovic. Leider kann man sich hier durchaus kein
wohlfeileres Räuschlein einhandeln als anderswo im Lande.

Dennoch sollte man in dem Städtchen halt machen und sich das einfache edle *Lustschloß* ansehen, das (vermutlich) der Brünner Baumeister Franz Anton Grimm zwischen 1750 und 1757 für den Brünner Propst und späteren Bischof von Königgrätz, Hermann Hannibal von Blümegen, erbaute. Denn dieses einen tiefen Ehrenhof abschließende dreiflügelige Gebäude, in dessen Längsflügel sich ein in die Gartenfassade risalitförmig vorgeschobener ovaler Saal befindet, ist interessant als »selbständige, den lokalen Bedingungen angepaßte Umformung französischer Vorbilder der Régence-Zeit in Anlehnung an Formen des Wiener Spätbarock«. (Erich Hubala) Darin ist es verwandt dem wohl ebenfalls von Grimm gebauten *Schloß Napajedl (Napajedla)* südwestlich von Gottwaldov. Innen sind vor allem der Rokoko-Gartensaal und die Kapelle mit schönen Schweigel-Plastiken sehenswert. Franz Anton Grimm (1710–1784) war der Sohn des Brünner Barockbaumeisters Mauritz Grimm. Seinem Vater an Produktivität ebenbürtig, war er am Entwurf, Bau und Umbau vieler Herrenhäuser (Bistritz, Dürnholz, Nikolsburg) und Kirchen (Pfarrkirche von Mährisch-Weißkirchen) in Mähren beteiligt.

In der Heimat der Goralen

Doch welch ein großer, fast sollte ich sagen, abschreckender Gegensatz gegen das gesegnete Unterland ist das Hoch- und Gebirgsland um Hrosinkau, Brumov, Klobouk, Neu-Lhota unweit dem Berge Jaworsina! Nichts als hohe, oft ziemlich steile und schroffe Berge, von unbedeutenden abgekuppten Anhöhen, die mit Haselnuß- und anderen Gesträppen und Waldstrecken oft nur gerade so hoch bedeckt sind, um die erwartete Fernsicht zu verdecken. Die in den Tälern, an dem Fuß und Abhange der Berge gelegenen Dörfer, bei denen man fast durchgehends die Reinlichkeit und Nettigkeit vermißt, die bei den Bewohnern des Flachlandes, zumal bei den Hanna-

*ken, überall gefunden wird, ergötzen das Auge nicht sonderlich. Die
zerstreuten Häuser liegen unter ihren Dächern, die meistens weit
herunter, fast bis auf den Erdboden reichen, wie begraben. Dagegen
erfreut das üppige Grün, das selbst auf den höchsten Bergen vortrefflich gedeiht, den Wanderer auf seinen Streifzügen.*

Mährens Topograph des vorigen Jahrhunderts, Gregor
Wolny, hat, wie man liest, wenig Einladendes über die
Beskiden zu berichten. Der Reisende unserer Tage kann ihm da
schwerlich zustimmen. In Mitteleuropa an blitzblank auf-
geräumte und komfortabel eingerichtete Landschaften gewöhnt, muß ihn die Naivität dieses Erdfleckens umfangen wie
eine große Beruhigung. Meilenweit ungestört von großen
Siedlungen, ganz sich selbst überlassen, liegen Wald, Feld und
Weide, bunt gemischt bis an die Bergkuppen hinauf, unter
einem durchsichtigen Himmel. Und man kann der unauf-
hörlichen Verlockung, alle Ziele zu vergessen, das Auto am
Straßenrand stehen zu lassen und sich nah am Bach stunden-
lang in die summende Wiese zu legen, nicht anders entgehen,
als indem man sich ihr hingibt. Da kann es denn freilich bei
der Rückkehr geschehen, daß man an der Parkstelle Neu-
gierige vorfindet, die aus zurückhaltender Entfernung das
Gefährt studieren, gar ein wenig bestaunen, die dann mit
melancholischen Augen freundlich Auskunft geben und
schüchtern Fragen stellen – Menschen, denen man ein karges
Leben ansieht und die dennoch ohne Neid und ohne Ehrgeiz
sind.

Wo zur Schwermut fichtendunkler Höhen
sich des Laubwalds Heiterkeit gesellt,
wo im Kampf um jede Handbreit Feld
zäh Wacholder oder Schlehdorn stehen,

da lebt der Gorale seine Tage,
kummervoll dem Boden zugetan
und der Holzschlag splittert manchen Mann.
Leben gilt als Bürde, die man trage.

Und das Weib, mit jedem jungen Leben
wächst sie tiefer in ihr Frauenlos.
Raum wird bald zu eng, die Arbeit groß.
»Herr, nur Deine Gnade kann uns heben.«

Doch in jeder Hütte auf dem Berge
ist die Türe gastlich stets bereit:
»Langt nur zu. Und ist es karg, verzeiht.«
Hier lebt man die sieben guten Werke.

Später Frühling, doch der Winter frühe.
Oft fault schon das Korn solang es steht.
Dann bleibt nur demütig ein Gebet
und vergebens war des Jahres Mühe.

Drum sind ihre Lieder dunkle Rahmen
zu dem Bild, das sich ihr Leben nennt.
– Flackerlämpchen das zum Himmel brennt. –
»Herr, wir sind die Deinen. Immer. Amen.«

So geht eines der Goralenlieder, wie sie die aus den Beskiden
stammende Lyrikerin Nina Wostall im Deutschen nach-
gedichtet hat. Die ›Goralen‹, wie die Bergbewohner der Beskiden genannt werden, sind ein ethnologisch sehr interessantes
Völkchen. Seine eigenartigen Kultur- und Lebensformen hat
das von fernher eingewanderte Hirtenvolk der Walachen geprägt. Diese Walachen waren ursprünglich in der rumänischen
Walachei beheimatet. Auf der Suche nach Weidegründen
drangen sie im Laufe des Mittelalters in kleinen Gruppen
langsam in den Norden vor und gelangten über Siebenbürgen
und die Ukraine in die Beskiden. Die slawischen und deutschen Siedler des Mittelalters hatten das kärgliche Waldland
im Inneren der westlichen Beskiden umgangen; erst im 16.
und 17. Jahrhundert leiteten die Grundherren der Nachbar-
gebiete auch hier die Kolonisierung ein. Herbeigezogen von
den Bischöfen von Olmütz, den Teschner Herzögen, den
Herren von Rožnau oder den Grafen Thurzo, die sich weiter
Gebiete des Gebirgswaldes versichert hatten, siedelten sich

mährische, slowakische, polnische und auch deutsche Bauern
aus den Vorgebirgslandstrichen nun hier an. Die Walachen
waren ihnen bei der Anpassung an die ungewohnte Umgebung eine große Hilfe. Denn einerseits hatten die Walachen
auf ihren langen Wanderungen bis hierher viele sprachliche
und kulturelle Elemente von den Westslawen übernommen –
sie sprachen beispielsweise kaum noch rumänisch, sondern
mehr polnisch und slowakisch, hatten auch anstelle des grie-
chisch-orthodoxen den römisch-katholischen Glauben angenommen –, andererseits hatten sie ihre aus uralten Gebirgs-
erfahrungen stammenden Lebensformen beibehalten. Und
diese althergebrachten Formen, notwendig für das Leben auf
den Almen, vermittelten sie nun den Neusiedlern. Bald
bürgerte sich die Bezeichnung ›Walachen‹ für alle Beskiden-
bewohner ein; sie wurde erst in neuerer Zeit teilweise durch
den Namen ›Goralen‹ verdrängt. Bis heute nennt man den
Nordostteil Mährens an der Grenze zur Slowakei *Mährische
Walachei (Valašsko)*. Der Volkskundler Walter Kuhn hat das
Leben der Goralen eingehend geschildert:

*Die Stätten der sommerlichen Schafzucht sind die weiten wald-
freien ›Halen‹ oder ›Polanen‹, die grasreichen Almen auf den runden
Beskidenrücken. Nur zum kleineren Teil sind das natürliche wald-
freie Flächen über der Baumgrenze, meist haben sie erst die Goralen
durch heimliche Rodung geschaffen, indem sie die Bäume durch Ab-
schälung eines Rindenringes zum Verdorren brachten. Der Betrieb
heißt ›Sallasch‹. Hier haust vom Mai bis September der Oberhirte
(›Batscha‹) mit seinen Hirten in der ›Koliba‹, einem primitiven ein-
räumigen Blockbau oder einer reinen Dachhütte, die aus aneinander-
gelehnten, aus dünnen Splissen geflochtenen Holztafeln zusammen-
gesetzt ist und mit dem Wandern der Herden leicht von einer Alm
nach der anderen übertragen werden kann. In den kälteren Jahres-
zeiten weiden die Schafherden auf den Bauern- und Gutsfeldern im
Gebirgsvorland und überwintern im Tal.*

Auch die festen Wohnungen der Goralen, die sich in den Tälern drängen oder über die Berghänge verstreut bis zu tausend Metern hoch hinaufsteigen, sind rein in Blockbau gefügte Holzhäuser mit steilen Schindeldächern. Der einzige Wohnraum war noch vor kurzem eine ›Rauchstube‹, das heißt aus dem Ofen, in dessen Höhlung gekocht wurde, entwich der Rauch in die Stube, von wo er, die Decke in einer dicken Rußschicht überziehend, durch das Dach zog.

Der Wald, mit dem die Goralen leben und in dem ihre Schafe früher, vor der Einführung einer rationellen Forstkultur, eine zusätzliche Weide fanden, liefert ihnen auch den Rohstoff für zahllose Gebrauchsgegenstände. Sie sind geschickte Bastler, die nicht nur mit der Axt, sondern ebenso mit dem Schnitzmesser umzugehen wissen, sie sind ihre eigenen Zimmerleute, Tischler, Böttcher, Gerber, Schuster, Schneider und Weber. Während des langen Gebirgswinters, aber auch in der Zeit des beschaulichen Hirtenlebens auf den Bergen stellten sie nahezu alles, was sie an Handwerksgut brauchten, selbst her und schmückten es obendrein liebevoll aus. Dazu gehörte das sehr bescheidene Mobiliar, vor allem die urtümlichen, aus schindelartig angeschärften Brettern zusammengefügten und mit geometrischen Ritzmustern verzierten ›walachischen Truhen‹, oder die mannigfache Formenwelt der Holzgefäße für die Milchwirtschaft, teils aus dem vollen Holz geschnitten, teils aus Dauben gebunden, bis zu den schön verzierten hölzernen Butter- und Käsemodeln. Eine besondere goralische Eigentümlichkeit sind die mehrere Meter langen, aus Holz und Baumrinde gefertigten Blasinstrumente (›Fujara‹), mit denen sich die Hirten von Alm zu Alm verständigen. Auch der Dudelsack gehört bis heute zu den gebräuchlichen Musikinstrumenten der Goralen.

Die Rohstoffe der Kleidung, Wolle, Leinwand und Leder, sind Eigenprodukte der goralischen Hauswirtschaft. Die Schafwolle wird zu einem dicht verfilzten und völlig wasserdichten Tuch, der ›Gunia‹, verwoben, aus dem Mantel und Langhose gefertigt werden. Die sohlenlosen Schuhe (›krpce‹) bestehen aus einem um den Fuß zusammengebogenen und mit einem am Rand durchgezogenen

Lederriemen zusammengehaltenen Stück Schweinsleder. Sowohl die weibliche wie die männliche Tracht zeigt bunte Farbenfreude und Auszier durch Stickerei. Diese mannigfaltige und eigenartige Formenwelt der Hirtenkultur – grundverschieden von jener des Vorgebirges – findet ihre unmittelbaren Entsprechungen bei den östlich anschließenden Karpatenstämmen bis nach Siebenbürgen hin und erweist damit den walachischen Einfluß. Aber dieser wird noch viel unmittelbarer klar aus der Fülle der rumänischen Worte in der Fachsprache der Hirten. ›Koliba‹ Hirtenhütte, ›bryndza‹ Schafkäse, ›fujara‹ (das Blasinstrument), die Bezeichnungen der einzelnen Schafarten und vieles andere sind rumänische Ausdrücke. Dazu kommen die besonderen walachischen Bergnamen. Der gesamte Karpatenzug wimmelt von Bezeichnungen wie Magura, Menczól, Djel, Kičera, Grun, Grapa, die anderen slawischen Gebirgslandschaften fremd sind und sich aus dem Rumänischen ableiten.

Keine Frage, daß auch hier inzwischen manches anders geworden ist. Die Industrie ruft die Bergbewohner in die Städte hinunter, und die Jungen und Jüngeren ergeben sich der Notwendigkeit, ihr Brot auf andere Weise herbeizuschaffen, als es ihre Väter taten und noch tun. Aber die meisten von ihnen passen sich dem modernen Lebensstil nur schwer an und ziehen es vor, alltäglich in die Stadt zu fahren, statt sich dort ganz anzusiedeln.

Wer die erwähnten walachischen Holzhäuser sehen will, wird ihnen in vielen Dörfern der Mährischen Walachei zwischen Gottwaldov und Jablunkov begegnen, ohne lange suchen zu müssen. Suchen muß er hingegen die urtümlichen Holzkirchen, denn sie sind leider sehr selten geworden. Doch lohnt es sich, den Weg eigens nach *Groß-Karlowitz (Velké Karlovice)* im Tal der Oberen Betschwa (Horni Bečva), nach *Velké Lhota* bei Walachisch-Meseritsch und *Walachisch-Meseritsch (Valašské Meziřiči)* selbst, oder nach *Tichá bei Frankstadt (Frenštát p. Radh.)* zu lenken, um sich die eine oder andere dieser eigenartigen Zeugen des Holzstils anzusehen. Die

Kirche von Tichá beispielsweise repräsentiert den frühen Typus aus dem 16. Jahrhundert, für den das hohe, weit vorspringende Dach, der kurze Turm und der gedeckte, schützende Umgang charakteristisch sind. Das Schiff, dem eine geräumige Vorhalle vorgebaut ist, mißt neun Meter in der Länge und fünf in der Höhe und ist zu einem Drittel seiner Länge durch einen Musikchor überbaut. Der malerische Umgang, der zum Schutz für die Gläubigen gedacht war, die im Inneren keinen Platz mehr fanden, fehlt bei den späteren, aus der Barockzeit stammenden Kirchen, wie sie der Bau in *Groß-Karlowitz* verkörpert. An die Stelle des Holzturms ist hier ein einfacher Dachreiter getreten, und auch die Vorhalle war hier ursprünglich nicht vorhanden und wurde erst nachträglich hinzugefügt, weil sie als Windschutz eben doch unentbehrlich war. In Gestalt eines gleichschenkeligen Kreuzes angelegt, ist der Zentralbau von Groß-Karlowitz kunstvoller und mit seinen zweiundzwanzig Metern Länge größer disponiert als die alte Kirche in Tichá. Aber der sparsam ausgeschmückte Innenraum atmet dieselbe stubenartige Behaglichkeit. Mit ihrer bergenden und familiären Atmosphäre sind diese Gotteshäuser Abbild einer naiven, inständigen Frömmigkeit, wie sie auch in den Goralenliedern so sinnfällig zum Ausdruck kommt:

> Maria hat hier Krpce an
> und einen wollnen Rock
> und Josef wird zum Bettelmann
> mit Sack und Knotenstock.

Ein prächtiges Bild walachischer Volkskunst in all ihrer Vielfalt bietet das Parkmuseum in *Rožnau (Rožnov p. Radh.)*. Dieses Städtchen am Fuße des Radhost im Tal der stürmischen Unteren Betschwa (Dolni Bečva) ist seit rund hundert Jahren ein beliebter Kurort. Die endlosen Kiefern- und Tannenwälder rundum erzeugen eine würzige, heilbringende Luft; und ein übriges zur Genesung tut die aus gehaltvoller Schafs-

milch zum Kurgebrauch hergestellte Molke. Bevor der Ort
zum ›walachischen Meran‹ avancierte, muß er eine höchst
malerische, vorwiegend aus Holzhäusern bestehende Siedlung
gewesen sein. Wie es da ausgesehen haben mag, führt das 1925
entstandene *Walachische Naturmuseum* im Kurpark von Rožnau so instruktiv wie kurzweilig vor. Originalbauten aus
Rožnau und Umgebung sowie Rekonstruktionen alter Volks-
architekturen sind hier zu einem schmucken Holzstädtchen
zusammengewürfelt, in dem man nach Herzenslust wandeln
und seine Nase ungeniert in alles stecken kann, worauf man
neugierig ist. Ein Wirtshaus aus dem Jahr 1660 lädt dazu ein,
an derben Tischen Bier zu trinken; in der ausladenden Vogtei
von 1770 gibt es Bücher und Bilder vom walachischen Hirten-
leben zu studieren; die große schöne Kirche – rekonstruiert
nach dem Vorbild einer charakteristischen Holzkirche aus der
Freiberger Gegend – birgt ausdrucksvolle Stücke sakraler
Volksschnitzkunst; die Wohnhäuser und Hirtenhütten wiederum präsentieren vom Webstuhl bis zur Tracht, vom Holz-
gefäß bis zur Fujara vielerlei Eigenprodukte der goralischen
Haus- und Sennwirtschaft. Das Vergnüglichste in dieser Welt
aus schwarz- und goldbraun getöntem Holz aber ist eine
Reihe von Bienenstöcken, jeder ein großer, buntscheckig be-
malter, eirunder Kopf, dessen geöffneter Mund die Bienen
schluckt und wieder ausspuckt – eine wahre Bilderbuch-
Erfindung!

Zwischen Rožnau und Frankstadt liegt der lange, viel-
verzweigte Rücken des *Radhoscht*, der mit bequemen Wegen
zu den schönsten Kammwanderungen einlädt und dessen 1129
Meter hoher Gipfel eine herrliche Fernsicht bis zu den
Bergen der Hohen Tatra bietet. Von Frankstadt führt ein
Sessellift auf die unterhalb des Radhoschtgipfels liegenden
Kammwiesen ›Pustevny‹ – ein vielbesuchtes Erholungsgebiet im
Sommer und Skigelände im Winter. Der ehrwürdige Berg
spielt in den Sagen der sehr poetischen Goralen eine große

Rolle. Der Volksmund erzählt, daß er von einem Labyrinth unterirdischer Gänge durchzogen sei, die einerseits im goldenen Prag, andererseits in der einstigen großmährischen Metropole Welehrad münden. In den Hallen dieser Gänge träumt die Ritterschar des Goj Magoj in tiefem Schlaf dem Tag entgegen, an dem das Vaterland sie zur Hilfe und Rettung aufrufen wird. Nur die Schwarzkünstler, die Černokněžnici, kennen sich in den Labyrinthen aus und führen zuweilen, wenn ihnen die Laune danach steht, einen armen Walachen zu den unermeßlichen Schätzen, die sich da türmen, um ihm großmütig etwas davon abzulassen. Diese Zauberer im Priestergewand, vom Teufel verführte Priesterkandidaten, sind überhaupt recht gutmütige Gesellen, die dem Volk allerlei Wohltaten erweisen und vornehmlich dann auf den Plan treten, wenn es gilt, den Gewitter erzeugenden Drachen zu bezwingen. Auch als eine Art Blocksberg gilt der Radhoscht. Um die Saat vor den sich um Mitternacht hier versammelnden Hexen zu schützen, muß man brennende Scheiterhaufen anzünden. Über Schwarzkünstler und Hexen aber triumphiert der allmächtige Berggeist ›Radegast‹, der hier seine Residenz hat. Sein Standbild grüßt den zum Gipfel strebenden Wanderer; der Künstler, der es schuf, muß, so scheint uns, allerdings mehr an einen gigantischen Nußknacker als an einen heidnischen Naturpotentaten gedacht haben.

Auch die *Lysa hora*, der *Kahle Berg*, dessen 1325 Meter hohes Haupt den östlichen Teil der mährischen Beskiden beherrscht, ist von Sagen umwoben. Dem Volksmund nach ist er ganz mit Wasser gefüllt, das einst, wenn das Maß der Sünden auf Erden voll sein wird, gewaltig hervorbrechen und das ganze Land überschwemmen wird. Im 17. Jahrhundert waren die dichten Wälder der Lysa hora die Schlupfwinkel des durch vielerlei Geschichten, Lieder, sogar Romane verewigten Räuberhauptmanns Ondrasch. Dieser verwegene Gesell, Sohn eines Erbrichters aus Janowitz bei Friedeck, übte auf

seine Weise soziale Gerechtigkeit: er überfiel mit einer Schar
Getreuer die benachbarten Schlösser und verteilte das reiche
Beutegut unter den Armen. Von einer Hexe mit einer
Wunderhacke ausgestattet, blieb er sein Leben lang un-
besiegbar – bis ihn sein Freund aus Eifersucht mit eben dieser
Hacke erschlug. Dichte Forste, auf der Südseite teilweise noch
dämmrige Urwaldpartien, und blumenreiche Fluren bedecken die Gehänge der Lysa hora. Auch hier erleichtern
strahlenförmig auslaufende Kämme, den baumfreien Gipfel
zu besteigen. Fast noch schöner als vom Radhoscht ist der Aus-
blick von hier auf die sich endlos staffelnden und am Horizont
in zartblauem Dunst verschwimmenden Kuppen der mährischen, slowakischen und polnischen Beskiden.

Der die tschechisch-polnische Grenze streckenweise be-
gleitende Olsa-Fluß (Olše) bildet die Achse der reizvollen
Gebirgswelt der *Teschner Beskiden (Těšinské Beskydy)*, die man
am besten von dem altertümlichen Städtchen *Jablunkov* aus
befahren und bewandern kann. Die Jablunkauer waren früher
wandernde Leinwandhändler und verbrachten stets einige
Monate des Jahres in der Fremde. Darum sagte der Volks-
witz, der Jüngste Tag werde erst dann kommen, wenn alle
Jablunkauer zu Hause seien – weshalb es sich nicht empfehle,
Jablunkauer Leinwand auszuschlagen, denn sobald die Jablunkauer keinen Käufer in der Welt mehr fänden, würden sie ja
heimkehren, und das müßte die Menschheit dann teuer be-
zahlen. Ein kleiner Vers rühmte die polyglotte Zunge der
Jablunkauer:

> Jazken gibts in Jablunkau,
> Kennen jede Sprach genau,
> Wanderten mit Türken, Russen,
> Endlich auch mit den Borussen.

Solche und andere Aussprüche über die Jablunkauer gab es in
Fülle, was nicht verwunderlich ist, bedenkt man, welch eine
kunterbunte und originelle Volksmischung in diesem Grenz-

streifen zustande kam. Die Jablunkauer, auch Jazken genannt, sprachen wasserpolakisch, trugen ungarisch beeinflußte Trachten und bauten sich goralische Holzhäuser mit reichen Schnitzwerkverzierungen und tiefen Lauben, die aber schon im vorigen Jahrhundert zumeist Bränden zum Opfer gefallen sind. Das Weberstädtchen war früher der Hauptumschlagplatz für die Hauserzeugnisse der Goralen. Dem Wanderer bieten sich auch in diesem Landstrich allenthalben unberührte Naturszenerien dar:

Zwei schöne Täler stoßen bei Jablunkau zusammen: vom Südwesten das Tal der Lomna, von Osten her jenes von Istebna mit dem Oberlaufe der Olsa. Zwischen beiden führt die Straße aufwärts zum Jablunkauer Paß, begleitet von dem Schienenweg der Eisenbahn, welche die Flachmulde der Paßhöhe durch einen Tunnel unterfährt. Auf naher baumloser Kuppe zeigen sich die alten Schanzen, jene aus Quadern errichteten Wälle, welche zum Schutze der nach Ungarn ziehenden Heerstraße im 16. Jahrhundert errichtet wurden. In der Gegenwart haben diese Erdwerke ihre strategische Bedeutung verloren, und gras- und moosbewachsene Trümmer beweisen den allmählichen Verfall der einst vielumstrittenen Stätte. Heute freuen wir uns der schönen Landschaft, die der Jablunka-Paß vor uns ausbreitet. Interessant ist die östlich liegende 839 Meter hohe Girowa, der ›Hexenberg‹ der Beskiden.

Einsam und still ist es über dem weiten Tal der Lomna, der entlang die Waldstraße eine zweite Silberbahn nach Westen zieht. Nicht der Pfiff der Lokomotive, nicht das Pochen des Eisenhammers stört den Frieden dieser paradiesischen Einöde. Wald und wieder Wald, dazwischen ein idyllisches Forsthaus oder die weltverlassene Hütte der Goralen. Von den rings blauenden Bergen erwähnen wir die dunkle Kozubowa mit ihren waldigen Vorbergen, ferner den Uplaz, den Polom und die Skalka. Unsere Aufmerksamkeit fesselt insbesondere das wunderliche Felsgebilde des Kiczera-Rückens. Es ist ein seltenes Vorkommnis in dem ostschlesischen Gebirge, daß nacktes Gestein zutage tritt, hier doppelt interessant im weichen

Grün einer üppigen Vegetationsdecke. Vom Oberlauf der Lomna gelangt man über den waldigen Sattel des Lacznow hinab ins Tal der Morawka und längs des Hauptkammes der Beskiden zur vielbewunderten Aussichtshöhe beim › Weißen Kreuz‹. Nicht immer jedoch ist es so träumerisch still im romantischen Gehege der Lomna. Wenn rings in den Bergen heftige Gewitter niedergehen, dann schwillt das unscheinbare Gewässer zum tosenden Wildbach an, zertrümmert Brücken und Stege und wälzt die verheerenden Fluten auf Meilen hinab in das niedere Land. (Anton Peter)

Kleines Ländchen mit großen Männern

Auf dem Weg vom Betschwatal ins Ostrauer Becken durchquert man ein gesegnetes Garten-, Feld- und Weideland, das von seiner einst vorwiegend deutschen Bevölkerung ›Kuhländchen‹ genannt wurde, weil man hier von altersher eine besonders kraftvolle und in ihrer rotbraunweißen Scheckigkeit ausnehmend schöne Rinderrasse züchtete. Dieses ›Mährische Böotien‹ liegt rund ums Oderknie – Neutitschein ist sein Mittelpunkt – und nimmt auf der Landkarte kaum zwei Finger Breite ein. Sein spaßiger, nach Stall und Weide riechender Name ist über die Grenzen Mährens hinaus kein Begriff geworden – und hätte es doch eigentlich werden müssen: denn auf diesem Fleckchen Erde sind eine Handvoll berühmter Männer geboren – und zwei davon haben unser Weltbild beträchtlich verändert.

Ich bin am 6. Mai 1856 zu Freiberg in Mähren geboren, einem kleinen Städtchen in der heutigen Tschechoslowakei. Meine Eltern waren Juden, auch ich bin Jude geblieben. Von meiner väterlichen Familie glaube ich zu wissen, daß sie lange Zeit am Rhein, in Köln, gelebt hat, aus Anlaß einer Judenverfolgung im 14. oder 15. Jahrhundert nach dem Osten floh und im Laufe des 19. Jahrhunderts die Rückwanderung von Litauen über Galizien nach dem deutschen Österreich antrat. Mit vier Jahren kam ich nach Wien …

Der dies schrieb war Sigismund Freud, der Begründer der revolutionären Psychoanalyse, die bis heute nicht aufgehört hat, Naturwissenschaften, Geisteswissenschaften und alle Gebiete der Kunst zu beeinflussen. Sein Geburtsort am Rande des Kuhländchens heißt tschechisch *Příbor*.

Der andere der beiden Forscher säkulären Ranges, Gregor Mendel – von dem wir in Brünn schon sprachen – kam 1822 als Sohn eines Bauern in *Heinzendorf (Hynčice)* bei Odrau zur Welt. Daß er in der Landwirtschaft aufgewachsen war, hatte ohne Zweifel Einfluß auf sein späteres Werk. Denn, mit allem Gärtnerischen vertraut, war es ihm selbstverständlich, seine zunächst auf spekulativem Wege gewonnenen Anschauungen über die Vererbungserscheinungen experimentell unwiderleglich zu beweisen – eine Methode, die damals in der Biologie noch neu war. Der Biologe Johannes Haas hat über das Fortwirken der Mendelschen Entdeckungen gesagt:

Mendel hat mit seinen Erbsenversuchen Gesetze gefunden, die für die gesamte lebendige Wirklichkeit Geltung haben; sie sind ihrer Substanz nach in die Wissenschaft von den Vererbungserscheinungen einverleibt worden und immer noch gültig; und sie haben die Fundamente zu dem grandiosen Gebäude gelegt, als das wir die Genetik heute kennen. An der Erweiterung und Verbreitung der Genetik hat ein Heer von Wissenschaftlern gearbeitet und ist immer noch an der Arbeit. In den ersten Jahrzehnten unseres Jahrhunderts waren sich die Vererbungsforscher noch stark der Abhängigkeit von Mendels Entdeckungen und Vorstellungen bewußt. Man nannte die neue, aufstrebende Wissenschaft einfachhin ›Mendelismus‹. Selbst als Morgan und seine Schule nach 1910 an der Taufliege Drosophila Erkenntnisse gewonnen hatten, die wesentlich über die von Mendel entdeckten Gesetze hinausgingen, bezeichnete man diese Einsichten allgemein als ›höheren Mendelismus‹. Auch die von Mendel geprägten Begriffe wie der des Erbfaktors wurden zunächst beibehalten. Erst allmählich setzte sich der von Bateson im Jahre 1901 geprägte Ausdruck ›Genetik‹ für Mendelismus und der von Johann-

*sen 1909 vorgeschlagene Begriff ›Gen‹ für Erbfaktor durch. An der
Sache selbst hat sich damit aber nichts geändert. An der Aufklärung
der Natur der Erbfaktoren und ihrer Wirkungsweise sind zahlreiche
biologische Wissenschaften beteiligt gewesen, die mit ihren Beiträgen
schließlich in die Genetik eingemündet sind. Die Genetik ist keine
bloße Theorie geblieben, sondern hat in der Tier- und Pflanzenzüch-
tung und in der Erbbiologie des Menschen praktische Anwendung
von kaum noch abzuschätzender Bedeutung gefunden.*

Auch von dem Komponisten Leoš Janáček, der wie Mendel
in Brünn wirkte, haben wir dort bereits gehört. Das Örtchen
Hochwald (Hukvaldy), wo er 1854 geboren wurde, liegt süd-
östlich von Freiberg und ist ein beliebter Ausflugsort, breiten
sich doch hier auf niedrigem Hügelrücken die weitläufigen
Gemäuer der größten Burganlage Mährens aus. Die Veste,
einst so uneinnehmbar, daß der Volksmund rühmte: »Brieg,
Freiberg und Brünn machen die Schweden dünn«, stammt
aus dem frühen 13. Jahrhundert, wurde unter Erzbischof
Lichtenstein-Kastellkorn 1690 erneut befestigt, fiel 1762 bei
einem verheerenden Brand in Trümmer und ist seither Ruine.
Hören wir, wie August Scholtis die Musik Janáčeks zu dessen
Heimatlandschaft in Verbindung bringt:

*›Jenufa‹ dürfte irgendwo an einem Mühlgraben oder Nebenbach
der Oppa spielen. Eine andere Oper, ›Das schlaue Füchslein‹, ist
nicht nur der Romantik, sondern auch der irdischen Landschaft
Eichendorffs benachbart. Ihre Szenen sind Waldgründe des Oder-
quellgebiets. Eine hügelige Waldnatur des deutschen Romantikers
Joseph von Eichendorff erlebt ihre großartige Verzauberung in
Konzertsälen, auf Opernbühnen der ganzen Welt, durch Kompositionen des Vollblutmähren Janáček. Béla Bartók ebenbürtig, vermag Janáček Waldesrauschen, Bachgeflüster, Bergecho, Vogelstim-
men, Tierlaute aus schlesisch-mährischen Grenzbereichen durch
Noten und Töne in verzückenden Orchestrationen festzuhalten.
Raum und Stunde seiner weltberühmten ›Slawischen Messe‹ reichen
bis in die Kirche meines Heimatdorfes Bolatitz hinein, wo Fresken an*

die beiden mazedonischen Kirchenapostel Methodius und Cyrillus erinnern, kompositorischer Mittelpunkt von Janáčeks Glagolitischer Messe.

Auch ein Stück Eichendorff-Heimat ist das Kuhländchen. Nah nordwestlich von Freiberg, in *Sedlnitz (Sedlnice)*, besaß die Familie Eichendorff seit 1655 ein Lehngut, das Joseph von Eichendorff 1823 übernahm. Das bescheidene ländliche ›Schlössel‹ war der vielgeliebte Alterssommersitz des Dichters. Von seinem behaglichen Leben in der ›grünen Einsamkeit‹ von Sedlnitz hat er 1851 seinem Sohn Hermann berichtet:

Als damals Besserer nebst Otto, die beiden Fräulein Woke und meine Schwester Luise uns alle gleichzeitig verlassen hatten, trat plötzlich ein unermeßliches Stilleben in Sedlnitz ein. Leider wurde jetzt das Wetter wieder beharrlich schlecht, Regen und Kälte, wie bei Deinem Dortsein. Doch blieben noch lucida intervalla genug zu den obligaten Morgenspaziergängen. Im Garten reiften allmählich Äpfel und grüne und gelbe Pflaumen in solchem Übermaß, daß die Bäume gestützt werden mußten. Da wurde denn alle Tage, zu großem Ergötzen der Kinder, tüchtig geschüttelt und gegessen, wobei wir oft an Dich dachten und bedauerten, daß Du nicht dabei warst. Die übrige Zeit wurde, wenn es anging, in der bekannten Ecklaube, oder auf der Pawlatschen more solito zugebracht, ich übersetzte wieder Calderons Autos in der freundlichen Eckstube neben dem sogenannten Paradezimmer des neuausgebauten Schloßflügels. Sämtliche Ahnenbilder sind aus dem bisherigen Ahnensaal in den Eß-(vulgo: Ruinen-)Saal disloziert worden, im ehemaligen Ahnensaal dagegen in der Mitte der Wand nach dem Garten hinaus ist eine Türe gebrochen und ein geräumiger Balkon gebaut und zugleich aus demselben Saal eine Türe nach der ehemaligen Kanzlei eröffnet, so daß nun das Ganze an Bequemlichkeit und Annehmlichkeit sehr gewonnen hat.

Besaß schon der Dichter selbst nie Geld genug, das Landhaus so umfassend umzubauen, wie er es wünschte, so blieb seinem jüngsten, seit 1855 hier wohnenden Sohn Rudolf in zunehmender Not nichts anderes übrig, als den Besitz 1890 zu verkaufen. Wenn auch zeitweise behelfsmäßig bewohnt, ist das Haus seit Jahrzehnten in Verfall.

Gute Freundschaft verband Eichendorff mit dem Herrn des benachbarten *Schlosses Partschendorf (Bartošovice)*, Josef Georg Meinert. Dieser Prager Philosophie-Professor, auch er ein romantischer Geist, durchstreifte alle Dörfer des Kuhländchens, um in Rockenstuben und Schenken dem Volk »aufs Maul zu schauen« und dessen Lieder zu erlauschen. Unter dem Titel ›Fylgie, oder Alte teutsche Volkslieder in der Mundart des Kuhländchens‹ gab er sie 1817 heraus und leitete die Sammlung mit den stolzen, von der Emphase des Befreiungs-kriegszeitalters geschwellten Worten ein: *So waget denn her-vorzutreten aus dem Schatten eurer Eichen im Oderthale, ihr Kinder und Zeugen einer dichtungsreicheren Zeit! Wie klein und unbekannt eure Heimat – wie rauh euer Ton auch sey: euer Vaterland ist das große, das neugebohrene, in allen seinen Mundarten sich wiederer-kennende Teutschland.* Die von Schlegel und Brentano ange-regte Sammlung fand damals weiteste Verbreitung.

Zu jener Zeit begann auch die kulturelle und nationale Wiedergeburt der Tschechen. Ihr großer Vorkämpfer war Franz Palacký (1798–1876), ein Mährer slowakischer Herkunft, der aus *Hodslavice bei Stramberg* stammte. Gelehrter und zu-gleich Politiker, schrieb Palacký eine ›Geschichte Böhmens‹ (1836–67 deutsch, 1848–76 tschechisch erschienen), in der er die tschechische Historie als einen dauernden Kampf um nationale Befreiung interpretierte und seinem Volke eine be-deutsame Rolle als »östlicher Vorposten des liberalen Westens und nicht als westlicher Vorposten des slawischen Ostens« (Hans Kohn) zuwies. Als Führer der Slawenpartei im öster-reichischen Reichstag und der Alttschechen im österreichi-schen Herrenhaus und böhmischen Landtag kämpfte er für eine Wiederbelebung des sogenannten Böhmischen Staatsrechts im Rahmen der österreichischen Monarchie, wobei er seine Loyalität zur Monarchie in dem berühmt gewordenen Satz deklarierte: *Wenn der österreichische Staat nicht schon seit langer Zeit bestünde, wären wir im Interesse der Menschheit und Europas verpflichtet, uns schleunigst um seine Gründung zu bemühen.*

Über die interessante ›Schloß-Schule‹ in *Kunewald (Kunin)* zwischen Stramberg und Fulnek, die Palacký als Knabe eine Zeitlang besuchte, berichtet der tschechische Kunsthistoriker Viktor Kotrba:

Kunewald war ein eigenartiger Brennpunkt des kulturellen Lebens in der Zeit der aufklärerischen Romantik, verknüpft mit dem Wirken einer gebildeten philanthropischen Vertreterin des Hochadels, der Gräfin Maria Walburga von Harrach-Hohenems, verehelichte Truchsess-Waldburg-Zeil (1765–1828). In ihrem vom Vater ererbten Schloß, einem Bau Lukas von Hildebrandts, richtete sie 1792 auf eigene Kosten eine philanthropische Lehranstalt nach den Grundsätzen Pestalozzis ein, um Knaben und Mädchen aus der Umgebung in diesem Geist zu erziehen. Sie sammelte dort auch eine beträchtliche Bibliothek von zwanzigtausend Bänden und machte Kunewald zu einem Treffpunkt von Gelehrten und Dichtern. Auch August von Kotzebue stattete ihr hier einen Besuch ab. In den Jahren 1807 bis 1809 treffen wir unter den Schülern dieser Schule auch den jungen František Palacký, welcher in diesem Milieu einer gehobenen gesellschaftlichen Sphäre, »in einer ausgezeichneten Schule freien Geistes«, die Grundlagen seiner wissenschaftlichen Laufbahn aufbaute und später noch oft an diesen seinen »schönen Lebensfrühling« zurückdachte. Nur die Befürchtung seines Vaters, daß der junge, aufgeschlossene Vorzugsschüler hier dem Einfluß eines aufgeklärten Katholizismus verfallen könnte, war Anlaß, daß František Palacký diese Lehranstalt mit der evangelischen Lateinschule in Trentschin vertauschte. Unter den freisinnigen Lehrern von Kunewald tritt übrigens Karel Josef Jurende in den Vordergrund, bekannt geworden als Herausgeber der Zeitschriften ›Der redliche Verkünder‹ und

>Zeichen der Zeit<, die während der Napoleonischen Gewaltherrschaft ein Forum für den Kampf gegen die Tyrannen waren.

Noch mancher andere Name wäre in dieser Gegend zu erwähnen. Nur zwei seien hier noch genannt, die in der Geschichte der modernen Kunst apostrophiert werden: Anton Kolig (1886–1950), ein aus Neutitschein stammender Maler, der zum Wiener Kreis Kokoschka, Klimt, Schiele, Faistauer gehörte und lange Jahre an der Stuttgarter Kunstakademie wirkte; und Franz Barwig (1868–1931), geboren in Schönau bei Neutitschein, ein lebenslang in Wien tätig gewesener Holzbildhauer von hohem Rang.

Der ihrer Hutfabrikation wegen bekannten Industrie- und Handelsstadt *Neutitschein (Nový Jičin)*, dem Landstädtchen *Fulnek* und vielen anderen Orten des Kuhländchens brachte einst die Tuchmacherei Wohlstand. Es waren lebendige, gesellige Plätze, anziehend durch ihre reizvolle Lage zwischen Wäldern und Gartenland und durch die wohltuende Geschlossenheit ihrer baulichen Anlage. Schade, daß sie gegenwärtig, dünn bevölkert und teilweise von Schäden gezeichnet, kaum zum längeren Verweilen einladen.

Während sich *Neutitscheins* stattlicher, fast quadratischer >Ring< als eine schöne Variante der von der Renaissance geprägten mährischen Marktplätze präsentiert, bietet *Fulnek* ein barockes Bild, bestimmt durch den gestaffelten Aufbau von Markt, Kirche und Schloß. Die *Kirche* ist ein sehr bemerkenswerter Barockbau. Ihre turmlose, von einem Giebel abgeschlossene, durch Säulen und Pilaster gegliederte Fassade erhebt sich hinter der geschlossenen Häuserfront des Platzes. Dem Zentralbau ist eine ovale Vorhalle nach Norden und ein ovales Presbyterium nach Süden angegliedert. Der lichtvolle Raum ist in zartfarbigen Marmor gefaßt und geschmückt mit qualitätvollen Skulpturen Franz Hiernles, des Stukkateurs der Kremsierer Residenz, mit einem Hauptaltarblatt des Maulbertsch-Schülers Ivo Felix Leichert und Altarbildern von Franz Raab. Der vorzügliche Meister, der diese Kirche 1743 zu bauen begann und dreißig Jahre später die noch eindrucksvollere von Sternberg schuf, Nikolaus Thalherr, hat in Fulnek gelebt. Seine Biographie ist kaum bekannt; man weiß nur, daß er einer Architektenfamilie entstammte, deren verschiedene Mitglieder ungefähr zu gleicher Zeit in Wien und Ungarn genannt werden, und daß zwei seiner vier Söhne ebenfalls Baumeister geworden sind.

Fulnek, wo vor dem Dreißigjährigen Krieg eine große deutsche Brüdergemeinde bestand und Comenius als Schulleiter die – wie er sagte – »drei glücklichsten Jahre seines Lebens« verbrachte, wurde später auch zur Wiege des Herrnhutertums. Der Zimmermann Christian David aus Senftleben bei Fulnek entfachte den Glauben der verstreut und unterdrückt lebenden Nachfahren der Brüder in Mähren zu neuer Flamme und gründete, unterstützt von dem Pietisten Nikolaus Ludwig Graf Zinzendorf, im Jahre 1722 in Herrnhut in Sachsen eine nach dem Ort benannte religiöse Gemeinde, welche die Nachfolge der böhmisch-mährischen Brüderunität antrat. Viele Glaubensuchende aus Mähren, vor allem aus der Fulneker Gegend, folgten damals dem Ruf des Zimmermanns, und zogen von Herrnhut aus mit ihm auf abenteuerlichen Missionsreisen durch die halbe Welt.

Ein Ort, der in keinem Mappenwerk mährischer Städte- und Landschaftsansichten des vorigen Jahrhunderts fehlt, ist *Stramberg (Štramberk)*, wo sich auf eigentümliche und für Mähren recht charakteristische Weise engwinkliges Mittelalter mit rustikalem Barock mischt und als weithin sichtbarer Blickpunkt der massive Rundturm einer verfallenen Veste emporstreckt. Unmittelbar aus dem Ort steigt der *Berg Kotouč* auf, ein hoher Jura-Kalkfelsen, in dessen Höhlen und Felsspalten gegen Ende des vorigen Jahrhunderts reiche prähistorische Funde gemacht wurden. Am meisten Aufsehen in der Gelehrtenwelt erregte damals ein in der Šipka-Höhle

am Nordabhang aufgefundenes Unterkieferstück, das der
Anthropologe Virchow einem achtjährigen Eiszeitmädchen
zuschrieb.

Einige Schritte von dem heute lähmend verödeten Stramberg entfernt, liegen die großen Fabrikgebäude und modernen
Häuser des quirlig belebten *Nesselsdorf (Kopřivnice)*, dem Sitz
der Tatra-Automobilwerke, deren bis ins Jahr 1853 zurück-
gehende Geschichte mit dem Bau von Kutschen begann.

Am Zaun Maria Theresias

Im Kohlenrevier

Schornsteine, Hochöfen, Werksbahnhöfe, Gewirre von Gleisen, meterdicke Lichtgasleitungen, Fördertürme, riesige Fabrikhallen, Baukastensiedlungen – und immer wieder grau und schneeweiß dampfende Schlote: das ist das Bild des Ostrauer Kohlenreviers. Tags ein nüchternes Bild der stumpfen und schmutzigen Farben, nachts eine Phantasmagorie schwimmender Lichter, aufzuckender Blitze, rosavioletter Schleier, extravaganter Formen: ein pochender, pulsierender Maschinenleib.

Gustav Freytags Einleitungssatz des Romans ›Soll und Haben‹: *Ostrau ist eine kleine Kreisstadt unweit der Oder, bis nach Polen hinein berühmt durch ihr Gymnasium und süße Pfefferkuchen, welche dort noch mit einer Fülle von unverfälschtem Honig gebacken werden,* ist nur noch ein Lächeln wert. Vor mehr als hundert Jahren, als dieser Satz geschrieben wurde, begann der Bankier Samuel Rothschild auf Ostrauer Territorium Steinkohle zu schürfen. 1776 hatte man entdeckt, daß die Erde hier ›schwarzes Gold‹ barg, hier und in weitem Umkreis, wo Oder und Ostrawitza in breitsohligen Tälern fließen. Der einheimische Adel hatte sogleich begonnen, es abzubauen; freilich wurden diese Unternehmungen zunächst noch mit primitiven Mitteln, mit »Handhaspeln oder höchstens Pferdegöppeln« betrieben. Eine stürmische Entwicklung brach erst an, als die 1838 mit der Linie Wien–Brünn eröffnete Kaiser-Ferdinands-Nordbahn 1847 bis hierher weitergeführt wurde und 1862 die von Baron Rothschild finanzierte Montanbahn zwischen Ostrau und Michalkowitz fertiggestellt war. Der Bankier erwarb auch die 1828 von Kardinal Erzherzog Rudolf

gegründete ›Rudolfshütte‹ in Witkowitz und baute sie nach
englischem Vorbild zum größten Hüttenwerk der Monarchie
aus. Er war nicht der einzige Vertreter des Großkapitals aus
dem Ausland, der sich in jener Zeit hier Gruben- und Grund-
besitz erwarb. Im Laufe weniger Jahrzehnte bekam Ostrau
und der Umkreis ein völlig neues Gesicht, es entstand ein bis
Karwin reichendes Industrierevier, das mit seiner Steinkoh-
lenförderung und Eisen- und Stahlproduktion der Wirt-
schaftsschwerpunkt im Südosten Mitteleuropas wurde. Die
siebenundneunzig Tuchmacher und Leineweber, die 1834 in
Ostrau ansässig waren, hatten sich bis 1880 auf einen einzigen
Wackeren dezimiert. Aber die Bevölkerungsziffer der Stadt
war im selben Zeitraum von zweitausend auf zwanzigtausend
angewachsen. Und im Jahre 1937 schilderte August Scholtis
die Atmosphäre von Ostrau (Ostrava) so:

*O Oppatal, herrliches Heimatstal meiner unstillbaren Tränen:
In deinem Ostrau da erschrecke ich. Denn hier ist alles anders, ist
häßlich und gräßlich und herrlich und prächtig. Straßen fliehen
gleißnerisch, glühende Fassaden, blaues Licht in Röhren, Läden von
allerletztem Schrei, Automats von amerikanischer Besonderheit,
raffiniert und ungehörig. Daran vorbei in seine windschiefe Baracke
zieht, müde abgeschabt, der deutsche Maurer aus Hultschin, der
lumpenfetzige Galizianer aus dem Schacht, der Mähre mit ver-
träumtem Kinderblick, der Sudetendeutsche mit verzichtenden Gebärden, der Jude im Kaftan und der Jude im eleganten Dreß. Sprachen schwirren über diesem Gewühl gleich aufgescheuchten, beutegierigen Raubvögeln; merkwürdig, wie Sprachen häßlich sein können bei häßlichen Zwecken. Endlos zieht ein Gesumm über den
Dächern, gleich verheerendem Gebraus von Heuschreckenschwär-
men, abermals wird die Wüste verwüstet, und alles ist so unendlich,
so unsagbar traurig, was hier der Mensch beweist mit seinen
Zwecken. Ostrau ist wie eine Frau, irgendwo vom Osten barfuß
pilgernd, mit schmutzigen Füßen und einem Seidenkleid am Leib.
Eines Tages wird aus dieser Frau etwas geworden sein. Sie wird*

*sich empfehlen, die Vergangenheit vergessen. Ich weine eine einzige
Träne für Ostrau, o mein Ostrau, samt deinen raffinierten, unter-
irdischen Toiletten, deinen groteskeleganten, von Juden überfüllten
Hotels, samt allen funktionierenden Warmwasserleitungen und
deinem exaltierten Wesen, frisch importiert, vielleicht gar aus
Chicago.*

Auch diese Goldgräber-Vergangenheit hat die heute viert-
größte Stadt der Tschechoslowakei schon vergessen. Rundum sind Trabantenhochstädte mit neuen Namen aus dem
Boden gewachsen, gegen die Ostrau selbst kaum mehr abzu-
grenzen ist; und wenn man heute noch eine Einwohnerzahl
von zweihundertfünfzigtausend nennt, so gilt das für morgen
schon nicht mehr, denn Jahr für Jahr wächst die Bevölkerung
um mehrere Tausende an. Die exaltierte Betriebsamkeit ist
angespannter Arbeitsamkeit gewichen. Und gerodet ist der
Dschungel der Nationalitäten, der in dieser Ecke des Landes
früher so tropisch wucherte.

Menschen aller Zungen

Die ›Ecke‹, wo früher der mährische Landeskeil ins Gebiet
Österreichisch-Schlesiens hineinstieß, grenzte vor dem Ersten
Weltkrieg an Preußisch-Schlesien, Galizien und Ungarn. Die
Grenze ging da und dort mitten durch die Städte und teilte
sie beispielsweise in Mährisch- und Polnisch-Ostrau oder in
ein österreichisch-schlesisches Bielitz und ein polnisches Biela.
Nach dem Ersten Weltkrieg, im Jahre 1920, wurde die Grenze
bis zum Odernebenfluß Olsa zurückgesteckt, womit Teschen
in Polnisch- und Tschechisch-Teschen zerfiel. 1938 schoben
die Polen die Grenze über Teschen hinaus noch weiter nach
Westen, 1939 verlegten sie die Deutschen wieder zurück an
den Weichselnebenfluß Bialka, an dem Bielitz-Biela liegt;
1945 wurde sie neuerdings der Olsa entlang gezogen. Ein ähn-
liches Hin und Her gab es bei dem nördlich der Oppa zwi-

schen Ostrau und Troppau gelegenen Hultschiner Ländchen. Ganz früher zu den Ländern der böhmischen Krone gehörend und von Deutschen und Tschechen besiedelt, kam es im 18. Jahrhundert zu Preußen, 1919 wieder zur Tschechoslowakei.

Nochmals sei August Scholtis zitiert, der die nationalen und sprachlichen Konfusionen in diesem Gebiet brillant wie kein zweiter geschildert hat:

Statistisch läßt sich hier überhaupt nicht arbeiten, denn das Volkstum dieser schlesischen Mährer, beziehungsweise mährischen Schlesier liegt weder auf den Zungen noch etwa in den Lungen. »Mei Hütla« kann ein Ausspruch sein, der zuweilen die Gerichte beschäftigt, ebenso das polnische »Kay Liter« (wo bleibt der Liter Schnaps?). In der Geschichte wird Herzogtum Teschen oftmals mit Fürstentum Jägerndorf in einem Zuge genannt. Diese Union bildete eine Front von zweihundert Kilometern, in diese Front prallte der mährische Keil, um stecken zu bleiben. Hier versiegte die Kolonisation der beiden Slawenapostel Methodius und Cyrillus, genau an derselben Stelle, wo später der Alte Fritz seine preußisch-schlesische Grenze zog. Hier stoßen sich die Dinge eng im Raume, und in der Vergangenheit floß hier viel deutsches, mährisches und polnisches Blut. Auf dieser Linie verteidigt sich Schlesien am heftigsten, auf dieser Linie liegt auch Hultschin, wo die Menschen mährisch sprechen, deutsch empfinden und Preußen heißen, oder Czech, oder Gebauer, wo die Menschen deutsch sprechen und Wessely heißen, oder Nestroy, oder Kollarczyk. Die vertauschten Zungen besagen genug. Hier greift das deutsche Element ins mährische, oder das mährische ins schlesische, Satyr straft die Statistiker Lügen, Zunge bedeutet keineswegs Volkszugehörigkeit, Zunge bedeutet bestenfalls Zweisprachigkeit, wenn nicht gar Dreisprachigkeit, und Dreisprachigkeit ist selbstverständliche wirtschaftliche Notwendigkeit. Dreisprachig ist die amtliche Kennzeichnung der Firmenschilder.

Der Kampf wird auf beiden Seiten mit härtester Entschlossenheit geführt. Von dieser härtesten Entschlossenheit haben die Reichs-

23 *Wallfahrtskirche auf dem Heiligen Berg bei Olmütz*

Erker in Olmütz 24
→

26   *Gasse in der Altstadt von Olmütz*

25   *Der Cäsarbrunnen in Olmütz*
←

28 *Schloß Plumenau*

Schloß Sternberg 29

32 *Arkadenhalle im Lustgarten von Kremsier*

36   Der Ehrenhof von Schloß Buchlowitz

Immakulata auf der Weltkugel   38
Ein Frühwerk von Ignaz Günther
in der Dreifaltigkeitskirche in Geppersdorf
→

deutschen, mit Verlaub gesagt, überhaupt keine Ahnung. Was Mährisch-Ostrau nicht aufsaugt, das zieht Hrabin an, Hrabin, ein Wallfahrtsort und magnetischer Punkt für diese Schlesien aufspaltende Enklave. In Hrabin orientierten sich die tschechischen Staatsgründer, während unten in den Tälern die deutschen Ingenieure Industrien bauten für die fanatisch verzückten, betenden Anhänger der anderen. Rechts und links von dieser Verzückung hing aber West-, beziehungsweise Ostschlesien, gleich einem altösterreichischen Backenbart, harmlos und vertrauensselig, den jungen Oderfluß wie eine lange Virginia im Mund. Und am Wochenende wallfahrten die Deutschen ebenfalls in ihre Kultstätten, zum Pilsner in die Altdeutschen Stuben, in die Lehar-Operetten, ins Theater oder in die Konzerte nach Troppau einerseits oder Teschen-Bielitz andererseits.

Das Gebiet, von dem hier die Rede ist, Österreichisch-Schlesien, gehörte jahrhundertelang zu Gesamtschlesien. Dieses war im Mittelalter eine Außenprovinz des polnischen Piastenreiches. Als Folge der dynastischen Streitigkeiten unter den Piasten wurde es in mehrere, jeweils von schlesischen Piastenfürsten regierte Teilfürstentümer zersplittert. Diese Fürsten, vielfach deutsch versippt, zogen im 13. Jahrhundert Bauern, Handwerker und Kaufleute aus Süd- und Norddeutschland in ihre Länder und ermöglichten ihnen, hier Städte und Märkte nach deutschem Recht zu gründen. Eine bedeutende Rolle bei der Kolonisation spielte der 1190 in Palästina gegründete Deutsche Ritterorden. In immer zunehmendem Maße lehnten sich in der Folgezeit die schlesischen Teilfürstentümer an das Königreich und Reichsland Böhmen an, unter dessen Lehnshoheit sie schließlich aufgrund verschiedener Verträge traten, die Johann von Luxemburg und dann Karl IV. mit den polnischen Königen abschlossen. Auch die Přemysliden im Troppauer Land begaben sich damals unter die Lehnshoheit Böhmens. Přemysl Ottokar II. hatte das ursprünglich zu Mähren gehörende Troppauer Gebiet 1261 zu einem selbständigen Herzogtum erhoben und seinem illegitimen Sohn Nikolaus I. verliehen, der eine Nebenlinie der schlesischen Přemysliden begründete. Diese schlesischen Přemysliden regierten als Herzöge von Troppau, Jägerndorf und Ratibor bis 1521. Im Jahre 1526 fiel Schlesien im Erbgang an das Haus Habsburg. Über zweihundert Jahre später, 1742, wurde es von Friedrich II. in einen großen preußischen und einen kleinen österreichischen Teil zerschnitten. Habsburgisch blieben nur mehr die Provinzen Freiwaldau, Jägerndorf, Troppau, Teschen und Bielitz, zusammengefaßt unter der Bezeichnung ›Österreichisch-Schlesien‹.

Den Zaun hat er mir gelassen, den Garten hat er mir genommen! klagte damals Maria Theresia. Aber was an ihrem Zaun noch hängenblieb, war ein bezauberndes Stück Erde, von der Natur reich begnadet, von der Kunst mit vielfältigen Reizen ausgestattet, von seinen Bewohnern gehegt und gepflegt. *In diesem Land herrscht Gutmütigkeit, gesunder Menschenverstand, Frömmigkeit; dieses nebst Wohlstand, Reichtum an Naturprodukten und ein mildes Klima macht den Aufenthalt angenehm,* lobte der Reichsfreiherr vom und zum Stein im Sommer 1809, als er vorübergehend in Troppau wohnte.

Kein Wunder, daß dieses Ländchen von den Ausläufern der Beskiden bei Teschen bis zum Altvatergebirge im Norden früher ein Urlaubsgebiet war, wo sich Schlesier und Österreicher allsommerlich heimelig einnisteten. Wer es jetzt bereist, kann nicht umhin, zu bedauern, daß sein Gesicht immer noch gezeichnet ist von den bevölkerungspolitischen Folgen der Nachkriegsumwälzungen. Auch wäre zu hoffen, daß die tschechoslowakische Touristik sich in Zukunft dieses Landstrichs mit größerer Intensität als bisher annähme, denn er könnte sich gewiß größten Zulaufs auch und gerade der nach ›Neuland‹ so ausgehungerten Ausländer erfreuen.

Das Teschner Ländchen

Vom einstigen Teschner Ländchen, das im Süden von den Beskiden, im Westen von der Ostrawitza, im Norden vom Oder- und Weichselbogen und im Osten von der Biala begrenzt war, gehört seit 1920 weniger als die Hälfte zur Tschechoslowakei. Wie es zu dieser politischen Entwicklung kam, hat, mit einem Blick auf die Geschichte des Teschner Mischgebiets, ein Kenner der Verhältnisse knapp dargetan:

Vor der deutschen Einwanderung, die in den Ansätzen bis zum 12. Jahrhundert zurückgeht und entscheidend in der zweiten Hälfte des 13. Jahrhunderts einsetzte, siedelte auf den waldlosen Höhenbereichen über den Flußtälern eine polnische Grundbevölkerung. In der zweiten Hälfte des 13. Jahrhunderts setzte zudem an den Flußübergängen des nördlichen Karpatenhanges eine Kette deutscher Städtegründungen ein, die bis nach Przemysl reichte. Krakau war gewissermaßen die prädestinierte Hauptstadt dieses wohl am kühnsten vordringenden deutschen Siedlungsvorstoßes. Mit den Städtegründungen geht die Anlage von Hunderten von deutschen Waldhufendörfern einher, die sich auch heute noch auf der Siedlungskarte des Landes von den slawischen Haufendörfern deutlich abheben. Freilich reichte die deutsche Volkskraft bei weitem nicht aus, diese Landnahme zu behaupten. Schon im 15. Jahrhundert ist überall der Einbruch spürbar, im Teschner Gebiet ausgelöst durch die Folgen der Hussitenkriege, deren Wellen bis an diese Grenzen brandeten. Wie überall in den böhmischen Ländern, wird nach dem Hussitensturm auch im Teschner Gebiet das Tschechische die Amtssprache. Die deutschen Patriziergeschlechter treten gegenüber den slawischen Vorstädtern zurück, das Freibauerntum des flachen Landes sinkt ab und gleichzeitig vollzieht sich eine lautlose Kolonisierung, die allerdings in vielen Generationen vor sich geht, da noch nach der Mitte des 17. Jahrhunderts deutsche Dörfer nachweisbar sind. Wie neuere Forschungen aufgezeigt haben, muß das im Schlonsakentum aufgegangene Deutschtum Ostschlesiens stärker gewesen sein, als man früher angenommen hat. Die Schlonsaken, Hauptbevölkerung des Landes, sprachen einen zwischen dem Polnischen und Tschechischen stehenden, mit deutschen Sprachbrocken durchsetzten Dialekt, den die Sprachforscher als das ›Lachische‹ bezeichnen.

An den österreichischen Merkantilismus fand das Herzogtum Teschen relativ spät Anschluß. Kriegszüge und Seuchen entvölkerten in der zweiten Hälfte des 17. Jahrhunderts das Land, so daß die Gutsherrschaft zu ausgedehnter Teichwirtschaft überging, die weiten Teilen des nördlichen Ostschlesiens noch heute das Gepräge gibt. Als in der ersten Hälfte des 18. Jahrhunderts in der Habsburger Monarchie großer Eisenmangel herrschte, begann Graf Wilczek, einer der Grundherren der Gegend, mit den ersten Schürfversuchen. Der Schwerpunkt des Teschner Ländchens lag aber damals noch nicht im dünnbesiedelten Westteil oder der Hauptstadt, sondern in Bielitz, wo sich Flüchtlinge aus den Gebieten der Gegenreformation angesiedelt und deutsche Tuchwirker, schon auf galizischem Boden, Bielitzens Zwillingsstadt Biala gegründet hatten.

Bedeutung erlangte das Ländchen aber erst im 19. Jahrhundert durch die verkehrsmäßige Erschließung der Donau- und Balkanländer, durch das Wachsen der Schwerindustrie sowohl in Oberschlesien als auch in den österreichischen Ausläufern. Dazu entwickelte sich neben der Schwerindustrie eine umfangreiche Zubringer- und Leichtindustrie. Die Textilindustrie von Bielitz zählte über zwanzigtausend Arbeiter und wurde in Altösterreich nur von der Brünns und Reichenbergs übertroffen. In den Hauptorten Teschen und Bielitz blühte die liebenswürdige österreichische Provinzialkultur, voller Verbindlichkeit, Warmherzigkeit, zugetan den geselligen Künsten, dem Theater, der Musik. Man darf sich diese bei den Älteren von der Verklärung der Erinnerung überstrahlte Zeit, die sicherlich den Höhepunkt des ostschlesischen Deutschtums sowohl an Weltverflechtung als auch an materiellem Wohlstand gebracht hat, aber nicht allzu bukolisch vorstellen. Zunächst umfaßte das eigentliche bewußte Deutschtum dieses Landes doch nur eine dünne Schicht. Was etwa in Teschen um 1900 zur Gesellschaft zählte, waren Offiziere der starken Garnison, Fabrikherren und wohlhabende Kaufleute, die zahlreiche Beamtenschaft, die Ärzte, Rechtsanwälte, Ingenieure. Die große Heimatliebe dieser Schicht kann jedoch nicht darüber hinwegtäuschen, daß ihre Fühlung mit der Grundbevölkerung gering blieb, daß sie auf Gedeih und Verderb dem Staate verhaftet war, dem sie weitgehend ihre Existenz verdankte und daß sie der systematischen Offensive des Tschechentums im Westen, des Polentums im Osten nichts entgegenzusetzen hatte als ihre Treue und Verbundenheit zur Monarchie.

Diese Offensive begann mit dem Erwachen der slawischen Völker, wobei für das Teschner Ländchen als symbolisch angesehen werden kann, daß im Sturmjahr 1848 erstmalig auf einem Stadtwappen nicht nur der deutsche und tschechische, sondern daneben auch der polnische Name der Stadt Teschen auftaucht. Als es sich in der zweiten Hälfte des 19. Jahrhunderts in Österreich einbürgerte, daß die Polen den österreichischen Kultusminister stellten und infolgedessen ein wesentlicher Teil der Mittel des Wiener Kultusministeriums nach Galizien floß, setzte von dorther ein systematisches Werben der Polen um die ihnen sprachlich so nahverwandte ostschlesische Bevölkerung ein. Polnische Genossenschaften, Banken, Privatschulen, Kindergärten, Tageszeitungen entstanden in den Städten. Um die Jahrhundertwende wurden auch die Tschechen aktiv. Die Auseinandersetzungen zwischen Polen und Tschechen um dieses Gebiet, die Bemühungen der Einheimischen, es zu einem autonomen Staat mit eigener Verwaltung und Währung zu machen, die Besetzung des Landes durch Franzosen und Italiener, die Arbeit der interalliierten Kommission, die geschickte Ausnutzung des Einfalls der Roten Armee in Polen durch die tschechische Regierung – dies alles endete am 28. Juli 1920 mit der Teilung des Landes. Polen erhielt die Stadt Bielitz und den größeren, aber weniger wertvollen Teil bis zur Olsa, die Tschechoslowakei die Kohlengruben und die Hüttenindustrie. (Karl Jering)

Teschen ist seither – sieht man von der kurzen, schon er-

wähnten Wiedervereinigung zwischen 1939 und 1945 ab
– eine zweigeteilte Stadt: der Stadtkern mit dem Rathaus,
den Schulen, den historischen Straßen gehört zu Polen; die
zur Tschechoslowakei gekommenen früheren Randbezirke
im Westen sind zu einer neuen hochindustrialisierten Stadt
zusammengewachsen, welche heute dem Expansionsbereich
des Ostrauer Reviers angehört.

Ist Teschen noch eine ›Freuden-Stadt‹, wie sie Sprachforscher und Geschichtenerzähler bezeichneten? Die Etymologen leiten die slawischen Namen des Ortes – tschechisch:
Těšin, polnisch: Cieszyn – von ›sich freuen‹ ab. Und die Sage
berichtet, daß um das Jahr 800 drei Brüder aus dem Fürsten-
haus der Piasten in den Wäldern dieser Gegend jagten, einander plötzlich aus den Augen verloren, nach verzweifeltem
Umherirren unverhofft an einer Waldquelle wieder zusammentrafen und zum Gedächtnis ihres glücklichen Wieder-
findens rund um die Quelle eine Stadt gründeten, die sie
›Freuden-Stadt‹ nannten. Es gibt freilich auch einzelne
Sprachforscher, die den Namen Teschen (Tessin) auf keltischen Ursprung zurückführen.

Der urkundlich erstmals im Jahre 1155 als Kastellatur des
Breslauer Bistums erwähnte Ort war nachweisbar von 1163
bis 1653 Residenz der Piasten. Zunächst den schlesischen
Piasten, und zwar den Abkömmlingen Herzog Wladislaus II.
untertan und dem Herzogtum Oppeln einverleibt, wurde er
von 1290 ab die Hauptstadt des von den Teschner Piasten
regierten selbständigen Herzogtums Teschen, das sich allerdings bald dem Schutz der böhmischen Krone anvertraute.
Nach dem Aussterben der Teschner Piasten zog Habsburg
das Herzogtum als Lehen ein. Seither wurde es von Lehens-
trägern des Kaiserhauses verwaltet, so von Ferdinand IV.,
Herzog Leopold von Lothringen, Herzog Franz Stephan von
Lothringen, Herzog Albert von Sachsen-Teschen, dem Ge-
mahl der Tochter Maria Theresias, Erzherzog Karl und ande-

ren, wobei aber in immer wachsendem Maße der Landeshauptmann als Vertreter des Lehensträgers die Schicksale des Herzogtums bestimmte.

Glanzvoller Mittelpunkt der Piasten-Regenten war die *Piastenburg*, alten Stichen und Chroniken zufolge eine der bedeutendsten Anlagen Schlesiens, die im wesentlichen auf das 12. und 13. Jahrhundert zurückging, im 15. und 16. Jahrhundert zu einheitlicher Gestalt ausgebaut wurde, nach dem Aussterben des Herrscherhauses aber rasch verfiel. Geblieben ist der sogenannte ›Piastenturm‹, ein massiver, viereckiger, mit einer gezinnten Brüstungsmauer abschließender Bergfried aus dem frühen 13. Jahrhundert, der ehedem Teschens vielgezeichnetes und bedichtetes Wahrzeichen war; geblieben ist die frühromanische Rotunde einer *Burgkapelle*, die als ältester Steinbau im gesamtschlesischen Raum gilt. Polnische Archäologen haben dem Vernehmen nach neuerdings hier Funde aus der Römer-, gar der Keltenzeit geborgen. Im Bereich des früheren Burgterrains ließ Erzherzog Karl um die Mitte des 19. Jahrhunderts von dem Wiener Architekten Kornhäusel ein einfaches elegantes *Schlößchen* bauen, dessen spätere Bestimmungen – es wurde Museum, Weihnachtsbazar, Offiziersmesse, Polizeischule – die vielfältigen Schicksale dieses Ortes spiegeln.

Im Schnittpunkt der Kultureinflüsse aus Krakau, Breslau und Prag entwickelte sich Teschen zu einer Stadt, deren Reize ein Merian-Stich von 1650 festhält: eckige Stadttore und spitztürmige Kirchen fügen sich zu einer klaren, sehr rhythmisch gegliederten Silhouette. Auch der Piastenturm trägt auf jenem Stich noch die Zackenkrone eines Satteldachs mit Eckttürmchen. Hundert Jahre später zeigte die Stadt ein barockes Gesicht. 1672 hatten die Jesuiten, 1700 die Barmherzigen Brüder Kirchen und Konvente gebaut. Zwischen 1709 und 1753 errichteten die Protestanten eine große, dem barockkatholischen Fassadenschema folgende ›Gnadenkirche‹, so genannt, weil König Karl XII. von Schweden in der Altranstädter Konvention (1707) vom Kaiser die ›Gnade‹ erwirkt hatte, den Evangelischen den Neubau von sechs Kirchen in den habsburgischen Erblanden zuzugestehen, wozu auch die Teschner gehörte. Die gotische *Pfarrkirche*, eine Dominikanergründung aus der Zeit um 1300, deren Portalgewände auf Breslauer Vorbild hinweist, wurde im späten 18. Jahrhundert barockisiert.

Das 19. Jahrhundert, die Epoche wienerisch inspirierter Kultur in Teschen, hat vor allem die Fronten der *Stadtpalais* geprägt. Über diese Zeit berichtet Anton Gruda:

Das bedeutendste der Stadtpalais ist das der Grafen Larisch mit dem ›Friedensschlußgarten‹, wo der Gesandte des Sonnenkönigs, Baron Breteuil, Nachtigallen fütterte in den Maitagen 1779 und mit Graf Repnin, dem Botschafter der Großen Katharina, den ›Teschner Frieden‹ vermittelte. Hier kehrte auch Eichendorff als Verwandter der Larisch später ein. Dann ging das Palais in den Besitz der Bürgermeisterfamilie Demel über. Johann Nepomuk Demel, Freiheitskämpfer von 1848, Verbannter, nachdem er als Abgeordneter in der Frankfurter Paulskirche für Preußen gestimmt hatte, wurde später doch Abgeordneter im Wiener Reichsrat und im Troppauer Landtag und als Bürgermeister in Teschen sogar mit dem Titel ›Ritter von Elswehr‹ geadelt, da er im Bruderkrieg 1866 die Sprengung der Olsa-Brücke vereiteln konnte. Dieses ›Demelhaus‹ verbirgt hinter seiner abweisend geschlossenen Straßenfront im Innern eine erfindungsreiche Vielgestalt, die schon den Stilwandel zum Empire andeutet. In diesem josefinischen Stil, der an Schönbrunn erinnert, führen die gemalten Scheinarchitekturen an den Wänden der Prunksäle in ägyptische, hellenische und römische Ideal-Landschaften hinaus, während klassizistische Öfen und Möbel wieder an die Häuslichkeit binden. An Wiener Hofsitten erinnert ein monumentaler, runder Pferdestall mit Herrschaftsloge in halber Höhe, in dem jetzt die wertvolle Sammlung des Exjesuiten und Lehrers am Teschner katholischen Gymnasium, Scherschnik, untergebracht ist, während die Säle das sehenswerte Teschner Stadtmuseum beherbergen. Ebenfalls im josefinischen Stil umgebaut wurde das Stadtpalais Bludowski-Colonna, früher Münzhaus der Teschner Herzöge, das auf einen noch älteren Baukern des 16. Jahrhunderts zurückgeht.

Die kulturellen Beziehungen Teschens zu Wien wurden besonders durch die herzoglichen Kammerbeamten gepflegt. In ihren braungelben Häusern an der Erzherzog-Albrechts-Allee verkehrten ständig Wiener Literaten, Schauspieler und Sänger. Franz Liszt gab als Gast des erzherzoglichen Kammeraldirektors von Kalchberg 1846 in der Schloßorangerie ein Klavierkonzert. Und als der kunstliebende Erzherzog Eugen 1888 bis 1890 im Schlosse wohnte, wurde dieses die ›Schlesische Wartburg‹, wo man ›Sängerkriege‹ und kleine Spielopern mit Wiener Gästen und einheimischen Dilettanten aufführte, wobei der Erzherzog öfters eigenhändig seine Regimentskapelle dirigierte. Später gastierten Künstler und Sänger im Deutschen Theater, das sich der Teschner Theaterverein im Neubarock von den bekannten Theaterbaumeistern Fellner und Helmer bauen ließ.

Obwohl alle diese Hauptschauplätze der Teschner Stadtgeschichte im polnischen Bereich liegen, haben wir sie des kulturhistorischen Zusammenhangs wegen in unsere Betrachtung einbezogen.

Troppau mit wienerischem Schuß

Wir kommen spät in der Nacht nach Troppau. Troppau ist schön, wie etwa nur Freiburg im Breisgau schön ist; der ganze schlesische Gau hier ähnelt frappant dem Breisgau im Schwabenland; ich bin recht stolz auf diese Stadt meiner engsten Heimat, sie ist ein deutsches Juwel, sehr adrett. Seine Menschen schlafen schon. Im Café Niedermayer, dem Café meiner Flegeljahre und unstillbaren Träume, sitzt eine verspätete Gesellschaft und spricht jene liebenswürdige Sprache dieser Stadt und dieser Landschaft, das Deutsche mit wienerischem Schuß. (Scholtis)

Der Charme *Troppaus (Opava)*, dieses Herzfleckens der
›Grünen Schles'‹, war früher weitum in der Donaumonarchie
bekannt. Denn nicht nur der Zungenschlag ihrer Bewohner
– die ganze Stadt hatte einen ›wienerischen Schuß‹. Mit ihrem
grünen, von Denkmalen geschmückten Promenadegürtel
rings um den Kern, den Barockpalästen in der Herrengasse,
den im Ringstraßenstil gehaltenen Repräsentationsbauten,
den großräumigen Kaffeehäusern, im ganzen Bild der Straßen
und Plätze mitsamt deren Namen war sie unverkennbar ein
›Wiener Kind‹. Und wie hätte ein Ort, dessen Bürger theater-
närrisch, kunstverliebt und sportbegeistert waren, dessen
Mädchen als auffallend hübsch und temperamentvoll galten
– sogar des Alten Fritz blasierter Gesellschafter Henri de Catt
gönnte ihnen wohlwollende Bemerkungen! –, in dessen
Kaffeehäusern sich's wohl sein ließ, dessen Küche böhmischem, schlesischem und wienerischem Gaumen gerecht
wurde und dessen Bier einen köstlichen Kontrapunkt dazu
bildete – wie denn hätte ein solcher Ort nicht in den Ruf der
Liebenswürdigkeit und Behaglichkeit kommen sollen?

Daß die Landstadt urbanes Flair gewann, bewirkte die
Grenzziehung des Breslauer Friedens (1742), wodurch Troppau zum Regierungssitz von ›Restschlesien‹ avancierte. Doch
waren die Troppauer schon seit jeher recht verwöhnte Bürger gewesen. Přemysl Ottokar II. hatte das Troppauer Gebiet
1261 von Mähren getrennt und zu einem besonderen Fürstentum erhoben, als dessen Verwaltungs- und Gerichtsmittel-
punkt die Stadt sich glücklich entfalten konnte. Und von 1614
an gehörte das Troppauer Land – als böhmisches Kronlehen –
den Fürsten Liechtenstein, die hier mit aller erdenklichen
Großzügigkeit schalteten und walteten und mit Schenkungen
und Privilegien nicht geizten. Durch sie, die auf die behut-
samste Weise den Katholizismus wiedereinzuführen wußten,
erlangte der Deutsche Ritterorden seine uralten, während
der Glaubenswirren verlorengegangenen Besitzungen zu-

rück. Seine Troppauer Kommende, einst so hochbedeutend
für Stadt und Umkreis, bestand bis zum Jahre 1945. Seinen
reichen Landbesitz allerdings mußte er Stück für Stück zuerst
an die tschechoslowakische Republik, dann an die national-
sozialistische Regierung abtreten.

Alte Urkunden nennen Prag und Troppau als erste abend-
ländische Niederlassungsorte des Deutschen Ritterordens
und lassen darauf schließen, daß er schon bald nach 1200 hier
Fuß gefaßt und den alten, an der Bernsteinstraße liegenden
Markt- und Mautplatz zum Stützpunkt seines Kolonisations-
werkes gemacht hat. Die Lage ›an der Oppa Au‹ gab dem Ort
seinen Namen. Das seit 1224 hier geltende Magdeburger
Stadtrecht weist darauf hin, daß es hauptsächlich Nieder-
deutsche waren, die da siedelten. Troppau lag ja im Einfluß-
bereich des Olmützer Bischofs Bruno von Schaumburg, der
viele Kolonisten aus seiner niederdeutschen Heimat herbeizog. In diesem Zusammenhang ist erwähnenswert, daß einige
Forscher diesen mittelalterlichen Siedlerzug aus Nieder-
sachsen für den realen Kern der Sage vom ›Rattenfänger von
Hameln‹ halten. Später bildete Troppau recht eigentlich eine
deutsche Sprachinsel; denn das geschlossene deutschsprachige
Gebiet zog sich in einigen Kilometern Abstand westlich und
südlich im Halbkreis um die Stadt und verlief nach Norden
zu als breiter Streifen über Gesenke und Altvatergebirge bis
zum Riesengebirge hinauf.

Aus den beiden Gründungsteilen um den Oberring und
den Niederring wuchs im Mittelalter die Stadt zusammen
und baute sich mit der vom Deutschen Ritterorden gegründeten *Propsteipfarrkirche Mariae Himmelfahrt* wuchtig zum
Himmel auf. Der kraftvoll geschlossene, mit der Breslauer
Dorotheenkirche verwandte Bau aus dem Anfang des 14. Jahrhunderts ist, wie die Altbrünner Kirche, ein südlicher Vorposten der norddeutschen Backsteingotik. Das Innere des
dreischiffigen Langhauses mit dem polygon abschließenden

Chor wurde später weitgehend barockisiert, wie auch die
Haube, die einen der beiden Türme krönt, aus der Barockzeit stammt. Sie grüßt über die Platzweite des Oberrings
hinüber zum Stadtturm des ›Schmetterhauses‹, dem vielge-
liebten Stadtsymbol der ehemaligen Troppauer. Das *Schmetterhaus*, dessen umrätselter Name wahrscheinlich soviel wie
›Gewandhaus‹ bedeutet, ist aus einem alten Handelszentrum
der Tucher hervorgegangen, die hier seit 1327 privilegierte
Kaufkammern für flandrische Tuche unterhielten. Der ansehnliche Turm, ein Viereck, das in ein Achteck übergeht,
sich in drei Kuppeln verjüngt und in einer zierlichen Nadel
endet, wurde 1618 erbaut und bereits neun Jahre später durch
die Kanonenkugeln der Wallenstein-Belagerer auf die Probe
gestellt, die er gelassen bestand. Eines der wohlgezielten
Geschosse, das in ihm steckenblieb, ist heute noch zu sehen.

Stattliche Bürgerhäuser mit Lauben und Giebeln, später
mit schönen Blendfassaden, säumten früher den ausgedehnten Oberring. Davon ist nichts mehr geblieben. Schwere
Kämpfe in den letzten Kriegstagen des Jahres 1945, als die
Russen die Stadt eroberten, haben schlimme Verwüstungen
angerichtet. Auf dem Oberring sind nur mehr die Deutsch-
ordenskirche, das Schmetterhaus und das Stadttheater stehen
geblieben. Eine Seite des seither ›Náměsti 1 Maje‹ genannten
Platzes ist inzwischen vollständig neu aufgebaut worden.
Der schmucke, vom Ende des vorigen Jahrhunderts stammende *Theaterbau* wurde dabei modernisiert, allerdings kann
man der ihm aufgezwungenen Schauseite im Stalin-Stil nen-
nenswerten Ballast an Geschmack nicht nachsagen.

Das Theater war ein Hätschelkind der Bürger. Auch
schwere Wirtschaftskrisen konnten sie nicht bewegen, auf
ihren ›Musentempel‹ zu verzichten, der seit seiner Gründung
im Jahre 1750 alle drei Spielgattungen bot und dessen späteres
Haus neunhundert Plätze faßte – ein Luxus für eine Mittel-
stadt von vierunddreißigtausend Einwohnern, freilich ein in

diesen Breiten gewohnter Luxus. Nennt man einem alten
Troppauer Sterne wie Moissi oder Pallenberg oder Jannings,
gibt er lächelnd Bescheid, er habe sie ›zuhaus‹ noch gesehen.
Und das ist beileibe kein Theaterhasen-Latein! Auf den Hand-
zetteln dieser Bühne standen einst unzählige Namen, die
später auf Weltstadtplakaten prangten: Rudolf Forster, Paul
Richter, Jürgen Fehling, Leopold Ludwig, Hans Hotter, Erich
Kunz, Gerhard Metzner, Franz Stoß, auch gar Harry Stein-
schneider, der als Hellseher Jan Hanussen dann eine extravagante Karriere machte. Und als Gast kam von Conrad
Veidt bis Leo Slezak, von Lotte Lehmann bis Gisela Werbe-
zirk alles, was Rang und Namen hatte.

Das glanzvollste Publikum beherbergten die Theaterlogen
zwischen Oktober und Dezember 1820, als die Auguren der
europäischen Politik in Troppau zusammentrafen.

*Die kleine Stadt enthält erstaunlich viele schöne und bequeme
Häuser, die Conferenz ist daher gut bewohnt. Die Troppauer sind
ganz stolz über den Lärm, den sie in der Welt machen, sie sind
erstaunter noch als ich, der ich doch selbst nicht wenig erstaunt bin,
mich hier zu finden,* notierte Fürst Metternich am 20. Oktober
jenes Jahres. Dabei war er selbst es gewesen, der den so gün-
stig im Schnittpunkt der Machtbereiche Österreichs, Preu-
ßens und Rußlands gelegenen Ort als Schauplatz eines Kon-
gresses vorgeschlagen hatte, bei dem die Monarchen der
Heiligen Allianz, Kaiser Franz I., Zar Alexander I. und König
Friedrich Wilhelm III., sich darüber einigen sollten, wie die
zunehmenden Unruhen im Königreich beider Sizilien bei-
zulegen seien. Indes man noch auf den König von Neapel
wartete und in den Beratungen zu keinem rechten Resultat
kam, amüsierte sich Metternich über Arabesken am Rande
der Konferenz:

*Der Troppauer Boden ist so fett und weich wie Butter, man
pantscht darin herum wie in einem Chocoladen-Gefrornen, daher
den Stadtbehörden eine ganz gute Idee eingefallen ist. Da man vor*

keine Tür hinaus kann, ohne bis zu den Knien einzusinken, so hat der Magistrat einige tausend Bretter, eines hinter das andere, auflegen lassen. Es ist ein schmaler, aber recht bequemer Steig, den der Congreß, die Stadtdamen, ihre Courmacher und sonstige Bürger täglich betreten. Nach ein und derselben Richtung hin geht es leidlich, nicht aber so, wenn man sich begegnet; da muß der Höflichere dem weniger Höflichen Platz machen, und wenigstens mit einem Fuß versinken. Kaiser Alexander geht täglich auf diesen Brettern spazieren. Alle ihm entgegenkommenden Männer liegen natürlich im Kothe, während er selbst vor jeder ihm begegnenden Frau sich in den Koth wirft, wenn sie ihm nicht zuvorgekommen ist.

Lächeln wir mit dem Fürsten noch ein wenig über die geistesgegenwärtige Geschäftstüchtigkeit mancher Troppauer:

Meine Schwester, Herzogin von Württemberg, hat zwei Tage hier zugebracht. Sie kam, um eine Angelegenheit mit dem Kaiser Alexander zu besprechen. Letzterer, der immer sehr froh ist, Jemanden zu finden, mit dem er sich unterhalten kann, hat im Laufe von zwei Tagen seine Tante nicht verlassen. Ein ganz komischer Incidenzfall hat sich zwischen Tante und Neffen zugetragen. Jene war in einem ziemlich schlechten kleinen Hause einquartiert. Gegen Ende des zweiten Abends, den sie zusammen verbrachten, bemerkten sie, daß sich etwas in einer Wandecke des Plafonds rühre. Als sie sich die Sache näher ansahen, fanden sie ein kleines Fenster, welches der Hauseigenthümer während der zwei Abende, so viel per Kopf, vermiethet hatte für Alle, die neugierig waren, den Kaiser von Rußland in geselligem Verkehr unbemerkt zu sehen.

Der Kongreß tagte und tanzte in den Palais der Herrengasse. Und damit sind wir bei Troppaus repräsentativem ›Korso‹, den die Denkmalpflege in den vergangenen Jahren in alter Schönheit wiederhergestellt hat. Die platzartig breite Straße war im Mittelalter ein Roßmarkt mit kleinen Häusern, einer gotischen Kirche und dazugehörigem Kloster der Franziskaner, später der Minoriten. Im 16., 17. und 18. Jahrhundert säumte sie der Adel mit Renaissance- und Barockbauten, unter denen die *Palais Blücher* und *Sobek* mit den opulentesten Fassaden prangen. Die Minoriten paßten sich dem vornehmen Rahmen an, indem sie ein großes dreiflügeliges Konventsgebäude bauten, die Basilika erneuerten und ihr eine von anmutigen Barockschwüngen bewegte und mit Steinheiligen belebte Schaufront vorlagerten. Seit 1785 war diese *Heiliggeistkirche*, unter der die Troppauer Přemyslidenherzöge begraben sind, die zweite Pfarrkirche der Stadt. Beethoven hat hier 1811 seine C-Dur-Messe dirigiert: man erzählt, er sei bei der Aufführung zunächst nur als Zuhörer anwesend gewesen, habe aber bald unzufrieden und ungeduldig dem Dirigenten den Taktstock aus der Hand gerissen und sein Werk selbst weitergeleitet.

Im Konventsgebäude der Minoriten tagten vom 16. bis zum 19. Jahrhundert regelmäßig die Stände. Auch später hat die Herrengasse – die heute ›Straße des siegreichen Februar‹ (Třida Vítězneho Února) heißt – immer wieder eine politische Rolle im Leben der Stadt gespielt:

Das obere Ende der Herrengasse zierte ein Teil der Anlagen, die man an Stelle der alten Befestigung errichtet hatte. Das Kaiser-Josef-Denkmal mußte auf Befehl der tschechoslowakischen Regierung nach dem ersten Weltkrieg entfernt werden. An seine Stelle setzte man das Schillerdenkmal, vor dem – bis zum Verbot – die deutschen Gymnasiasten und Realschüler jeden 9. November des Dichters gedachten. Heute steht da ein wenig schöner Leuchtbrunnen, herrscht farblose Geschäftigkeit, wo einst nach österreichischer Art der ›Bummel‹ der städtischen Jugend war. Dann residierte in der Herrengasse nach 1918, an Stelle des Statthalters, der neue tschechische Herr, der Landespräsident, der erklärt hatte, er werde Troppau nicht besetzen lassen. Aber drei Tage später ließ er es doch besetzen. Es war nicht der einzige Rechtsbruch in dieser Zeit. Alle Proteste der Bevölkerung, die zu mehr als vier Fünfteln deutsch geblieben war, halfen nichts, als man Ende 1928 im Zuge der soge-

*nannten Verwaltungsreform Sudeten-Schlesien Mähren einver-
leibte und die Behörden nach Brünn verlegte.*

*So wurde ein wesentlicher Teil der Bedeutung Troppaus abge-
würgt. Edward Benesch eilte 1936 in die flaggengeschmückte Stadt
und feierte sie plötzlich als »scheene alte daitsche Stadt«. Doch seine
berühmt gewordene Rede kam zu spät, seine Liberalisierungsten-
denzen gegenüber den Minderheiten im Staate waren weder konse-
quent noch ehrlich genug. Doch wollen wir aus diesen düsteren
Zeiten des Hasses und der Kriegsvorbereitungen eine heitere Anekdote vermerken:*

*Die ganze Stadt ergötzte sich wochenlang, Deutsche wie Tsche-
chen, als sich herumsprach, daß ein sehr angesehener deutscher
Hotelier mit tschechischem Namen, der Inhaber des ›Römischen
Kaisers‹, sich bei der Vorstellungscour vor Benesch verneigte und
sich mit seinem Namen und dem Zusatz ›Römischer Kaiser‹ vorstellte. Man fand viel Anzügliches in der Tatsache, daß einander
im Hause des tschechischen Bezirkshauptmanns in der altösterreichischen Herrengasse der Präsident der Tschechoslowakischen
Republik und der ›Römische Kaiser‹ begegneten! (Ernst Schremmer)*

In der Herrengasse, im Minoritenkomplex, hatten auch das
Gymnasialmuseum und die ungemein wertvolle, an die hunderttausend Bände umfassende *Gymnasialbibliothek* ihren
Platz, beides Derivate des Troppauer Gymnasiums, einer
von den Jesuiten gegründeten Anstalt, mit der Troppaus
Tradition als Schulzentrum begann. Die Jesuiten ließen sich
1625 in der Stadt nieder und errichteten zwischen 1675 und
1723 am Niederring in Front zur Herrengasse ein großes
Kollegiengebäude – das später lange Zeit Sitz des Schlesischen Landtags war – und daneben die *St. Georg-Kirche*, die
mit ihrer stattlich aufgebauten, giebelbekrönten Westfront
in den viereckigen Platz hineinragt, der heute ›Platz des
Großen Oktober‹ (Náměsti Velkého Řijna) heißt. Der weite
tonnenüberwölbte Raum der Kirche, der das Gnadenbild
einer Muttergottes im gleißenden Strahlenkranz beherbergt,

brannte in den letzten Kriegstagen völlig aus und wurde wenige Jahre später erneuert.

Schon bald nach ihrer Niederlassung hatten die Jesuiten auf Veranlassung des Generalissimus Wallenstein aus einer alten Troppauer Lateinschule das Gymnasium entwickelt und ihm durch vorzügliche Führung hohes Ansehen landauf landab verschafft. Zu den hervorragendsten Lehrern dieser Anstalt gehörte von 1813 bis 1844 der aus dem Breisgau stammende Historiker Faustin Ens, der seiner Wahlheimat das fundamentale Geschichtswerk ›Das Oppaland und der Troppauer Kreis‹ widmete und auf dessen Initiative die Gründung des oben erwähnten Gymnasialmuseums zurückging. Die Bänke des Troppauer Gymnasiums drückten viele Knaben, die später berühmte Männer geworden sind, so Gregor Mendel, der Bauernbefreier Hans Kudlich, der Verfasser des bekannten Lateinlexikons Josef Stowasser oder der Architekt Joseph Maria Olbrich.

Dieser als Pionier des Sezessionsstils berühmt gewordene Sohn Troppaus ist 1876 in der Ratiborerstraße geboren. Mitgründer der ›Wiener Sezession‹ und Baumeister des Großherzogs Ernst Ludwig von Hessen, schuf er in Wien und Darmstadt verschiedene damals als sensationell empfundene Bauten, denen die Idee zugrunde lag, Architektur und Natur zu verschmelzen. Das Haus der Wiener Sezession am Naschmarkt mit der wie eine mächtige Laubkrone geformten Kuppel, der Darmstädter ›Hochzeitsturm‹ und die dortige Künstlersiedlung auf der Mathildenhöhe sind seine Hauptwerke, gekennzeichnet durch eleganten kubischen Klassizismus und zarte Ornamentik. Auch seinem Geburtshaus, einem Zuckerbäckerladen, hat er 1904 eine ›olbrichische‹ Fassade vorgebaut – wie man seinen Stil damals apostrophierte –, doch leider ist dieses einzige Werk, das er in seiner Heimat hinterließ, dem Krieg zum Opfer gefallen.

Neben dem Theater und dem Gymnasium war es das

Schlesische Landesmuseum, dem Troppau seinen Ruf als Kultur-
zentrum mitverdankte. Mit Unterstützung des Fürsten Johannes II. von Liechtenstein vor der Jahrhundertwende gegründet, wurde es von dem hervorragenden Museumsdirektor Professor Dr. Edmund Braun, einem Mann von seltenem Spürsinn für die Kunst, zu einem hochinteressanten Institut ausgebaut, das die Kunst und Kultur Österreichisch-Schlesiens von den prähistorischen Anfängen bis zur Moderne präsentierte. Die Sammlungen dieses Hauses, das nah der östlichen Stadtumwallung auf dem Grund des 1892 abgetragenen Liechtenstein-Schlosses steht und nach dem Krieg umfassend renoviert wurde, sind in den vergangenen Jahren neu gruppiert worden: so befinden sich die wertvollsten Exponate der Gemälde alter Meister jetzt auf Schloß Grätz und die Werke deutscher Künstler des 19. und 20. Jahrhunderts im Depot. Doch sei ausdrücklich auf die kleine, aber erlesene Abteilung mittelalterlicher Plastik hingewiesen, daneben auf das reiche naturwissenschaftliche Material.

›Die weiße Stadt‹ hat der Lyriker Petr Bezruč das lichte und heitere Troppau genannt. Er ist 1867 hier geboren und hieß mit bürgerlichem Namen Vladimír Vašek. Aber der zornerfüllte Sänger, der in seinen hämmernden Gedichten österreichischen Feudalen und jüdischen Kapitalisten den Kampf ansagte, wollte ein namenloser Bergmann sein, dem »ein Kohlenklotz die Linke vom Leibe schlug«, und nannte sich darum ›Peter ohne Hand‹. Sein einziger Gedichtband ›Schlesische Lieder‹ erschien 1903 zum erstenmal und wurde später, mehrmals erweitert, immer wieder neu aufgelegt und in neunzehn Sprachen übersetzt. August Scholtis berichtet, daß dem Buch im Tschechischen ein dolmetschendes Wortverzeichnis beigefügt werden mußte, da Bezruč hartnäckig am alten mährischen Wortschatz festhielt. Der Dichter des Kohlenreviers hat in diesen Liedern all die Orte seiner Heimat, Ostrau und Witkowitz, Hruschau, Hultschin oder Hrabin,

Teschen und Oderberg, zu Symbolen der Knechtschaft gemacht. Hier das erschütternde Gedicht ›Vrbice‹, in dem,
wie in vielen seiner Lieder, die soziale Anklage ins religiöse
Bild gefaßt ist:

> Zwischen Bohumín, wo meiner Ahnen Sprache verklang,
> und Hrušov, wo eine rote Fabrik qualmt,
> eine Herrschaftsfabrik, drin wir schwer und keuchend atmen,
> liegst du, mein Dorf, mit deiner hölzernen Kirche.
> Verfallene Hütten, wo auf Dächern Moose sich breitmachen,
> zwischen vier Pappeln am Kreuze Christus.
> So
> hat man bei Bohumín mir die Stirn mit Dornen gekrönt,
> in Ostrau die Hand mir ans Kreuz geschlagen,
> in Teschen das Herz mir gestochen,
> in Lipina mich mit Essig getränkt,
> an der Lysá mir die Füße genagelt.
> Einmal, o einmal kommst du mich holen,
> du Maid mit dunklen und glanzlosen Augen,
> mit Mohn in den Händen.
> Die Knute wird weitersausen, sie werden uns weiterwürgen
> bei Bohumín und in Hrušov, in Lutyně, in Baška,
> ich höre es nicht mehr, was geht's mich an –
> was geht mich das alles an.

Die – bisher unveröffentlichte – Übertragung stammt von
Otto F. Babler, dem in Olmütz lebenden Nestor der tschechischen Übersetzungskunst, der sich um die Vermittlung vor
allem der deutschen Literatur schon seit dem Expressionismus unschätzbare Verdienste errungen hat.

Bezruč wurde 1958 in einem grauen Troppau zu Grabe getragen. Denn es hat lange gedauert, bis sich die tief verwun-
dete Stadt zu erholen begann. In jüngster Zeit ist ihre Bevölkerung wieder angewachsen, es wird viel gebaut und renoviert, mit der Emsigkeit ist auch ein wenig Behaglichkeit zurückgekehrt. Freilich, ein neues ›Pensionopolis‹, wie man's
früher nannte, weil hier viele pensionierte Beamte lebten,
kann Troppau nicht mehr werden. Und wohl auch nicht

mehr der regsame Kulturmittelpunkt von einst. Denn bei
der Neuordnung der Verwaltungsbezirke nach dem Krieg
hat man Troppau dem nordmährischen Kreis zugeschlagen,
und so ist es in den Schatten der Kreisstadt Ostrau getreten,
eine Entwicklung, die – wie erwähnt – schon 1928 eingeleitet
wurde, als Sudetenschlesien zu Mähren kam und die Landes-
verwaltung nach Brünn verlegt wurde. Die urbane Atmosphäre ist verweht – aber ihre Spuren nisten hartnäckig im
Stein.

Schloß Grätz – Beethovens Buen Retiro

*Es war still in diesem Haus, dessen Mauern manchmal zwei Meter
Dicke aufwiesen, weil es im 12. Jahrhundert als Festung diente, still
wie es auf einer einsamen Bergkuppe still ist. Der Hügel, auf dem es
steht, fällt steil in die beiden Täler, am Ostabhang zu einem Bach,
den man rauschen hört, nur wenn er Hochwasser führt, am West-
abhang in das Mohratal. Des Hügels Rücken war mit Fichten,
Buchen und Lärchen bewachsen, je nach Bodenbeschaffenheit, und
häufig nach beiden Tälern zu gefurcht, weil sich kleine Adern mit
Wasserfällen gebildet hatten. Und in den Wäldern wohnten viele
Waldtiere, wuchsen alle Arten von Pilzen in überreicher Fülle.*

So erinnerte sich die Fürstin Mechtilde Lichnowsky an
Schloß Grätz (Hradec), dessen Herrin sie gewesen war, bevor
sie 1937 nach London ins Exil ging.

Es ist auch heute still in diesem Haus, mögen es auch täglich Scharen von Touristen durchwandern, junge Leute, die
sich nichts dabei denken, mit nacktem und durchaus nicht
adonisgleichem Oberkörper – weil's halt draußen heiß ist –,
die Salons und Boudoirs zu betreten. Die sich wohl überhaupt
nicht sehr viel denken in ihrer sichtlich kaum lauen Neugier.
Es ist dennoch still: denn die Schönheit, von der dieses Haus
durchdrungen ist, ignoriert die Zeit und ihre Wandlungen.
Wie der Park draußen, der gelassene, beständige, in dem die
Stunde unter der Sonne dauert, bieten sich im zarten Dämmer

halb heruntergelassener Jalousien die Dinge des Schlosses in
ihrer inständigen Schönheit dar: florentinische Truhen und
venezianische Spiegel, Meißner Leuchten, niederrheinische
Renaissancebetten, persische Vasen, holländische Barock-
schränke, französische Rokoko-Uhren, orientalische Trommeln, chinesische Geigen, schottische Dudelsäcke, slowakische Zimbeln, italienische Lauten, französische Flügel ...
Inkunabeln mailändischer Herkunft, deutsche Miniaturen, lateinische Schriften, ledergebundene Bücher gottweißwoher...
Salzburger, schlesische und böhmische Madonnen, altdeutsche Tafelbilder, Tiroler Altarflügel, Stilleben von Flegel,
niederländische Landschaften, Stiche von Hogarth, Bildnisse
von Kupetzky, Heiligenszenen von Maulbertsch und Mengs,
Landschaften tschechischer Maler des 19. Jahrhunderts ...
Zwei Kokoschkas in der Bibliothek, Porträts seiner großen
Zeit, die den ganzen Raum in sich aufzusaugen scheinen ...

Schloß Grätz ist ein Ort der Musen geworden, als die Fürsten Lichnowsky von Wostitz es 1777 kauften. Seine Geschichte aber beginnt waffenstarrend. Denn die im 11. Jahrhundert urkundlich genannte Burg war zur Sicherung der
alten Fernstraße von Mähren nach Schlesien an einer die ganze
Landschaft beherrschenden Stelle entstanden und mußte
sich noch bis zu den Schlesischen Kriegen in dieser Funktion
bewähren. Ihr deutscher wie tschechischer Name kommt von
dem Begriff ›Burg‹ her und ist in beiden Sprachen in viel-
fachen Abwandlungen auch anderswo zu finden. Bekannter
als durch ihre Kampfhandlungen aber ist sie liebenswürdiger-
weise durch eine passion d'amour geworden, die durch Grill-
parzers wenn auch veränderte Darstellung gar in die Welt-
literatur eingegangen ist. Grätz nämlich war das Lehen
Kunigundens, der schönen und vehementen Witwe Přemysl
Ottokars II., die eine furiose Leidenschaft mit dem zwielichti-
gen Zawisch von Falkenstein verband, einem Rosenberg-
Sproß, der sich nach seiner Vermählung mit Kunigunde zum

Vormund des jungen Königs Wenzel aufwarf; damit kam Zawisch den Interessen Rudolfs von Habsburg ins Gehege, der Konspirationen gegen sich und Aspirationen auf die deutsche Krone witterte, und fiel schließlich den kompliziert eingefädelten Intrigen des Habsburgers unterm Beil zum Opfer.

Unter einheimischen oder fremden Adelsherren, die nach den Herzögen der schlesischen Nebenlinie der Přemysliden hier residierten, wurde die Burg in ein Renaissanceschloß umgebaut. Diese Gestalt bewahrte der Adelssitz bis zu einem großen Schloßbrand im Jahre 1795. Zu dieser Zeit war das Haus bereits im Besitz der Lichnowsky. Die eingreifende bauliche Umgestaltung der ganzen Anlage, zu der sich die Fürsten entschlossen, begann 1814 mit dem Eingangstrakt, der eine Stirnfront im einfachen Empirestil erhielt, und wurde in der zweiten Hälfte des 19. Jahrhunderts von Breslauer und Weimarer Architekten etappenweise durch Umbauten in den Formen norddeutscher Neugotik weitergeführt. Verschiedene historische Bestandteile, so der Bergfried und die Torbauten, blieben erhalten. Unter der Leitung des Prager Denkmalpflegers Viktor Kotrba, der auch die verwickelte Baugeschichte entwirrt hat, ist der durch Einwirkungen des vergangenen Krieges teilweise beschädigte Komplex wiederhergestellt und mit Gesellschaftsräumen, Konzert- und Tanzsälen sowie einem Restaurant auf dem Gebiete der Vorburg ausgestattet worden. Außerdem hat man aus den Beständen des Schlosses und des Troppauer Museums eine Gemäldesammlung zusammengestellt und als Galerie eingerichtet, die zu den schönsten des Landes zählt. Von ihren Exponaten war vorhin schon die Rede. So ist der alte Musensitz in einzigartig schöner Park- und Waldumgebung ein neues Kunstzentrum dieses Landstrichs geworden. Treuherzig notiert ein Faltblatt für Touristen, daß hier auch das Sekretariat der Beethovengesellschaft seinen Sitz habe, »die für das Beethovensche Geschehen in der Republik sorgt«.

Über das einstige ›Beethovensche Geschehen‹ auf Grätz aber wollen wir uns lieber von der Fürstin Lichnowsky etwas erzählen lassen:

Anfangs 1800 bewohnte Beethoven ein Zimmer an der Südecke des Hauses mit Blick auf Fichten und Buchen in nächster Nähe, und wenn er sehen wollte, wie die Sonne abends von den weiter am westlichen Horizont liegenden bewaldeten Hügelrändern verschlungen wurde, brauchte er sich nicht allzu sehr nach rechts aus dem Fenster zu beugen. In seinem Zimmer stand der musikalische Schreibtisch, der Bach, Haydn und Mozart spielen konnte, wenn der linke Fuß auf einen Hebel drückte, der die riesigen metallgespickten Walzen seines Inneren in Bewegung setzte, während der Gast an der heruntergeklappten schwarzpolierten Tischplatte Noten schreiben mochte. Stand sein Spinett auch in diesem Zimmer? Vielleicht, niemand weiß es heute. Der Erard-Flügel wäre zu groß gewesen, ein herrliches Instrument mit einer in Gold und Smaragdgrün emaillierten breiten Leiste über den Elfenbeintasten und ›Erard, Paris‹ in schöner schwarzer Schrift signiert. In dem Haus gab es einen großen Tisch aus Mahagoni in der Form eines Oktogons, an welchem beliebig Scheiben als Notenpulte aufgeklappt werden konnten, für Trio, Quartette oder mehrstimmige Kompositionen, wenn das Hausorchester spielte. Den langen Gang im Westflügel des Hauses, mit Winkeln und Ecken wie eine chromatische Tonleiter gebaut, willkürlich ohne Grundriß, wie oft mag er ihn auf den flachen Sohlen seiner Hausschuhe durcheilt haben, hörbar nur wenn der Schritt auf eine gelockerte Steinplatte fiel. Die Fenster sahen in den weiten Schloßhof und auf die gegenüberliegenden Fenster, die dünnglasig alle Himmelsfarben aufnahmen …

Die besondere Lieblichkeit dieser Waldgegend liegt im ferngerückten Horizont, wo Himmel und Hügel in ein gleiches Lichtblau getaucht sind; und bis dorthin lagern sich alle Töne von Grün und Gold und Braun, je nach Jahreszeit, welche die frisch beackerten oder erntereifen Rechtecke der Felder prangen läßt. Die gepflügten Äcker sind in ihren hohen und niederen Reihen wie in brauner

*Wolle gestrickte oder gehäkelte Rechtecke, die Hafer-, Weizen-
oder Kleefelder gleichen vorgelegten Mustern aus Seide oder Wolle,
und die Wälder verbrämen sie tiefblau in der Ferne, während sich
schmale Wege wie Eidechsen durchschlängeln …*

*Hat der Komponist der Pastorale von dieser Landschaft den
ersten Anreiz empfangen? Hat das zwischen Sichel und Vollmond
wachsende Gestirn, wenn es hinter der Linde aufstieg, die ihm ge-
widmete Klaviersonate erweckt? Hat der Musiker, ihre Motive
probeweise auf dem Erard-Flügel phantasierend, sie dort geschrieben und gespielt? Auch Fragen, die sich nicht mit Musik beschäfti-
gen, drängen sich auf: hat er, als er, die Flucht von sechs Empfangs-
zimmern durchmessend, an den zwölf Fenstern vorbeiging, Ver-
gnügen daran gehabt, daß sich die Flügelpaare aller Türen, die
einander gegenüberstanden, gleichzeitig öffneten, wenn die Hand
nur die eine Klinke drückte oder anzog, dank einer unsichtbaren
Vorrichtung unter dem getäfelten Boden? Hat er den besonderen
Duft von Holz wahrgenommen, der diese Räume erfüllt, weil Fen-
sterläden und Türen goldfarbig poliert, mit fein eingelegten schwarzen Motiven verziert, wie alte Geigen riechen, wenn sich die Nase
prüfend an die F-Löcher lehnt?*

Beethoven war zwischen 1806 und 1811 häufig Gast auf
Grätz. Sein Gönner, Fürst Karl Lichnowsky – der selbst Musiker war – bot ihm das Schloß als Buen Retiro an, und der
Komponist vergalt ihm die »immer wärmere Freundschaft«,
indem er ihm fünf bedeutende Werke, darunter die Pathéti-
que und die 2. Symphonie, widmete. Freilich hatte es die
Adelsgesellschaft auf Grätz oft schwer mit dem Heißkopf.
Einmal brannte er bei Nacht und Nebel durch, weil ein fest-
launiger Cercle französischer Offiziere gar zu dringend um
sein Spiel bat und der Fürst allzu insistent an seiner herme-
tisch verschlossenen Zimmertür pochte. Zu Fuß rannte der
Erregte ungeachtet des Regens nach Troppau, unterm Arm
die noch unvollendete Appassionata, die dabei an Tropfen
ihren Teil abbekam. So jedenfalls wird's erzählt. Gottlob

blieben die Wasserflecken auf dem Manuskript die einzigen Spuren dieses Eklats – denn der Fürst verzieh und der Kompositeur kam wieder. Und es kamen Eichendorff und Paganini und Franz Liszt und später Karl Kraus, der mit der Fürstin Mechtilde befreundet war, und es kamen viele Diplomaten, denn Fürst Felix spielte als Sprecher der Rechten beim Paulskirchen-Parlament und Fürst Karl Max als letzter Botschafter des Deutschen Kaiserreiches in London eine bedeutende Rolle. Karl Max Lichnowsky sah es als seine diplomatische Mission an, eine Verständigung mit England anzubahnen und den Ersten Weltkrieg dadurch zu verhindern. Zum Dank dafür wurde er nach unendlichen Querelen aus dem preußischen Herrenhaus ausgeschlossen. Er starb, bevor Hitler kam. Seiner Gemahlin Mechtilde aber blieb die Emigration nicht erspart. Über beide noch ein Wort aus der Feder August Scholtis', der viele Jahre Privatsekretär auf Grätz war:

Den Fürsten zeichnete neben der Größe des Grandseigneurs ein Tolstoianischer Wesenszug aus. Die Landverteilung wurde praktisch wirksamer gehandhabt als bei den Russen. Menschliche Würde des Aristokratischen als Voraussetzung, Kultur des Abendlandes als Verpflichtung wetteiferten im Wesen des Fürsten zu einer Zeit, als man diese Prädikate noch nicht strapazierte wie heut. Mechtild Lichnowsky und Fürst Lichnowsky waren Europäer, als man damit noch nicht den Mund voll nahm. Heiterkeit und Ironie in den Büchern Mechtild Lichnowskys sind die Schamhaftigkeit einer Wissenden, einer großen Humanistin, die um viel Torheit des Menschlichen weiß. Wenn man sie ›Durchlaucht‹ nannte, erwiderte sie »Bitte Durchschnittlauch«. Gleich einem streunenden Dorfbub trug sie stets ein Taschenmesser bei sich und schnitt sich beliebig da und dort in kleinen Quartieren ihre Stulle ab. Während der Nazizeit durfte auch sie nicht publizieren. Unauffällig und zurückgezogen lebte sie auf dem Schloß.

Dieses Haus, das wie selten eines vom unbeschreiblichen Zauber alter europäischer Kultur erfüllt ist, mag es immer unter dem Segensspruch stehen, den Mechtilde Lichnowsky ihm mitgab:

Beethovens Schatten mag hindurchschweben; sein Geist, zugleich herrschend, zugleich der Gefangene einer bezaubernden Auflösung von C-Moll in As-Dur, mag immerdar als das Herz des alten Hauses dort weilen, liebend und segnend, wissend und schützend.

Zu Füßen des Altvaters

Sanft schaukelt die Straße auf dem Rücken des Hochlandes hügelauf, hügelab. Die in flachen Talmulden geborgenen Dörfer liegen weit auseinander, dazwischen dehnen sich dämmerige Forste und von Fluren und Äckern bedeckte Hochflächen. In unendlich schmiegsamen Übergängen, wie sie ja allenthalben in Mährens Randlandschaften das Auge streicheln, geht die wellige Kette in ein immer erhabeneres Relief über. Talrinnen und Schluchten, durch die sich schmale Flüsse winden, zeigen an, daß das Gebirge nah ist.

›Gesenke‹ nennt man das Hochplateau, zu dem sich das Altvatergebirge nach Südosten herabsenkt, wobei das Altvatergebirge auf den meisten Karten auch als ›Hohes Gesenke‹ (Hrúby Jeseník oder Vysoký Jeseník) bezeichnet wird und seine Ausläufer den Namen ›Niederes Gesenke‹ (Nízký Jeseník) tragen. Oder (Odra), Mohra (Moravice) und Oppa (Opava), alle drei durch das Querstreichen der Formationen in ihrem Lauf zu einem rechten Winkel abgeknickt, sind die Hauptwasseradern dieser Gebreiten. In Vorzeiten waren hier Vulkane tätig, und die Erde barg Erze aller Art, deren Abbau den Siedlern später zu hinlänglichem Auskommen verhalf. Aber schon im 16. Jahrhundert mußte man die Schürfungen einstellen, und da der Ackerbau nicht viel hergab, versuchte man es mit Flachs und hatte Erfolg. So wurde die Leinenerzeugung hier heimisch und ist es bis heute geblieben. Aus den Heimwerkstätten sind kleinere und größere Industriebetriebe hervorgegangen. Jägerndorfer Tuche, Freudenthaler Damaste und Römerstädter Brokate waren besonders begehrt und gingen bis nach Amerika. Und selbst einem, der von diesem Winkel ansonsten nicht die allergeringste Vorstellung haben mochte, war er früher durch das Reklameschlagwort ›Geßler‚ Altvater, Jägerndorf‹ ein Begriff, der an einen bärtigen Berggeist auf der Flasche und an ein angenehmes Brennen in der Kehle denken ließ.

Jägerndorf (Krnov) hieß früher im Volksmund ›Geigladorf‹, weil in einstigen Zeiten der Geigenbau hier geblüht haben soll. Zwischen Fabrikschloten liegt der alte Kern der Stadt mit engen Gäßchen, Laubengängen, einer Martinskirche und einem Minoritenkloster, beide aus dem 14. Jahrhundert, sowie einem Renaissanceschloß, das seiner Bestimmung als Residenz aber längst enthoben ist. Jägerndorf war seit 1377 Sitz eines selbständigen, von Troppau losgelösten Herzogtums, das im 16. Jahrhundert den Markgrafen von Ansbach-Brandenburg und von 1622 bis 1945 den Fürsten Liechtenstein gehörte. Auch heute noch trägt der regierende Fürst Franz Josef II. von Liechtenstein den Titel ›Herzog von Troppau und Jägerndorf‹. Jägerndorfs ›Hausberg‹ ist der schon in der Steinzeit besiedelt gewesene Burgberg, den eine weiße zweitürmige *Wallfahrtskirche* krönt. Es sei uns verziehen, wenn wir über die Wirkungen der Burgberger Muttergottes einen Gewährsmann sprechen lassen, der im nahen Lobenstein geboren und als ›Bauernbefreier‹ in die Geschichte Österreichs eingegangen ist, verziehen deshalb, weil er, Hans Kudlich, seine Schilderung in Spott einkleidet, freilich in einen liebenden und liebenswerten Spott:

Die Muttergottes vom Burgberg gehört nicht zu jenen vielgefeierten stolzen und reichen Damen, wie diejenige in Mariazell, Mariataferl oder Lourdes, die ganze Truhen mit kostbarem Schmuck und prachtvollen Ballanzügen besitzen. Noch niemals hat eine Fürstin oder gar Kaiserin zu ihrem Schrein sich betend gewendet. Vielleicht

wenn die neue französische Massenwallfahrtsmode auch die öster-
reichischen Gräfinnen, Generalinnen, Banquiersfrauen und Baum-
woll-Prinzessinnen ergreift, dürfte auch der Burgberg einen ge-
schäftlichen Aufschwung erfahren. Bis jetzt ist die Muttergottes vom
Burgberg eine reine Bauernheilige. Ihr einziger Reichtum, von dem
die Kirche übrigens in gutem Stand und nicht minder die Leiber
mehrerer Geistlicher in guter, stattlicher Rundung und Nahrung er-
halten werden, ist das Vertrauen, das sie in der ganzen Gegend
genießt. Ich besuchte 1872 wiederholt den herrlichen Berg und durfte
der schönen Frau vom Burgberg wenigstens dazu gratulieren, daß
sie endlich über die braune häßliche polnische Muttergottes von
Tschenstochau einen vollständigen Sieg errungen, die sie aus den
schlesischen Bauernstuben gänzlich verdrängt hat, ein Sieg, der um
so mehr Anerkennung verdient, da er wohl nur dem ästhetischen und
nationalen Sinn des Volkes, und keinerlei unlauterem Humbug zu-
zuschreiben ist. Die Schönheit der Aussicht vom Burgberg, das be-
scheidene Auftreten der heiligen Jungfrau, der Mangel jeder Markt-
schreierei, macht sie auch bei jenen beliebt, die den wunderwirkenden
wie calculierenden Geschäftsdamen anderer Orte abgeneigt sind.
Kann ich doch selbst unsrer nachbarlichen Mutter Gottes bestätigen,
daß sie meines Wissens sich noch niemals mit Wunderwerken, mit
Heilung von Krankheiten oder mit Radical-Kuren verpfuschter
Gelenk-Entzündungen abgegeben, ja, nicht einmal den Thierärzten
Concurrenz gemacht hat.

Lobenstein (Úvalno) wurde, als der Bauernbefreier 1823 dort
zur Welt kam, das ›lateinische Dorf‹ genannt, weil seine wohlhabenden Bauern ihre Söhne alle auf die hohe Schule schick-
ten. Kein Wunder, daß da ein fortschrittlicher Geist schwelte.
Und ihm verlieh der schmächtige fünfundzwanzigjährige
Student Hans Kudlich, dem die Achtundvierziger-Revolution
in Wien die juristischen Bücher vom Tisch gefegt hatte, endlich einen leidenschaftlichen Atem, als er im Sommer nach
der Revolution den Bauern zurief:

Wer seit dem 13. März noch einen Tag robotet, noch einen Gro-

schen Zins zahlt, der begeht eine schlechte Handlung, der versündigt
sich an der Freiheit! Ihr sollt den Becher der Freiheit bis zur Neige
leeren!

Man wählte ihn im Wahlkreis Bennisch zum Abgeordneten
des ersten österreichischen Reichstags. Und kaum war dieser
Reichstag eröffnet worden, fuhr schon Kudlichs lapidarer
Antrag wie ein Windstoß in die noch über der Geschäfts-
ordnung grübelnde Versammlung: *Die Reichsversammlung*
möge beschließen: Von nun an ist das Untertänigkeitsverhältnis samt
allen daraus entspringenden Rechten und Pflichten aufgehoben, vor-
behaltlich der Bestimmung, ob und wie eine Entschädigung zu leisten
sei. Nach vielen erregten Debatten wurde der Antrag mit
einigen Modifikationen am 7. September 1848 als Gesetz sank-
tioniert. Damals ahnte noch niemand, daß es die einzige Tat
dieses Reichstags war, welche die Reaktion überdauern würde.
Als das Parlament am 7. März 1849 in Kremsier aufgelöst
wurde, mußte Kudlich – gegen den ein Haftbefehl vorlag – das
Land verlassen. Amerika ist seine zweite Heimat geworden.
1925, sieben Jahre nach seinem Tode in Hoboken in New
Jersey, wurde seine Asche auf dem Wachberg bei Lobenstein
beigesetzt.

Der Wundergraf von Roßwald

Im Herzogtum Jägerndorf lebte im 18. Jahrhundert einer der
wunderlichsten Kavaliere des mährischen Adels, von dessen
Kapricen die Gazetten in halb Europa ebenso hartnäckig be-
richteten wie sie sich heute an den Spleens der Herren und
Damen des Geld-Adels nicht genug tun können, wobei freilich der Phantasiereichtum jener Kapricen gegen die Triviali-
tät dieser Spleens nicht abgewogen werden soll. Den Namen
Roßwald jedenfalls kannte man damals in Berlin genauso wie
in Paris als Begriff für ein Arkadien, in dem der Überraschun-
gen, der Schwelgereien, der Phantastereien kein Ende war,
und kein Ende war auch der Gäste allerlanden, die sich an der

Hand des ›Wundergrafen‹ Albert von Hoditz durch dieses
Elysium führen ließen. Dieser Graf (1704–1778), der *Roßwald
(Slezské Rudoltice)*, den Stammsitz seiner Familie, als heiß-
blütiger Halbwüchsiger verließ, um nach langen Jahren, die
er teils am Hofe Kaiser Karls VI., teils auf abenteuerlichen
Reisen verbrachte, als enzyklopädisch gebildeter, ver-
schwärmter und umschwärmter, genußgewohnter und ge-
nußbegieriger Weltmann dahin zurückzukehren, war mit
einem außergewöhnlichen Hang zur Verschwendung be-
haftet. Da ihm die mütterlich ältere Witwe Sophie des Markgrafen Georg von Brandenburg-Bayreuth, eine schöne,
exzentrische »Lais des 18. Jahrhunderts«, mit ihrer Hand zugleich ein Vermögen bot, konnte er dieser Sucht ungehemmt
nachgeben. Eine Manie, die ihn freilich hinderte, Kunst und
Bizarrerie reinlich voneinander zu trennen.

Er baute sein Schloß zu einem Märchenpalast um, ausgestattet mit raffinierten barocken Maschinerien, die es möglich machten, den Launenreichen als Deus ex machina ur-
plötzlich aus dem Boden auftauchen und ebenso überraschend wieder verschwinden zu lassen, Löffel und Gabeln
in der Hand der Gäste zu elektrisieren, Wasserquellen aus den
Wänden zu sprudeln, Elfenchöre als unsichtbare Tafelmusik
zu präsentieren, und was derlei Skurrilitäten einer epi-
kuräischen Erfindungsgabe noch mehr waren. Der von ihm
angelegte, besser: inszenierte Park geriet schon gar zu einem
wahren Voluptuar: da gab es hesperische Gärten, einen orientalischen Harem, eine gulliverische Zwergenstadt, ein künst-
liches Bergwerk; daneben lauschige Grotten, galante Pavillons, griechische Tempel ohne Zahl. Und in diesen Gefilden
tummelten sich bei den in ununterbrochener Folge stattfindenden Festivitäten Meernymphen, Faune, Dryaden,
Schäferinnen und Hirten, Liliputaner, Huris, nackte Narziß-
Knaben und griechisch gewandete Priesterinnen – und daß
allesamt ausgesucht schön waren, versteht sich von selbst.

Der Stab an Leibeigenen, die er unter Assistenz des Hamburger Schauspielers Müller zu Schauspielern, Sängern und Sängerinnen, Balletteusen und Tänzern, Musikern, Dekorateuren, Theatermaschinisten erzog, die er, wenn sie besonders begabt waren, auch nach Wien zur Ausbildung schickte, war natürlich schwindelerregend groß. Er unterhielt ein eigenes Konservatorium und eine eigene Schauspielschule für sein großes Orchester und für seine Oper, deren Fundus sich getrost mit dem der Wiener Burg oder der Berliner Oper messen konnte.

Eines der brillantesten seiner Feste gab dieser ›Fürst Pückler des 18. Jahrhunderts‹ zu Ehren des Preußenkönigs Friedrich, den nach der Belagerung von Olmütz, 1758, die Neugier nach Roßwald trieb, wobei er sich inkognito gab, doch alsbald erkannt und auf das Maßloseste umtan wurde, wofür er sich mit dem Gedicht ›O singulier Hoditz …‹ revanchierte. Die gute Freundschaft, die sich daraufhin zwischen den ungleichen Männern entwickelte, wurde dem ›Zaubergrafen‹ an seinem Lebensende zum Segen. Denn als er, endlich doch bar aller seiner Millionen, nur noch ein Vasall seiner Gläubiger war, nahm ihn der Alte Fritz in Potsdam auf. Er richtete ihm ein kleines Palais in der späteren Hoditzstraße ein und gewährte ihm großzügig, sich auch da noch mit einem kleinen Kreis von Sängerinnen und Musikanten zu umgeben. Erst im Sarg kehrte der Graf »mit allen seinen Leuten und Effekten« in die Heimat zurück.

Schloß und Park gingen nach dem Tod des Verschwenders durch Fabrikantenhände und ernüchterten zusehends. Das Haus der Exzentrizitäten ist heute, ach!, ein Amtsgericht.

BURG FULNEK

Tempera von Franz Richter, 1830
Sammlung Liechtenstein, Vaduz.

Hochmeisterstadt Freudenthal

Von einem wunderlichen Kürschnermeister, der, nicht minder theaterbesessen als der Graf Hoditz, eines Tages seine gutgehende Werkstatt zusperrte, Kind und Kegel auf einen jämmerlichen Thespiskarren lud und schauspielernd durch die Lande zog, gäbe es in Freudenthal ausschweifend zu erzählen. Doch lassen wir es dabei bewenden, nur zu berichten, daß eines seiner beiden Kinder, Therese Krones, bei einer Vorstellung in irgendeinem ungarischen Nest von Ferdinand Raimund entdeckt, auf die Bühne der Leopoldstadt gebracht und dort in kometenschneller Karriere zum frenetisch adorierten Star der Kaiserstadt aufstieg. Ein früher Tod entriß dieser ›TheaterköniginWiens‹ allzu schnell die Krone. Aber in die Theatergeschichte ist sie als leibhaftiger Genius der Jugend eingegangen, jener Rolle in Raimunds ›Bauer als Millionär‹, die sie kreierte und deren Bild sie für Jahrzehnte prägte.

Nein, in *Freudenthal (Bruntál)* muß unsere Aufmerksamkeit auf eine ganz andere Welt gerichtet sein: auf die Welt der Ordensleute im weißen Mantel, den ein großes schwarzes Kreuz über dem linken Oberarm ziert. Vom Barock bis in die jüngste Zeit hatte der Deutsche Ritterorden hier eine bedeutende Niederlassung und rundum gehörten ihm weite Teile des Gesenkes. Namentlich nach 1809, da der Orden von Napoleon in Deutschland aufgelöst wurde und nur mehr auf seine Domänen im Donauraum mit dem Hauptsitz Wien angewiesen war, konzentrierte er im Altvaterland sowie in Lana in Südtirol sein gesamtes Wirken, in dessen Mittelpunkt die Einrichtung und Betreuung vieler Spitäler, Kindergärten, Schulen und Heime aller Art stand. Außer dem Hochmeisterschloß gehörten dem Orden in Freudenthal selbst die frühgotische, aus dem 13. Jahrhundert stammende Stadtpfarrkirche, das Kirchlein auf dem Köhlerberg, ein Spital, eine Schule, ein Schwesternkloster, eine Brauerei und eine Likörfabrik.

Das Schloß von Freudenthal hatte Kaiser Ferdinand II. den Herren von Würben, die sich an der Rebellion der Stände beteiligten, im Jahre 1621 entzogen und seinem Bruder, Erzherzog Karl, damals Hochmeister des Ordens, übergeben. Von Ordensstatthaltern verwaltet, blieb es bis 1939 Residenz der Hochmeister. An der Spitze der Ordensleute standen in der Barockzeit meist deutsche Souveräne und österreichische Erzherzöge, später, nach 1809, naturgemäß nur mehr Mitglieder des Erzhauses. Seitdem Erzherzog Eugen im Jahre 1923 das Amt des Hochmeisters niedergelegt und der ›Deutschorden‹ – wie er sich von da an nennt – seine Bindungen an das Haus Habsburg gelöst hat, kommen die Hochmeister ausschließlich aus den Reihen des Klerus. Der letzte in Freudenthal residierende Hochmeister, Abt Robert Schälzky, vordem Generalökonom des Ordens und Dechant von Freudenthal, wurde 1945 nach Wien ausgewiesen und starb drei Jahre später in Lana. Hauptsitz des Deutschordens ist nach wie vor Wien; seit 1953 gibt es auch in Deutschland, bei Darmstadt, wieder eine Ordensprovinz.

Das monumentale, nah dem Hauptplatz liegende ehemalige *Hochmeisterschloß* – aus altem, der Stadtmauer angeschmiegtem Burgbestand erwachsen – hat zwei Gesichter. Die Hauptfassade mit dem ausladenden Portaltrakt und das weit in den Hof hineinragende große Stiegenhaus sind Schöpfungen eines würdevollen kühlen und späten Barock, der auf Wiener Vorbild zurückgeht, wie denn auch ein Wiener Architekt, Sebastian Kaltner, für den Hochmeister Clemens August von Wittelsbach am Beginn des 18. Jahrhunderts Neubaupläne lieferte, die den aber erst in den sechziger Jahren unter dem Freudenthaler Baumeister Johann Christoph Habig vollzogenen Umbau beeinflußten. Der dreieckige Hof mit hohen rustizierten Pfeilerarkaden im unteren und niedrigeren Lauben im oberen Stock bietet hingegen das Bild kraftvoller Renaissance. Doch dürfte auch er, im Kern aus der Renaissance stammend, in seiner jetzigen Form erst auf die Hochmeister-Zeit zurückgehen. Barock und Rokoko vor allem bestimmen die Ausstattung der Repräsentations- und Kapitelsäle, der Audienz- und Konferenzzimmer, der Spiel- und Waffenräume, der Appartements des Hochmeisters, des Statthalters oder des Hauskomturs. Aber das sonst so Schwelgerische dieser Stile ist hier zu fast trockener Distinktion gezähmt die Eleganz hat spürbar männlich-nüchternen Charakter. Vor einigen Jahren ist in dem öffentlich zugänglichen Schloß eine *Gemäldegalerie* eingerichtet worden, hauptsächlich bestückt aus ehemaligen Ordensbeständen, die eine Sammlung italienischer, niederländischer und deutscher Meister des Barock beherbergt.

Der Altvater

Gleich nordwärts hinter Freudenthal werden die Straßen krause. Kein Wunder, wir befinden uns ja im Herrscherbereich des Altvaters, sozusagen in den wallend ausgebreiteten Locken des würdigen Wald- und Bergherren, der sein Haupt zu einer 1490 Meter hohen Kuppe erhebt und sich breit und schwer mit stumpf gerundeten Gliedern nach Norden zu lagert. Es ist eine schwermütige Landschaft, in die man nun eindringt, oder besser: die sanft und unwiderstehlich in ihre stundenweite Einsamkeit hineinzieht und einhüllt in einen Duft von Harz und Moos und taufrischem Gras und Fichtennadeln und Pilzen und feuchtem Holz, einen Duft, der wie ein kühler und beruhigender Rausch wirkt. *Es ist schwer, den Zauber dieses Mittelgebirges einem Fremden zu erklären. Es ist eine keusche, vom vielleicht schönsten Fichtenwald Europas erfüllte, durchaus nicht erotische, sondern rein mütterliche Landschaft, die nur still und schlicht um Liebe und Verstehen wirbt,* schrieb Robert Hohlbaum. Nein, zu renommiersüchtigen Postkartengrüßen eignet sich die maßvolle Schönheit des Altvaters nicht. Aber dazu, einem geschundenen Knecht der Zivilisation erst wieder zu lehren, was Natur ist: dichte Wälder, in denen man sich verirren, Bäche, aus denen man klares Wasser schöpfen kann, das unendliche Schweigen auf dem Grund zarter Geräusche, die erlösende Gewalt eines Gewitters ...

Am Ostabhang des Altvatergipfels liegt ein Badeort, der sich ausnimmt, als hätten die stillen über- und unterirdischen Geister dieses Gebirges in der großen Waldlichtung mit den Klötzen und Würfeln eines riesigen Holzbaukastens gespielt. Denn die in Reih und Glied längs der Weißen Oppa aufgebauten Häuser von *Bad Karlsbrunn (Karlova Studánka)* sind allesamt aus Holz, ob große Sanatorien, ob Villen, ob Gasthöfe, ob kleine Kurhäuser, aus tiefdunkelbraunen klobigen Baumstämmen, und es sind viele sehr alte, heute als Raritäten gehütete Bauten darunter. Der Ort gehörte zur Gutsherrschaft Freudenthal und war seit 1621 im Besitz des Deutschen Ritterordens. Im Jahre 1780 ließ der damalige Hochmeister Erzherzog Maximilian Franz eine den Jägern, Holzfällern und Bergbewohnern längst als ›gute Waldquelle‹ bekannte, hier entspringende Mineralquelle untersuchen und fassen. Damit begann, gefördert von seinen Nachfolgern, die Entwicklung des Bergdorfes zu einem Kurort, dessen Lage und Anlage sich nicht lauschiger, schmucker und gemütlicher denken läßt und dessen erdalkalische und eisenhaltige Quellen ihre Heilkraft inzwischen hundertfach bewährt haben. Diese Quellen waren früher nach den verschiedenen Hochmeistern benannt, die sie mit entsprechenden Badehäusern, Inhalationsräumen und Wandelhallen zum Gebrauch herrichten ließen. Auch das Bad selbst erkor sich 1802 einen Hochmeister zum Paten, Erzherzog Karl, den späteren Sieger von Aspern. Vorher trug der Ort den merkwürdigen Namen ›Hinnewieder‹, um den natürlich mannigfache Sagen gesponnen worden sind. Sie erzählen, daß der heilige Hubertus auf Bitten eines frommen, ihm dienenden Einsiedlers hier bei einem kleinen Holzkirch-

lein eine Quelle entspringen ließ, deren wunderbare Heilkraft
die Menschen von nah und fern herbeizog, was dem Ein-
siedler Gelegenheit gab, sie dem Glauben zuzuführen. Der
Teufel sah dies mit Grimm und schleuderte einen gewaltigen
Felsblock gegen das Kirchlein, der aber sein Ziel verfehlte und
seitab rollte. Nun kamen die Leute in Scharen herbei, um das
teuflische Fels-Ungetüm zu besichtigen, und da sie davor hin-
und hergingen, nannte der Volksmund es bald ›Hinnewieder-
stein‹ und den Ort, der um das Kirchlein herum entstand,
›Hinnewieder‹.

Wir freuen uns auf die Nachtrast in einem der so anheimelnd
wirkenden Holzhäuser – aber es stellt sich heraus, daß die zu
Gemeinschaftsquartieren umgewandelten Hotels und auch
die kleineren Pensionen bis aufs letzte Bett mit Silikose-
kranken des Kohlenreviers belegt sind. Doch in diesem Lande
gibt es ja kaum je ein striktes »Nein!«, und so findet sich nach
einigem Hin- und Her-Fragen und Kreuz- und Quer-Tele-
phonieren in einer neuen Bungalow-Siedlung noch eine zu-
fällig leerstehende Kajüte, die uns der ›vedouci‹ freundlich auf-
sperrt, wobei er auf die ›sozialistische Waschgelegenheit‹ in der
Nebenbaracke hinweist – ein Begriff, der ihm mit einer gewissen Genugtuung von der Zunge, uns mit einer gewissen
Schwierigkeit in den Kopf geht. Komfortabler als Kajüten
sind die niedlichen Holzhütten am anmutigen Wiesenhang
nicht; doch was tut's, die Sommerfrischler kommen ja nicht
hierher, um zu wohnen, sondern um zu wandern. Fast senkrecht stehen die dunkelblauen Wälder rund um den Hang.
Ein Gewitter ist niedergegangen. Über dem Altvater zer-
reißen schwefelgelbe Wolkenschwaden. Späte Sonne färbt
sie an den Rändern gläsern rot und violett. Tropfen rascheln
im Gras, Tropfen klopfen auf den Waldboden. Aus der Erde
steigt eine balsamische Kühle. Ihr Geruch dringt bis in den
leichten Traum.

Von Karlsbrunn winden sich gut markierte Wanderwege

auf den *Altvatergipfel (Praděd)*. Ein Fahrweg, der zu bestimmten Stunden aufwärts und abwärts benutzt werden kann, führt zur ›Schäferei‹ *(Ovčarna)*, einer Touristenherberge in der Einsenkung zwischen dem Altvater und dem Peterstein, von wo aus der Gipfel schon nach einer halben Stunde Fußwanderung zu erreichen ist. Unvergleichlich viel schöner ist es natürlich, das Auto ganz zu beurlauben und sich des ältest hergebrachten Fortbewegungsmittels zu bedienen. Schließen wir uns also einem altmodischen Wegführer an:

Tiefer Waldfriede umfängt uns, wenn wir durch das enge Weiß-Oppatal am schroffen Abhange der Mooslehne langsam emporklimmen. Entzückt sehen wir die von der Feuchtigkeit begünstigte Vegetation dieser Thalenge. Hochwüchsige Fichten erheben ihre Wipfel bis vierzig Meter in die Lüfte, während mannshohe Farne den Boden überwuchern und ihre zierlichen Wedel über die modernden Leiber der vom Sturm geknickten Hölzer ausbreiten. Von der Grenze des Bergwaldes schimmern uns weißgraue Stämme entgegen; es sind verdorrte Baumgerippe, der Volksmund nennt sie ›Leichen‹, die, von Regen und Schnee gebleicht, ihr rindenloses Astwerk stumm zum Himmel heben, ein Anblick, der sich an nebeldüsteren Herbsttagen zu gespenstischem Eindruck steigert. Nach dreistündigem Aufstieg liegt sie endlich vor uns, die moosgrüne Koppe des Altvaters, jenes alte Stück Festland, das aus dem Urmeer auftauchte, als die mitteleuropäischen Tiefebenen noch von flutenden Wasserwüsten bedeckt waren. Kümmerlicher Pflanzenwuchs von Kräutern, Moosen und Flechten ist selbst in diese unwirtliche Höhe gedrungen. Kein Strauch gedeiht hier oben, nur struppige Zwergfichten kauern auf dem verwitterten Urtonschiefer, an dem Wind und Wetter seit Jahrtausenden ihre Kraft erproben. Zu diesem trostlosen Bilde hat aber die Natur den lieblichsten Gegensatz geschaffen, der offenbar wird, wenn die rings blauenden Berge und Täler ihre jungfräuliche Schönheit entschleiern. Im Westen reiht sich Kuppe an Kuppe bis zur wolkenumflorten Spitze des Spieglitzer Schneeberges; im Norden dunkeln uns die waldigen Häupter des Urlichzuges ent-

gegen und weiter hinaus die in Duft getauchte Ebene; im Osten
gleitet der Blick über ungezählte Hügel bis an die ferne Kette der
Beskiden, nur im Süden verwehrt die Janowitzer Heide die Aus-
sicht auf die mährischen Gefilde. Im weiten Kreise gruppieren sich die
ebenbürtigen Vasallen um den ›königlichen Sproß der Sudeten‹: der
große und kleine Vaterberg, der große und kleine Seeberg, die
Königskoppe, der Falkenstein, der Mittelhübl, die Hohe Haide und
der Peterstein. (Anton Peter)

Auf der 1455 Meter hohen Bergkuppe des *Peterstein* ragt eine
bizarr geformte, zerborstene und zerklüftete Gesteinsmasse
aus Glimmerschiefer aus dem Boden. Vielleicht war es dieser
bei sinkender Nacht gewiß bedrohlich aussehende Fels, der
die Altvaterbewohner veranlaßte, den Peterstein als nächt-
lichen Rendezvousplatz der Hexen anzusehen. *Um den Peter-*
stein für die Zusammenkünfte der Hexen unmöglich zu machen –
so berichtet fürwahr ein Chronist – *befahl der Kaiser mit Zu-*
stimmung des Consistoriums zu Olmütz, daß er mit Wasser be-
sprengt und auf demselben eine Martersäule aufgestellt werde. Was
denn auch 1687 geschah, allerdings erst nach langem schild-
bürgerlichem Zank über die Streitfrage, zu welcher Herrschaft dieser Blocksberg denn nun gehöre.

Südlich des Peterstein dehnt sich die weite, baumlose
Fläche der *Hohen Haide*, einer mit Moosen, Flechten, Woll-
gras, Heidelbeeren, Zwergwacholder, Nelken, Erika, Enzian
und vielen anderen Berg- und Heidegewächsen besäten Flur,
deren Rücken im Südosten zum Karlsdorfer Kessel abfällt,
wo sich die von der Hohen Haide kommenden Mohraquellen
zum Bach vereinigen. Die Kesselwiese, die auf ihrem kleinen
Raum eine ganze Menge seltener Pflanzen vereinigt – wie
etwa Pippau, Alpensternblume, Alpenrispenblume, Alpen-
straußgras, Bergwegerich, zottiges Habichtskraut und andere –, wird als Dorado der Botaniker gerühmt.

Wege vom Altvater

Ein Kammweg führt in südwestlicher Richtung vom Altvater über das Touristenhotel Barborka zum Peterstein (Petrovy kameny) und weiter über das Große Rad (Vysoká kole) und den Maiberg (Majová hora) zum Hirschrücken (Jeleni hřbet) und Berggeist-Sattel (Skřitek), über den die Straße von Römerstadt nach Mährisch-Schönberg läuft.

In nördlicher Richtung zieht sich vom Altvater ein Kammweg über die Schweizerei (Švýcárna) zum Roten-Berg-Sattel (Červenohorské sedlo) hinunter, um von dort zum Roten Berg (Červená hora) mit dem malerischen Heidebrünnl (Vřesová studánka) und weiter zum 1424 Meter hohen Köpernik (Keprnik) aufzusteigen. Der hundert Meter niedrigere Hochschar-Gipfel (Šerak) fällt dann steil zum Ramsauer Sattel (Ramzovské sedlo) ab. Auf diesen Wegen liegen mehrere Hütten mit Übernachtungsmöglichkeiten. Über die beiden genannten Sattel führen die Autostraßen von Mährisch-Schönberg nach Freiwaldau sowie von Hannsdorf (Hanušovice) nach Freiwaldau. Besonders dieser nördliche Teil des Altvatergebirges ist als Domäne der Edelhirsche und Gemsen ein beliebtes Jagdgebiet. Auch bietet er Skifahrern aller Qualitäten Abfahrtsmöglichkeiten vielfältiger Art.

Im Winkel der Naturheilkundigen

Im nahen Umkreis der einstigen, von den Breslauer Bischöfen gegründeten Bergbaustadt *Freiwaldau (Jesenik)* liegen zwei Kurorte, die am Beginn des vorigen Jahrhunderts geradezu Weltruf errangen: *Bad Gräfenberg (Lázně Jesenik)* und *Bad Niederlindewiese (Lipová lázně)*.

In Gräfenberg beugten sich damals Wohlbeleibte, Gichtige, ›Lustseuchler‹, Nierenleidende, Stoffwechselkranke, dazu eine Menge eingebildeter Kranker aus aller Herren Länder und vom Maharadscha bis zum Studiosus, von der Diplomatengattin bis zur Modistin zähneknirschend aber gläubig dem Diktat des ›Wasserheilands‹, das da lautete:

Trinkt Wasser im Übermaß. Je mehr, desto besser. Wasser kann nie schaden und nie zuviel getrunken werden. Baden bis zum Verblauen! Wer binnen achtundvierzig Stunden die Gicht verlieren will, der trinke täglich zwanzig bis dreißig Quart Wasser bis zum Verblauen!

Auf diese Erkenntnis war der Gräfenberger Bauernsohn Vinzenz Prießnitz (1799–1851) gekommen, als er als Bub tagelang ein hinkendes Reh beobachtete, das seinen kranken Lauf in einem Quelltümpel gesund badete. Später heilte er einen eigenen Rippenbruch auf dieselbe Weise. Die Bauern des Ortes waren seine ersten Patienten, und da seine Kuren Erfolg hatten, verbreitete sich ihr Ruf wie im Lauffeuer. Der Burgtheaterdirektor Heinrich Laube hat amüsant erzählt, wie es ihm in Gräfenberg anfangs der dreißiger Jahre des vorigen Jahrhunderts erging:

Der Ort war damals noch wie ein Indianerdorf, in welchem ein Weißer sich angesiedelt. Ein steinernes Haus gab's, in welchem Prießnitz die Aristokratie seiner Patienten wohnen ließ. Wenn es voll war, wurden neue Ankömmlinge in die Bauernhäuser gesteckt. Ein solcher Ankömmling war ich, und mein Zimmer war die Ecke einer Bauernstube, dort sollte ich schwitzen und gedeihen. Die anderen Ecken und die Mitte der Stube verblieben der Bauernfamilie und dem Gesinde, verblieben der ganzen idyllischen Häuslichkeit einer Bauernwirtschaft. Dazu rauhes Frühlingswetter, welches sich hier am Abhang des Gebirges um einen Monat verspätet hatte und zuweilen des Morgens mit sauberem Schnee aufwartete. Das war von Wichtigkeit für mich, denn mein kaltes Bad lag im sogenannten Garten beim Bauernhause, und wenn ich des Morgens unter einem Berge von Decken curmäßig in strömenden Schweiß gelangt war, dann hatte ich, kärglich eingehüllt in einen dünnen Laken, hinauszuwandeln in jenen Garten und mich in das lockende Bad zu senken.

*Durch den Schnee hindurch war das besonders biblisch, und zähne-
klappernd trabte ich dann mit der rebellischen Frage zurück: »Ist
dies der Teich Bethseda?«*

*Prießnitz hatte etwas von einem Propheten. Nur sprach er fast
gar nichts, was doch die biblischen Propheten sehr reichlich taten.
Das ist modern, dachte ich mir. Denn übrigens fehlte mir nichts zur
Illusion, daß ich mich unweit des Jordan im idumäischen Gebirge be-
fände und daß die Grundsätze der Essäer hier eingeführt wären.
Namentlich was Essen und Trinken betraf. Zum Frühstück kaltes
Wasser, soviel als möglich, dann kalte Milch mit schwarzem Brot,
dann immerfort kaltes Wasser, soviel als möglich, dann kalte Douche
oben im Walde, im freien Walde bei Wind und Regen und Schnee,
dann endlich sogenannte Mahlzeit im steinernen Hause, die ur-
sprünglichste Speise der Menschheit, einige Jahrhunderte vor Erfindung der Kochkunst, kaltes Wasser dazu nach Diskretion, das
heißt wieder soviel wie möglich.*

*Eine leise Frage an Prießnitz, ob diese Lebensweise im idumäischen
Gebirge wirklich zu einem gedeihlichen Ziele führen könne, prallte
an seinem unverbrüchlichen Schweigen ab. Wenn man Glück hatte,
so entdeckte man den Anfang eines ganz kleinen Lächelns auf seinem
sonst unbeweglichen Antlitze. Er war von hoher Mittelgröße und
entweder in einen wohlerfahrenen schwarzen Frack oder in einen
napoleongrauen Rock gehüllt. Bei unserem lieblichen Frühlings-
schnee trug er Wasserstiefel an den Füßen, und er sah überhaupt aus
wie ein städtischer Bauer. Die Züge seines Antlitzes waren kräftig
und hatten etwas Steinernes, da sie selten in Bewegung gerieten. Die
Stimme war sanft, eigentlich war er ganz Ohr; er hörte mit uner-
schütterlicher Gelassenheit zu. Das erweckt beim Patienten immer
Zutrauen, denn der Leidende will zunächst all seine Gedanken angebracht sehen. Aus der Summe dieser Gedanken, meint er, wachse die
Pflanze der Genesung. Und wenn der Arzt so andauernd zuhöre,
dann – meint der Kranke – sei dies auch ein gewissenhafter Arzt.
Das war Prießnitz sicherlich. Die geheimnisvolle Bedeutung, welche
von ihm ausstrahlte, entsprang aus seiner gewissenhaften Er-*

wägung, und diese wurzelte wohl in seinem langsamen Denk-
prozeß.

Zuerst angefeindet, dann anerkannt, wurde die von Prießnitz erfundene Heilmethode später in vielen Formen, am
wirkungsvollsten von Sebastian Kneipp, weiterentwickelt.
Tschechische, polnische, ungarische, französische und preu-
ßische Kurgäste haben dem Wasserdoktor in Gräfenberg
Denkmäler setzen lassen, auf denen sie mehr oder minder
emphatisch ihre Bewunderung kundtaten; lapidar die Franzosen, die ihre Granitpyramide schlicht *Au génie de l'eau froide*
widmeten, bombastisch die Ungarn, deren von dem Münchener Bildhauer Ludwig von Schwanthaler geschaffenes Löwen-
Monument den Panegyrikus trägt:

Als der Mensch in seinem Stolze das Wasser, den Trank, der ihm
mit den Tieren gemein ist, zu verschmähen begann, ward er früh alt
und hinfällig. Prießnitz gab dem Wasser seine Macht zurück und
mit neuer Kraft erstarkt das Menschengeschlecht. Die die Verdienste
Prießnitz' als des Wohltäters der Menschheit im Tode noch würdigen-
den Ungarn bringen an den lebensfrischen Quell von Gräfenberg den
Söhnen späterer Jahre aus dem Vaterlande ihre Grüße dar.

Antike-bezogen erwiesen sich die Tschechen, für die der
Prager Bildhauer Myslbeck eine lebensgroße Hygieia schuf,
die ausruft: *Wasser vor allem! Aus Wasser kam Ursprung, Wachs-*
tum und Heilkraft. Was Thales geahnt, Prießnitz hat es glücklich
vollbracht!

Auch heute noch ist Gräfenberg ein Kurort zur Behandlung
von Nervenleiden, Blutkrankheiten, inneren Erkrankungen
und Silikose.

Indes in Gräfenberg das kalte Wasser angebetet wurde, galt
zu gleicher Zeit drüben in Niederlindewiese die feuchte
Wärme als Allheilmittel. Dort hieß das Motto der Kur:

> In feuchter Wärme gedeihen
> Holz, Frucht, Wein
> selbst Fleisch und Bein.

Der diesen Grundsatz postulierte, war der Bauer Johann Schroth (1798–1856); und auch er war seiner Heilmethode durch Zufall auf die Spur gekommen, indem er in jungen Jahren eine Knieverletzung, die ihm sein Gaul zugefügt hatte, mit feuchtwarmen Wickeln vollständig kurierte. Nicht anders als sein Gräfenberger Kollege, war er längere Zeit dem Verdacht der Scharlatancrie ausgesetzt, bevor ein Dekret der Hofkanzlei seine Kur anerkannte. Im Unterschied aber zu jenem, der zwar eine vegetarische Diät vorschrieb, es damit jedoch nicht so genau nahm, forderte Schroth seinen Patienten regelrechte Hungerkuren ab, und daß er sie dafür mit Wein in Fülle traktierte, gereichte wohl deren Geist und Gaumen, keineswegs aber dem mit trockenen Semmeln nur dürftig beruhigten Magen zum Trost. Daran lag es, daß Niederlindewiese, wenn auch ein gut besuchtes Bad, so doch niemals ein solches Mekka der ›großen Welt‹ wurde wie Gräfenberg, denn aus purer Marotte mochte schließlich niemand gern hungern. Indes Prießnitz sich im Kreise seiner Patienten zum Weltmann entwickelte, blieb Schroth ein einfacher Bauer. Seine Stoffwechselkur ist nach wie vor die Grundlage der in Niederlindewiese angewandten Heilmethoden und hat sich längst auch anderwärts durchgesetzt. In Deutschland ist das Allgäu seit geraumer Zeit ein Zentrum der Schroth-Kuren.

Wanderfreudige Kurgäste beider Bäder unternehmen mit Vorliebe einen Zwei-Stunden-Spaziergang nach *Reihwiesen (Rejviz)* östlich Freiwaldau, einem kärglichen Bergdorf in 757 Meter Höhe – es ist der höchstgelegene Ort des Altvatergebirges – und nah einer düsteren Hochmoorlandschaft mit eigenartiger Vegetation. ›Sühneteich‹ heißt einer der beiden Moorseen – ein Name, der mit einer melancholischen Vineta-Sage verknüpft ist und das Odium des Unheimlichen über diesen einsamen Flecken verhängt hat. Einst soll hier eine blühende Stadt gelegen haben, ein Babel reicher und gottloser Menschen, die Sünde über Sünde häuften, bis der Himmel eingriff und Bewohner und Paläste unter einem Wasser begrub, das schwarz war wie deren Sünden. An sehr stillen Mittagen, so heißt es, sieht man die Zinnen der Paläste aus dem See ragen.

Dittersdorfs Premieren auf Schloß Johannesberg

Johannesberg ist ein prachtvoller Ort: ein uraltes, sehr großes Schloß auf einem hohen Berge, an dessen Fuß sich das Städtchen Jauernig malerisch herumzieht. Rings um das Schloß ein großer, sehr schöner Park mit Springbrunnen; von der einen Seite der Blick in die Felsen und Waldschluchten des Gebirges, von der anderen eine unermeß-liche Aussicht über halb Schlesien. Der Fürstbischof ist ein liebens-würdiger, gründlich gebildeter und wohlgesinnter Mann, der mich nicht nur gütig, sondern vertraulich als Freund behandelt, und mir aufgegeben hat, bei Strafe des Kirchenbannes jeden Sommer einige Wochen bei ihm zu verleben. Früh um 7 Uhr wohnte ich täglich der Messe bei, die er in der schönen Schloßkapelle las. Dann streifte jeder – denn es waren, außer mir, noch viele Gäste, besonders Geistliche da – nach Belieben umher. Nach dem Mittagessen wurde Billard gespielt, und gegen Abend spaziergefahren, das eine Mal auch nach dem Bade Landeck. Nach dem Abendessen endlich ver-sammelten sich alle in einem der Säle, wo tapfer geraucht und de-battiert ward, und auch der Fürst sich jedesmal mit seiner Zigarre einfand. An des Kaisers Geburtstag gab es ein ungeheures Diner, wo der benachbarte hohe Adel zugegen war, und wobei ich denn auch meinen Orden angetan hatte, der Fürst brachte den Toast auf den Kaiser mit einer meisterhaften Rede aus. Den Abend vor meiner Ab-reise überraschte mich, auf Veranstalten des Fürstbischofs, noch ein seltsames Ständchen seines Hofmeisters, der mit einer unglaublichen Virtuosität mit dem Munde pfeift, und dazu auf der Gitarre akkom-pagniert. Du siehst also, es ist mir dort über Verdienste gut gegangen.

So berichtete Eichendorff am 29. September 1856 seinem Sohn Hermann über das Leben auf Schloß Johannesberg, wo er als Gast des Fürstbischofs Heinrich Förster nicht zum ersten und nicht zum letzten Mal weilte. *Johannesberg (Jánský Vrch)*, das bis zum Anfang des 16. Jahrhunderts Jauernig (Javornik) hieß wie der Ort, zu dessen Häupten es liegt, befand sich von 1348 bis 1945 ohne Unterbrechung im Besitz der Breslauer Bischöfe. Die wehrhafte Burganlage, die im 13. Jahrhundert als Grenzfeste zur Sicherung gegen Böhmen angelegt worden war, erfuhr eine teilweise Umgestaltung zur Schloßresidenz unter der Ägide des Fürstbischofs Philipp Gotthard Graf Schaffgotsch (1747–1795), der wegen seiner offen dargetanen Sympathien für Österreich bei Friedrich II. in Ungnade fiel und sich deshalb ganz in das seinen Vorgängern nur zum Sommeraufenthalt dienende Haus zurückzog. Er machte sein Exil zu einem vielbesuchten Mittelpunkt der Kunstpflege. An Stelle des alten mächtigen Bergfrieds ließ er ein großes Orchesterrund bauen und im angrenzenden ›Silbersaal‹ eine Bühne einrichten; und er gründete eine Musikkapelle und ein Opern-Ensemble.

An die Spitze seines Operntheaters berief der Fürstbischof im Jahre 1770 Carl Ditters, einen jungen, begabten Gluck-Schüler, der als Kompositeur, Geiger und Orchesterleiter in seiner Geburtsstadt Wien ebenso wie bei seinen Tournee-Reisen nach Italien Furore gemacht hatte und sich bei Gelegenheit einiger Konzerte in Troppau und Umgebung auch dem Fürstbischof vorstellte, der ihn unverzüglich gewann. Wiewohl hier Kaiser Joseph II., dort König Friedrich II. um ihn warben, blieb Ditters seinem Protektor, der ihn zum Amtshauptmann von Freiwaldau ernannte und ihm auch zu dem Adelsprädikat ›von Dittersdorf‹ verhalf, bis zu dessen Tod, also mithin fünfundzwanzig Jahre lang, treu. Der Fürstbischof gab ihm freilich Gelegenheit genug, weiterhin in Wien zu wirken, wo viele seiner Opern und Singspiele, vor allem der heute noch aufgeführte ›Doktor und Apotheker‹, große Erfolge ernteten. Die meisten Opern des Komponisten, den

man heute als Altmeister der deutschen komischen Oper bezeichnet, und die Vielzahl seiner Symphonien, Streichquar-
tette und Klavierkonzerte wurden natürlich auf Schloß
Johannesberg uraufgeführt. Nach dem Tode seines Gönners,
obwohl schwerkrank, nur mit einer kärglichen Pension entlassen, war Dittersdorf gezwungen, das Asyl eines musik-
liebenden Adeligen auf der Herrschaft Roth-Lhotta bei
Neuhaus in Böhmen in Anspruch zu nehmen. Dort starb er
im Jahre 1799. Seine zeitgeschichtlich interessanten ›Lebens-
beschreibungen, seinem Sohne in die Feder diktiert‹ sind erst
kürzlich neu aufgelegt worden.

Zu Lebzeiten des Fürstbischofs, und wahrscheinlich
Emigrant wie er, fungierte der schlesische Adelige Kaspar
Freiherr von Zedlitz-Nimmersatt als Amtshauptmann von
Jauernig. Sein 1790 auf dem Schloß geborener Sohn Joseph
Christian ist als Dichter der Spätromantik in die Literatur-
geschichte eingegangen. In der heute als kulturgeschichtliches
Museum eingerichteten Bischofsresidenz starb 1945 der letzte
Fürsterzbischof von Breslau, Kardinal Dr. Adolf Bertram.

Bilder alten Stadtlebens

Wenig Musikfreunden dürfte bekannt sein, daß im Bereich
des Altvatergebirges die heimatlichen Wurzeln eines späteren
und weitaus größeren Kollegen Dittersdorfs liegen: Franz
Schuberts Mutter war die Schmiedtochter Maria Elisabeth
Katharina Vietz aus Zuckmantel, sein Vater, der Wiener
Schulmeister Franz Theodor Florian Schubert, stammte aus
Neudorf bei Mährisch-Altstadt unterm Spieglitzer Schnee-
berg.

Das einst vom Silberbergbau sehr wohlhabend, nach den
Hussitenkriegen vom Salzhandel und Handwerk recht zu-
frieden lebende *Mährisch-Altstadt (Staré Město pod Sněžnikem)*
mag als Beispiel dafür gelten, wie hier allenthalben strebsamer

und doch bescheidener Bürgersinn Gemeinwesen schuf, die im
wörtlichen Sinn nicht ›höher hinaus‹ wollten, als es die Landschaft vorschrieb. Julius Leisching hat das augenfällig dar-
gelegt:

*Schon von weitem wirkt der Anblick des Ortes auf sanft ansteigen-
der Höhe mit den zwei beherrschenden Türmen des Rathauses und
der Kirche ganz überraschend. Der Groß-Ullersdorfer Rathaus-
Baumeister Adam Hanke sah keine einfache Aufgabe vor sich: es galt,
ein in seinen Maßen bescheidenes Werk in die Mitte eines merkwürdig weiträumigen Platzes zu stellen. Ihm merkt man an, wie stark
einst die darauf abgehaltenen Märkte besucht gewesen sein müssen.
In einer Länge von sechsundzwanzig Metern dreißig bei nur
elf Metern zwanzig Breite wird das 1618 gebaute Rathaus völlig
von seinem ausgezeichnet profilierten Turm beherrscht: denn er hat
eine Höhe von achtunddreißig Metern. Aus seiner angemessenen
Gestalt, in Landschaft und tatsächliche Bedürfnisse sinnvoll ein-
gefühlt, errät man die große Kunst jener Tage: nämlich nur Heimi-
sches, nichts fremdländisch Modisches in diese Berge zu verpflanzen.
Keinen südländischen Palazzo, kein Nürnberger Patrizierhaus.
Sondern eben ein deutsches Rathaus einer kleinen, aber selbst-
bewußten und arbeitsamen Gemeinde. Sein hohes schützendes Dach
ladet die Ratsuchenden ein, die breite behäbige Freitreppe hinan-
zusteigen. Scheinbar kunstlos und doch so wohlüberlegt und behag-
lich breitet das Dach auch über sie seine Fittiche. Auch für den Turm
bedurfte der schlichte Groß-Ullersdorfer Landbaumeister keiner Motive und Ornamente. Ein sorgsamer Wächter vor Feuer und Unruhe,
reckt sich das festgefügte, wehrfähige Mauerwerk aus dem Viereck
in das schlankere Achteck, das von einem wieder ganz vortrefflich
profilierten Helm bekrönt ist. Zweistöckig, mit zwei luftig durch-
brochenen Laternen, bietet dieser Turmhelm eine prächtige Silhouette in der klaren, kühlen Luft.*

*Auch die umgebenden Wohnhäuser des Marktes bilden die sinn-
gemäße Umrahmung. Nicht höher als zweistöckig, bilden sie das
bescheiden zurücktretende Gefolge. Höchstens daß ein Giebel sich in*

fröhlicher Wellenlinie schier übermütig emporschwingt, ohne daß sich das richtig bodenständige bäuerliche Holzdach daneben zu schämen brauchte. Denn auch dieses gehört zum Gesamtbild der Bergstadt, besser jedenfalls als moderne Stil-Fassaden, die immer ortsfremd bleiben. Ist es doch lehrreich, daß auch der Neptunbrunnen, den das 18. Jahrhundert auch in diese stille Einsamkeit kühn versetzte, ebensowenig wie das Dreifaltigkeits-Standbild hinter dem Rathaus verändert oder beseitigt werden dürften, wenn man nicht den ganzen Platz ändern und verderben mag.

Man muß sich das einstige Leben in diesen Bergrandstädten keineswegs als Idylle vorstellen, die von den allgemeinen geistigen Entwicklungen wenig ahnte und in die wirtschaftlichen nur peripher einbezogen war. In *Mährisch-Schönberg (Šumperk)* beispielsweise – das belegt das dortige Heimatmuseum vortrefflich – herrschte in der Renaissance ein recht weltläufiges Getriebe. In den Bücherschränken der Stadtschreiber – auch das berichtet Leisching – gaben sich damals Ovid, Cicero, Terenz, Homer mit Luther, Melanchthon, den Psalmen Davids oder dem Sachsenspiegel ein Stelldichein.

Aber auch derartig aufgeklärte Ratgeber der Bürgerschaft konnten nicht hindern, daß in diesem Landstrich der Hexenwahn die wildesten Exzesse trieb. Friedrich Lucae, Schlesiens Chronist des 17. Jahrhunderts, teilt mit, daß in der Epoche des Dreißigjährigen Krieges riesige Scharen von Hexen hier umherschwärmten, untrüglich gekennzeichnet durch Male am Körper, triefende oder entzündete Augen und exzentrische, obszöne Gebärden. Die Unholdinnen ließen bei ihren auf den Petersteinen stattfindenden wüsten Orgien angeblich Spuren von Bocks- und Kuhfüßen zurück, auch Hummeln, Wespen, Fliegen und Schmetterlinge, die aus ihrer Buhlschaft mit den Incubi hervorgegangen waren. In vielen Orten rund um den Altvater, ganz besonders aber in Mährisch-Schönberg und Groß-Ullersdorf, hausten die Inquisitionsgerichte erbarmungslos unter den schönen Frauenzimmern und alten Weibern –

denn diese hauptsächlich waren ja die Opfer des planvoll inszenierten Kesseltreibens.

Mährisch-Schönberg, das schon früher eine gut entwickelte Textilindustrie besaß, hat als eine der wenigen unter den ehemals vorwiegend deutsch besiedelten Städten Mährens nach dem Krieg seine Einwohnerzahl gesteigert. Neu hinzugekommene Betriebe haben die Neusiedler angezogen.

Schloß und Bad Groß-Ullersdorf

In *Schloß Groß-Ullersdorf (Velké Losiny)*, nah nordöstlich von Mährisch-Schönberg, konnte man noch in jüngeren Zeiten Spuren des elendigen Todes der vom Hexenwahn Verfolgten entdecken. Ein Besucher der zwanziger Jahre berichtete:

Das Verrückteste bei der Führung des Kastellans war ein Abstieg an einer Leiter durch eine Falltür in ein Zwischengeschoß, das sich labyrinthartig durch den ganzen, einen unregelmäßigen Hof bildenden Schloßbau erstreckte. An der Fassade des Schloßhofes war von außen absolut nichts von dem Vorhandensein eines Zwischenstockwerkes zu erkennen. Der erste Stock des loggienartigen Baues setzte sich ganz normal auf das Erdgeschoß. In den Labyrinthgängen des verborgenen Zwischengeschosses konnte man zwar nicht ganz aufrecht, sondern nur leicht gebückt gehen. Bei mattem Kerzenschimmer tat sich in den ausgedehnten Gängen ein grausiger Blick durch herausgebrochene Maueröffnungen auf haufenweise aufgeschichtete menschliche Totenschädel und Knochen auf. Die Decke der Labyrinthgänge war mit unzähligen abgesetzten Pechtropfen übersät. In dieses Labyrinth, das früher einmal der Erbauer des Schlosses vielleicht als Zufluchtsort bei Belagerungen gedacht hatte, waren seinerzeit die Opfer unseliger Verdächtigungen übelgesinnter oder abergläubischer Nachbarn geworfen worden, um sie durch die Finsternis und die zusätzlich eingeblasenen Pechdämpfe gefügiger für die gewünschten und gemäß dem Hexenhammer notwendigen Geständnisse zu machen, daß sie mit dem Teufel im Bunde stünden. Die Fülle

der angehäuften Knochen bewies jedenfalls, daß viele nicht mehr das
Tageslicht zu weiteren Verhören und Drangsalierungen zu er-
blicken brauchten. (A. Seidler)

Doch fort mit dem grausigen Bild! Der Steinfaun am Eingang zum Schloßpark spricht eine ganz andere Sprache als
die der Inquisition, und der wohlig duftende Parkfrieden vermag auch noch den letzten Gedanken an dieses eine der vielen
düsteren Kapitel der Vergangenheit zu verbannen. Übrigens
ist bei der heutigen Führung durch das Schloß von verborgenen
Labyrinthen nicht die Rede.

Noch werden Restaurationsarbeiten an den Fassaden des
stattlichen dreiflügeligen und dreigeschossigen Baues und vor
allem an den Umgängen des in recht gedrungenen Formen
gehaltenen großen Arkadenhofes vorgenommen. Aber die
Innenräume sind bereits vollständig instand gesetzt. Es sind
hohe und helle Renaissancesäle, denen Kassettendecken und
Intarsienparkette, wappengemusterte Leder- und Leinwand-
tapeten, riesige französische Gobelins, hervorragendes Re-
naissancemobiliar aus dunklem, weichem Holz und die
Seltenheit ornamentierter Majolikaöfen eine sehr warme
Atmosphäre verleihen; es sind Zimmer mit geschmackvoller
barocker und klassizistischer Ausstattung, die den letzten
Besitzern als eigentliche Wohnräume dienten; es ist schließlich eine nur sparsam mit Kleinmobiliar bestückte Raum-
flucht, in der eine Galerie von Gemälden alter Meister eingerichtet wird, erst im Entstehen begriffen, doch – wie jetzt
schon zu sehen – qualitätvoll ausgewählt.

Unter den Gemälden des Schlosses befindet sich auch jenes
einer gespensterhaften Frauensperson, das, wie heute noch
betont wird, Franz Grillparzer als Anregung zu seiner ›Ahn-
frau‹ gedient haben soll – eine Vermutung, die man nur mit
lächelnder Skepsis quittieren kann, wenn man bereits
mehrere andere Schlösser besucht hat, die gleichfalls ihre
jeweiligen spirituellen Hausdamen literarisch unsterblich

machen wollen, indem sie sie Grillparzern sozusagen in die Schuhe schieben. Und da der Dichter auf mehreren mährischen Adelssitzen zu Gast war, so auch auf diesem, gibt es immerhin einige Kombinationsmöglichkeiten.

Auf Schloß Groß-Ullersdorf waren zweihundert Jahre lang die Herren von Zierotin, dann hundertfünfzig Jahre lang die Fürsten Liechtenstein, und zwar deren Kromauer Linie, zu Hause. Johann d. Ä. Zierotin – von dem wir bereits mehrfach hörten – hat das Haus um 1580 bauen lassen, seine Erben haben es erweitert und umgestaltet, am umfangreichsten Johann Ludwig von Zierotin-Lilgenau, der in der ersten Hälfte des 18. Jahrhunderts einen Barockpark anlegen, Nebengebäude mit Beamtenwohnungen errichten und im westlichen Seitenflügel eine neue Schloßkapelle bauen ließ, die Johann Christoph Handke unter Assistenz Josef Sadlers 1742–1744 ausmalte. Die sehr schönen Fresken gehören zu den wenigen vollständig erhalten gebliebenen Werken des Olmützer Meisters. Unter den Fürsten Liechtenstein-Kromau, die Groß-Ullersdorf 1802 erwarben, wurden der Park im englischen Stil umgebaut und Burg und Vorburg modernisiert. Letzter Besitzer von Schloß und Herrschaft war der Vater des jetzt in Vaduz lebenden Regierenden Fürsten Franz Joseph II.

Schon auf der von Comenius gezeichneten Landkarte Mährens, die auf lange Zeit hinaus als Muster für alle weiteren kartographischen Darstellungen des Landes diente, war der Ort Ullersdorf an der Theß (Desná) mit einer kleinen Wanne versehen, die ihn als Badeort kennzeichnete. Das Ullersdorfer Schwefelwasser wurde damals gegen Hautkrankheiten empfohlen. Über den Badebetrieb zu jener Zeit wird berichtet:

Die Grube oder Vertiefung ist siebenundzwanzig Fuß lang und dreiundzwanzig Fuß breit, so daß beinahe alle vier Winkel gleich groß sind. Wenn sie voll ist, so ist das Wasser übermannshoch tief, so daß man gut schwimmen kann. Der Boden ist mit durchlöcherten

Brettern belegt, durch welche das Wasser hervorkommt und in Blasen aufsteigt. Überall herum sind Bänke, auf welchen Wannen und zum Waschen notwendige Gefäße stehen, welche die Badegäste in der zum Baden günstigen Zeit im Frühjahr und Herbst benutzen; nachdem sie sich in den Wannen erwärmt, springen sie in die Vertiefung, um nach gehöriger Abkühlung wieder in die Wanne zu steigen. Das Wasser ist so klar, daß ein hineingeworfenes Silberstück und wenn es auch auf den Grund käme, doch in der Tiefe genau gesehen werden kann. Es ist nützlich bei Kopfkrankheiten, gegen Krämpfe, Gesichtsreißen, Fieber, Gicht und Lahmheit.

Heute bietet der liebliche Badeort seinen Patienten eine hübsche Kuranlage mit Bassinbau, Kurhaus, Musikpavillon und Park. Die angenehm warmen Schwefelwässer, die ein wenig nach faulen Eiern schmecken und auch so riechen, bewähren ihre Heilkraft ganz besonders bei Frauenleiden verschiedener Art.

Ein neuentdecktes Frühwerk Ignaz Günthers

Es lohnt sich, von Mährisch-Schönberg aus einen Abstecher in das wenige Kilometer nördlich davon liegende Dorf *Geppersdorf (Kopřivná)* zu machen. Denn in der dortigen *Dreifaltigkeitskirche*, die etwas außerhalb des Ortes auf einem Hügel steht, befindet sich ein Hochaltar, den der tschechische Kunsthistoriker Vilém Juza im Jahre 1956 als Frühwerk des großen Rokokobildhauers Ignaz Günther identifizierte, eine Entdeckung, die 1966 von dem Münchener Kunsthistoriker Gerhard Woeckel gesichert wurde. Woeckel hat das Werk in der Kunstzeitschrift ›Pantheon‹ eingehend beschrieben:

Der Hochaltar der Kirche besteht aus dem vorgezogenen Altartisch, über dem sich eine reiche Skulpturengruppe als Tabernakelbekrönung erhebt, welche die von kleinen Engeln umgebene Immakulata auf der Weltkugel darstellt. Mit dem rechten zurückgenommenen Fuß zertritt sie den Kopf der Schlange, die einen großen golde-

nen *Apfel in ihrem Rachen hält, mit dem linken vorgestellten Fuß steht die Madonna auf der Mondsichel. Eingerahmt wird die stehende Figur von zwei unbekleideten schwebenden Kinderengeln, von denen der eine, den Kopf ganz in den Nacken zurückgeworfen, ihr in einer spielerischen Bewegung einen großen Lilienzweig überreicht, den sie mit ihrer Rechten mit spitzen Fingern umfaßt, während sie ihre linke Hand mit einer graziösen Gebärde beteuernd an die Brust legt. Diese Armbewegung wird im Gegensinn von einem zweiten Engel zu ihrer Linken aufgenommen, der, den Blick nach unten, ihr einen wie ein Ostensorium geformten Spiegel mit dem darauf in Flammenschrift erscheinenden IHS-Monogramm dienstbeflissen darbietet. Seine Körperhaltung nimmt das Kontrapostmotiv seines Gegenübers im gegenläufigen Sinne wieder auf, wobei die Blickrichtung in entsprechender Weise variiert ist, ein Beweis dafür, mit welcher Intensität Günther diese Gruppenkomposition bis in ihre letzten Einzelheiten genauestens durchdacht hat. Übereinstimmend mit den übrigen Altarfiguren ist die Madonna aus einem einzigen Stück Lindenholz geschnitzt, ihre Rückseite ist ausgehöhlt. Ihr länglich geformtes, leicht nach links gewendetes Haupt auf überlangem Hals ist etwas nach vorne geneigt, der Blick nach unten gerichtet, der Mund ein wenig geöffnet. Zu seiten des Tabernakels knien zwei unterlebensgroße Engel. Der Altartisch ist durch zwei rundbogige Türen mit den Pilastern der Chorwand verbunden. Zwischen den Pilastern schwebt das Hochaltarblatt mit der Darstellung der Hl. Dreifaltigkeit, von zwei überlebensgroßen fliegenden Engeln gehalten. Bekrönt von einer Strahlengloriole als Altarauszug, die von dem Auge Gottes ausgeht. Unter ihm schwebt der Hl. Michael, lebensgroß, mit der erhobenen Rechten auf das Auge Gottes deutend, mit dem Flammenschwert in der Linken. Unter ihm ist eine auf dem Rahmen des Altarblattes geschnitzte Kartusche angebracht, auf der die Worte stehen: Quis ut deus. Geflügelte Engelsköpfe und Wolkenflocken umkreisen das Auge Gottes, zwei ihm verehrend sich zuneigende, auf Wolken schwebende Engelskinder bekrönen die Attika über den Pilastern. Zu seiten des Hochaltars sind zwei Beichtstühle *angeordnet, auf denen die überlebensgroßen, reliefhaft flachen Figuren der beiden Apostelfürsten Petrus und Paulus stehen. Diese Wandfiguren sind der Komposition des Hochaltars eingefügt, denn sie bilden die beiden Eckpunkte eines Dreiecks, das von ihnen über die großen Engel zum Auge Gottes emporführt. Auch der Umriß der Tabernakelbekrönung ergibt ein Dreieck, das dem großen Dreieck des Hochaltares untergeordnet ist.*

Von einer ungewöhnlichen geistigen Spannweite der theologischen Gedankenwelt ist das ikonographische Programm erfüllt, das dem Altarwerk zugrunde liegt. Durch den Fall der Engel kam das Böse in die Welt. Auf den Fall der Engel weist unter dem Auge Gottes die Gestalt des Hl. Michael hin. In einer symbolischen Vision der Apokalypse stürzt der Engelsfürst die gefallenen Engel in die Hölle und bekämpft so das Böse, »offenbar (entsprechend seiner Rolle als Fürst Israels) als Engel der Gemeinde Jesu«. Der Teufel jedoch – nach alter Überlieferung identisch mit der Paradiesschlange – verführt Eva. Durch den Sühnetod des Gottessohnes, der durch die Immakulata in die Welt gelangte, wird die Erbschuld getilgt. Die Darstellung der Erbsünde war am Hochaltar in Geppersdorf ursprünglich durch ein (jetzt fehlendes) sphärisch geschnitztes Flachrelief an der Vorderseite des Drehtabernakels wiedergegeben. Seine Umrisse sind noch deutlich zu erkennen. Leider hat die Prüderie einer früheren Generation, die an der Darstellung der unbekleideten Eva Anstoß nahm, dieses Kunstwerk zerstört, was auch zugleich einen empfindlichen Verlust für das Verständnis des ursprünglichen ikonographischen Zusammenhanges bedeutet. Demzufolge war hier die alte Eva (Sündenfall) unter der neuen Eva (Immakulata) angeordnet. Mittelpunkt der gesamten Anlage im wörtlichen wie im übertragenen Sinne ist nach dem Zentraldogma der Eucharistie das unsichtbar im Tabernakel vorhandene Mysterium vom eucharistisch gegenwärtigen Erlöser.

Auch die kostbare, vor der Weltkugel stehende Strahlenmonstranz geht – wie Erich Herzog nachgewiesen hat – auf einen Entwurf Ignaz Günthers zurück. Ausgeführt wurde sie

von dem in Olmütz tätigen Goldschmied Johann Simon Forstner. Ihr Programm ist, wie das des Altars, auf die Erlösung der
Menschheit bezogen. Beide Arbeiten, Altar und Monstranz,
werden als Hauptwerke der Münchener Rokokoskulptur
bezeichnet. Sie sind um 1752–53 entstanden, als Ignaz Günther
bei seinen in Olmütz tätigen bayerischen Kollegen zu Besuch
war. Auftraggeber war der kunstverständige Johann Ludwig
von Zierotin-Lilgenau auf Groß-Ullersdorf, dessen Familien-
wappen über dem Haupteingang der Kirche erscheint. Das
1753 geweihte Gotteshaus war früher offenbar eine bedeutende
Marienwallfahrtskirche, da sie den Ehrentitel einer ›Basilica
minor‹ trug, mit dem so berühmte Kirchen wie die von
Lourdes, Altötting, Vierzehnheiligen, Ettal, Ottobeuren oder
die Dome zu Speyer, Worms und Bamberg ausgezeichnet
sind.

Noch ist Geppersdorf (nicht zu verwechseln mit dem
gleichnamigen Ort nördlich Jägerndorf, der tschechisch Lin-
hartovy heißt) in keinem Reiseführer zu finden, auf keiner
Kunst-Landkarte markiert, gar kaum in den Straßenkarten
eingezeichnet. Ein weltverlorenes Nest – und gerade darum so
recht geeignet, am Ende unserer Fahrten durch Mähren zu
stehen. Denn durch Ignaz Günthers Werk fügt sich dieses
Dorf in die Reihe der Orte ein, deren Namen für immer durch
große Kunst geadelt sein werden. Es hat zweihundert Jahre
gedauert, bis der Spürsinn eines Kunstforschers es entdeckte.
Und wie viele Dinge mag es in diesem Land noch geben, die
darauf warten, jahrhundertelanger Vergessenheit entrissen
zu werden, wie viele Flecken, die noch nicht einbezogen sind
in die Geographie europäischer Kunst? Und all das andere,
erforscht, gesichert, benannt, und dennoch weithin unbekannt, wie lang muß es warten, gesehen und erlebt und ganz
und gar aufgenommen zu werden ins Bewußtsein als Teil der
abendländischen Schönheit, und nicht ihr geringster Teil?

Nachweis der Zitate

Anonym: Beschreibung Beeder Kaysser-Königl. Majestäten Ankunft in die königl. Haubt-Stadt Olmütz. (September 1754) In: Willibald Müller, Geschichte der königl. Hauptstadt Olmütz. Wien und Olmütz 1882. *189f.*

Bachmann, Erich: Kapitel Architektur und Plastik, in: Barock in Böhmen. Hg. Karl M. Swoboda. München 1964. *115*

Bartoš, František – *Janáček,* Leoš: Moravské národni pisně nově nasbírané. (Neue Sammlung mährischer Volkslieder) Prag 1899. *198*

Baťa, Thomas: Wort und Tat. Zlin 1936. *247*

Bezruč, Petr: Brief an Rudolf Fuchs vom 12. April 1927. In: Paul Reimann, Von Herder bis Kisch. Berlin 1961. *30*
›Vrbice‹. Übersetzt von Otto F. Babler. Bisher unveröffentlicht. *307*

Březina, Otokar: Sommersonnenwende. Übersetzt von Josef Mühlberger. In: Linde und Mohn. Nürnberg 1964. *125*

Brod, Max: Prager Sternenhimmel. Wien–Hamburg 1966. *70f.*

Chlumecky, Peter Ritter von: Carl von Zierotin und seine Zeit. Brünn 1862. *120f.*

David, Jakob Julius: Die Hanna. Gesammelte Werke. 6. Band. München 1908. *209*

Durieux, Tilla: Eine Tür steht offen. Lebenserinnerungen. Berlin 1954. *179*

Ebner-Eschenbach, Marie von: Meine Kinderjahre. 1906. *226f.*

Eichendorff, Joseph von: Brief an Hermann von Eichendorff vom 17. Oktober 1851. *263*
Brief an Hermann von Eichendorff vom 29. September 1856. *334*
Beide in Band 12 der historisch-kritischen Ausgabe von Kosch-Sauer. Regensburg 1909.

Fischer, Joseph Wladislaw: Reisen durch Österreich, Ungarn, Steyermark, Venedig, Böhmen und Mähren in den Jahren 1801–02. Wien 1803. *29*

Franz, H. Gerhard: Die deutsche Barockbaukunst Mährens. München 1943. *138f.*

Freud, Sigmund: Selbstdarstellung. Wien 1936. *260*

Gruda, Anton: Beskidenland, kultur- und kunsthistorisch betrachtet. In: Mährisch-Schlesische Heimat. Vierteljahrsschrift für Kultur und Wirtschaft. Steinheim am Main. Heft 1, 1963. *296f.*

Haas, Johannes: Gregor Mendel und sein Werk. Vortrag in München, Prinz Carl Palais, 1965. *261f*

Haas, Willy: Vor hunderttausend Jahren. In: Merian-Heft Prag, Nr. 12. 1961, Hamburg. *102*

Handke, Johann Christoph: Selbstbiographie. Hr. Richard Foer-
ster. Breslau 1911.   *192*
Hauska, Maria: Erinnerung an
mährische Sommer. In: Ungewiß ist die Stunde des Regen-
bogens. Gedichte. München
1963.   *227f.*
Helfert, Josef Alexander von: Die
Thronbesteigung Kaiser Franz
Josephs I. Prag 1872.   *184f.*
Hohlbaum, Robert: Das Altvaterland. In: Merian-Heft Riesengebirge. Nr. 10, 1953, Hamburg.
                                        324
Hubala, Erich: Burgen und Schlös-
ser in Mähren. Frankfurt 1965.
                                      82, 85
Huch, Ricarda: Der große Krieg in
Deutschland. 1. Band. Leipzig
1912.   *120*
Jering, Karl: Das Teschner Länd-
chen. Zeitschrift für Geopolitik.
1955.   *291ff.*
Kassner, Rudolf: Die zweite Fahrt.
Erlenbach-Zürich 1946.   *172*
Kiechel, Samuel: Reisen. Biblio-
thek des Literarischen Vereins,
Stuttgart, Band 86. 1866.   *179*
Kiesewetter, Aloys Ferdinand: Das
Buchlauer Bad in einer Reihe
von Briefen an einen Freund.
1781.   *238f.*
Kotrba, Viktor: Landespatriotis-
mus und vaterländischer Histo-
rismus in der Vergangenheit
Mährens. Prag 1967. Ungedruck-
tes Manuskript.   *265*
Kudlich, Hans: Rückblicke und
Erinnerungen. Leipzig 1873.
                                       315f.

Kuhn, Walter: Goralen. Lieder
aus den Beskiden. Einführung.
München 1964.   *252ff.*
Laube, Heinrich: Erinnerungen
1810–1840. Wien 1875. 1. Band.
                                       330f.
Leisching, Julius: Kunstgeschichte
Mährens. Brünn 1933.
         44, 68, 106, 123f., 337f.
Liechtenstein, Fürst Karl Eusebius:
Das Werk von der Architektur.
In: Victor Fleischer, Fürst Karl
Eusebius von Liechtenstein
als Bauherr und Kunstsammler
(1611–1684). Wien und Leipzig
1910.   *214f.*
Lichnowsky, Mechtilde: Zum
Schauen bestellt. Eßlingen 1953.
                      308, 311f., 314
Metternich, Clemens, Fürst: Aus
Metternichs nachgelassenen Pa-
pieren. Bd. 3. Wien 1881.   *301f.*
Moltke, Helmuth, Graf: Briefe vom
19. und 26. Juli 1866. In: Briefe
an Braut und Frau. Gesammelte
Schriften und Denkwürdigkei-
ten. 6. Band. Berlin 1892. *159f.*
Mühlberger, Josef: Linde und
Mohn. 100 Gedichte aus 100 Jah-
ren tschechischer Lyrik. Über-
tragen, eingeleitet und erläu-
tert von Josef Mühlberger.
Nürnberg 1964.   *223*
Nagel: Bericht über die Slouper
Höhlen. In: Heinrich Wankel,
Bilder aus der Mährischen
Schweiz. Wien 1882.   *87*
Nezval, Vítězslav: Mähren. Ins
Deutsche übersetzt von Josef
Mühlberger. In: Linde und
Mohn. Nürnberg 1964.   *7*

Oettinger, Karl: Anton Pilgram. Wien 1951.   *42, 97*

Pellico, Silvio, Graf: Le mie prigioni. Deutsche Ausgabe: Meine Gefängnisse. Leipzig 1910.   *34*

Peter, Anton: Landschaftsschilderungen von Schlesien. In: Die Österreichisch-Ungarische Monarchie in Wort und Bild. Band Mähren und Schlesien. Wien 1897.   *259 f., 327 f.*

Prinz, Friedrich: Die böhmischen Länder von 1848–1914. In: Handbuch der Geschichte der böhmischen Länder. Hg. Karl Bosl. Band III. Stuttgart 1967.   *23 f.*

Scholtis, August: Die mährische Hochzeit. Berlin 1940.   *10*
Ein Herr aus Bolatitz. Lebenserinnerungen. 1959.   *262 f.*
Kleine Reise zu großen Zielen. Oppeln 1937. *270 f., 272 f., 297*
Mechtilde Lichnowsky. In: Schlesien. Vierteljahrsschrift. Nr. 4. Würzburg 1956.   *313*

Schremmer, Ernst: Troppau, Hauptstadt der Grünen Schles'. Sendung im Süddeutschen Rundfunk Stuttgart. 5. Dezember 1962.   *303 f.*

Sedlmayr, Hans: Johann Bernhard Fischer von Erlach. Wien 1956.   *38, 151 f., 176*

Seibt, Ferdinand: Die Zeit der Luxemburger und der hussitischen Revolution 1306–1471. In: Handbuch der Geschichte der böhmischen Länder. Hg. Karl Bosl. Bd. I. Stuttgart 1966–67.   *19*

Seidler, A.: Bad und Schloß Groß-

Ullersdorf. In: Mährisch-Schlesische Heimat. Vierteljahrsschrift für Kultur und Wirtschaft. Steinheim am Main. Heft 1, 1966.   *339*

Seume, Johann Gottfried: Spaziergang nach Syrakus im Jahre 1802. Leipzig 1868. Neuausgabe München 1962.   *9*

Slezak, Leo: Meine sämtlichen Werke. 1922.   *29, 30*
Rückfall. Hamburg 1940.   *70*

Smaha, J.: Comenius als Kartograph seines Vaterlands. Darin: Bericht über den Badebetrieb in Ullersdorf im 17. Jahrhundert. Znaim 1892.   *341 f.*

Sova, Antonin: Landschaft der böhmisch-mährischen Höhen. Ins Deutsche übersetzt von Josef Mühlberger. In: Linde und Mohn. Nürnberg 1964.   *116*

Stein, Carl vom und zum: Brief an Reden vom 6. Oktober 1809. In: Briefwechsel, Denkschriften und Aufzeichnungen. 1932–37.   *8*
Brief an J. G. Scheffner vom 6. August 1809. In: Ausgewählte Schriften. Jena 1929.   *290*

Streinz, Franz: Der Meistergesang in Mähren. In: Zeitschrift des deutschen Vereins für die Geschichte Mährens und Schlesiens. 26. Jhg. 1924.   *132 f.*

Tintelnot, Hans: Die barocke Freskomalerei in Deutschland. München 1951.   *202 f.*

Tolstoi, Leo N.: Krieg und Frieden. 1. Teil. Gesammelte Werke. Berlin 1892.   *77 f.*

Varnhagen von Ense, Karl August:
Brief an Rahel vom 20. Juni 1809
aus Nikolsburg. In: Briefwechsel zwischen Varnhagen und
Rahel. 2. Band. Leipzig 1874.   *8*

Wankel, Heinrich: Bilder aus der
Mährischen Schweiz. Wien 1882.
                    88, 91f.

Warmholz, Hugo: Führer an der
Kaiser-Ferdinands-Nordbahn u.
Mährisch-Schlesischen Nord-
bahn. Wien 1887.   *245*

Woeckel, Gerhard – *Herzog*, Erich:
Ignaz Günthers Frühwerke in
Kopřivna-Geppersdorf. In: Pan-
theon 4–5. München 1966. *343f.*

Wolny, Gregor: Die Markgrafschaft Mähren, topographisch,
statistisch und historisch geschildert. 4. Band: Hradischer
Kreis. Brünn 1838.   *249f.*

Wostall, Nina: Goralen. Lieder
aus den Beskiden. München
1964.   *250f., 255*

Geographisches Register

TSCHECHISCH–DEUTSCH

Adamov – Adamstal

Bartošovice – Partschendorf
Bečva (Fluß) – Betschwa
Beskydy – Beskiden
Bielsko-Biala – Bielitz-Biala
Bitov – Vöttau
Blansko – Blansko
Boskovice – Boskowitz
Bouzov – Busau
Brno – Brünn
Bruntál – Freudenthal
Břeclav – Lundenburg
Bučovice – Butschowitz
Buchlov – Buchlau
Buchlovice – Buchlowitz
Býči skala – Stierfelshöhle
Bystřice pod Hostýnem – Bistritz

Český Krumlov – Krumau
Cornštejn – Zornstein
Čechy pod Kosiřem – Čech
Červená horá – Roter Berg
Českomoravská vysočina – Böh-
  misch-Mährische Höhen

Dačice – Datschitz
Dolni Bečva (Fluß) – Untere
  Betschwa
Dolni Věstonice – Unter-Wister-
  nitz
Desná (Fluß) – Theß
Doubravnik – Daubrawnik
Dyje – Thaja (Fluß)

Frenštat pod Radh. – Frankstadt
Fulnek – Fulnek

Gottwaldov (früher Zlin) – Gottwaldov (früher Zlin)

Haná – Hanna
Hanušovice – Hannsdorf
Helfštýn – Helfenstein
Hlučin – Hultschin
Hodonin – Göding
Hodslavice – Hotzendorf
Horni Bečva – Obere Betschwa
Hostýn – Hostein (Berg)
Hradec Králové – Königgrätz
Hrabyně – Hrabin
Hranice – Mährisch-Weißkirchen
Hrúby Jesenik – Hohes Gesenke
Hukvaldy – Hochwald
Hynčice – Heinzendorf

Ivančice – Eibenschitz

Jablunkov – Jablunkau
Jánský Vrch – Johannesberg
Jaroměřice nad Rokytnou – Jar-
  meritz
Javornik – Jauernig
Javořičko – Jaworschitsch
Jedovnice – Jedownitz
Jeleni hřbet – Hirschrücken
Jesenik – Freiwaldau
Jihlava – Iglau
Jihlava (Fluß) – Igel
Josefsky důl – Josefstal

Karlova Studánka – Bad Karls-
  brunn
Karpaty – Karpaten
Kateřinská jeskyně – Katharinen-
  höhle
Keprnik – Köpernik
Klášterni Hradisko – Kloster Hra-
  disch
Kniničká přehrada – Kninitzer
  Talsperre

Personenregister

Die Aufnahmen dieses Buches fertigte
Werner Neumeister, München, mit
Ausnahme der Abbildung 38, die
Meta Köhler, München, zur Verfü-
gung stellte.
Umschlagbild: ›Burg Stramberg‹,
Tempera von Franz Richter, 1819.
Sammlung Liechtenstein, Vaduz.

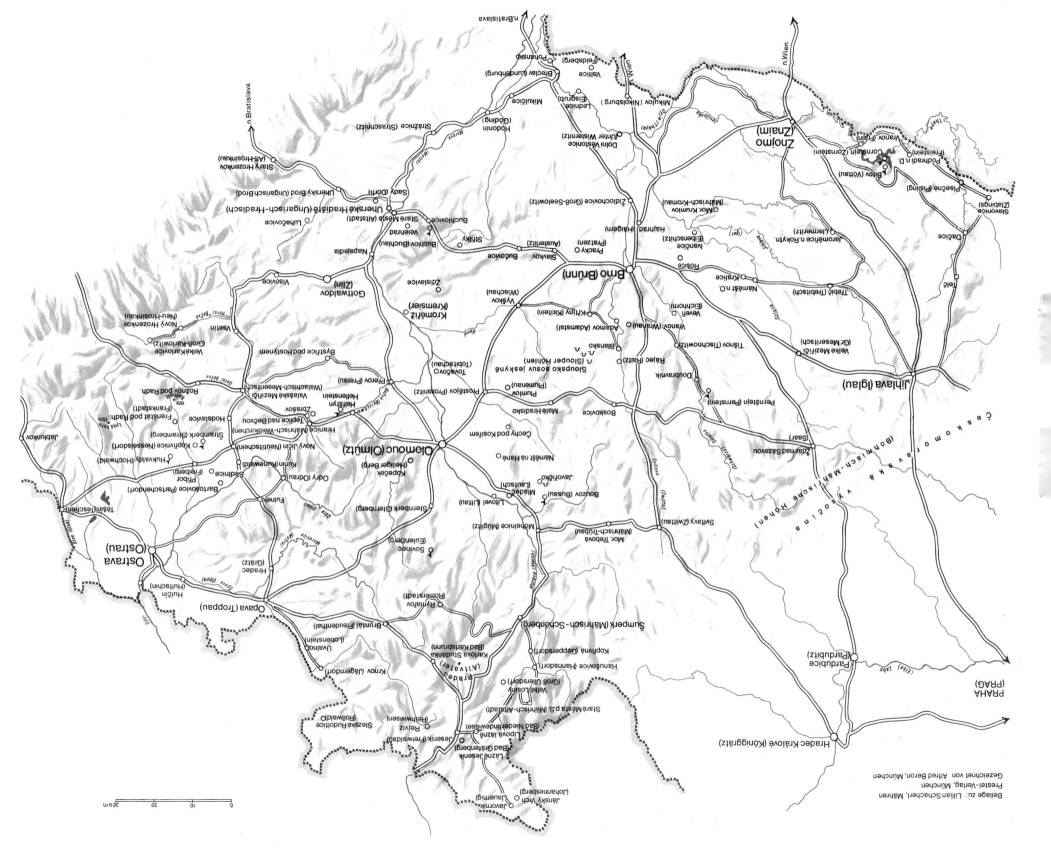

Beilage zu: Lillian Schacherl, Mähren
Prestel-Verlag, München
Gezeichnet von Alfred Beron, München